ASTROLOGICAL MAGIC
Basic Rituals & Meditations

占星魔法學
基礎魔法儀式與冥想

Benjamin N. Dykes, PHD. 班傑明・戴克 博士
&
Jayne B. Gibson 珍・吉布森

著

陳紅穎 & 孟昕

譯

神聖之名與大寫字母

這本書裡我們採用卡巴拉傳統（也就是希伯來傳統）的神祇與大天使的名字，但如果有讀者偏好其他神祇的名字，我們在附錄五也列出一些可替換的名字。

我們之所以採用卡巴拉神祇的名字，部份是因為黃金黎明的傳統，但也有其它的原因。卡巴拉的神的名字聽起來意義相同，例如「神」或「主」，但祂們其實是由特定的希伯來文字母結合起來的，而這些結合的概念，也顯示了元素、行星或星座的特質。然而本書的範圍還無法讓我們有太多機會討論希伯來文字母的特質，也無法解釋這些字母結合起來後是如何產生作用。但如果有讀者對這門知識有興趣，約翰．葛瑞爾（Greer, John Michael）一九九六年的著作《智慧的途徑》（*Paths of Wisdom*）是本很好的參考書。

有些讀者可能也會發現有些字，像聖殿、元素，星座和行星等第一個字母常用大寫來表示。我們想要建立一個規則，即某個特定的儀式內容中，將某些字的第一個字母大寫，尤其是某個神聖的概念透過該行星來運作時。因此，我們談到擇時占星時，行星（planet）這個字我們用一般的小寫來表示，但在特定的儀式中我們會將行星這個字的第一個字母大寫（Planet），來突顯該項儀式的主題。

致謝

我們要向以下的朋友與同事致謝，名字以字母的順序排列：奇克與塔巴沙・希瑟羅夫婦（Chic and S. Tabatha Cicero）、馬特・麥當勞（Matt McDonough）和宜安・菲恩（Ian Phanes）。我們也要向以下重要的老師，或對我們占星魔法觀念有重大影響的人致意和感謝：亞當與艾斯朵拉・佛瑞斯特夫婦（Adam and Isidora Forrest）、瑪利他・戴寧（Melita Dennings）、奧斯朋・菲利普（Osborne Philips）、迪恩・佛春（Dion Fortune）、約翰・葛瑞爾（John Michael Greer）、唐勞・奎格（Donald Michael Kraig）、查里斯・塞默校長（Colonel Charles Seymour），以及黃金黎明協會（Order of the Golden Dawn）的創建人。

目錄

圖示目錄

出版序

希斯莉
SATA星空凝視古典占星學院創立人

《占星魔法》(*Astrological Magic*)是SATA投身占星學出版品，所推出的第一本書，我從這本書中看到占星師所需要的精神連結與實踐方法，十分興奮，記得當時帶著這本書去南台灣旅行，因為高昂的興趣使然，很快就讀完，我立刻在2013年在峇里島參加戴克博士工作坊時，口頭取得戴克博士同意授權翻譯，當時許多環境因素尚未成熟，時機落在2016年進入配置星為第三宮土星之際，所有合宜的人選全部到位：專業譯者 – 紅穎、孟昕、專業編輯- 嘉卿的專業投入，背後強大推手 – 姮昀的整合資源與嚴格管控進度，以及營運經理 – 穎聰的行銷建議，這本書終於得以完成，就像共同呵護培養的第一個新生兒，我們既興奮又驕傲推出這本中譯本，希望能以這份熱情感染所有讀者。

以占星作為職業的生涯已經12年有餘，我深知以占星師為業不只是學習完成一項技能，古典占星學的浩瀚知識學海無涯，需要投入終身時間持續進修與實際驗證。但是古典占星學的公開資料，在華文占星書籍中仍屬相對少數，這其中有很多因素：其一是目前占星學習者首先接觸的占星學內容多為現代占星，這些內容並未包含太多古典占星學的傳承內容，目標讀者群的數量仍有待培養；其二，古典占星學的文獻資料包含許多的特殊專有名詞，譯者必須能理解這些專業名詞的定義與實際應用，才能寫出文意流暢的翻譯作品，所以專業譯者也有待培養；其三，當專業占星知識必須依賴以現有出版社核定出版品，這點更是令人沮喪，身為這門專業知識的推廣者，我們知悉重要書籍有必要被翻譯出版，卻受制於出版社的市場考量而無法付諸實現。

要改變既有的現象，必須先從教育推廣著手。針對第一點，SATA主要以古典占星的核心課程推廣占星學知識，教授的內容不僅僅說明應用層面，而必須有原文與中文翻譯的對照，讓學生直接理解清楚的原文定義，奠基未來自行閱讀原文與學術研究的能力；針對第二點，SATA邀請紅穎老師開設「占星英文工作坊」，讓學生全程以英文學習星盤的專業知識與表達，並挑選具有英文能力的學生，從單篇原文文章進行翻譯，由紅穎老師與我審核把關，再將這些翻譯文章於SATA公眾號發文，使學生對其譯作產生成就感與熟練度，也培育未來的潛在專業譯者。針對第三點，這是我個人在占星職涯上最大的改變，我決心創立學院，主要為了推廣古典占星學，但要讓理想與使命感落地，不能再仰賴一般出版社審定出版品能否推出市場，SATA得自己來作，投入很大比例的營收作為出版品的營運資金，書本的授權金、譯者、專業編輯排版，以期能吸引更多讀者對古典占星學的興趣與投入，促成正向的循環，以及一般社會大眾對占星學術的重視與肯定。

對照占星學的發展興衰歷史，占星學的興盛都是來自一群孜孜不倦的占星譯者與實證者，前仆後繼地投身翻譯，從波斯文、阿拉伯文大量翻譯保存了希臘占星知識、拉丁時期為期幾世紀投入翻譯阿拉伯文獻，歷史上投身學者的身影令人動容與感佩，我們才有機會站在巨人肩膀上一窺這門學問的奧秘。戴克博士已經翻譯為數眾多的出版品，他身先士卒成立自己的獨立出版社推廣此學，我何其有幸能成為他在華文世界的盟友，深深感受我們可能正好在站歷史的浪頭上，占星學的風潮來到華人世界，也有機會成為歷史上重要文化交流保存時期，這股浪潮也推動心中使命感與傻勁，讓SATA帶著占星夥伴們一路往前，逐步建構我們的占星夢園。

中文版作者序

班傑明・戴克 博士

當我們於2012年推出占星魔法這本著作時，實在難以想像這本書會在這麼多的國家蔚為風潮，現在竟然已經在華文世界翻譯推出中文版，但是從另個方向來看，我也不驚訝這樣的發展，因為越來越多人重新發掘古典哲學、古典占星、古典神秘學與魔法的應用，現在似乎正是發掘享用歷史所留下厚禮的好時機。

占星學與魔法在全世界齊步並行了數千年，西方占星魔法產出多種形式，有些簡單，有些較為複雜，我們的方法以一項神秘的系統為基礎，也就是：赫密斯派黃金黎明協會，是較為複雜的儀式，但是我們特別為了具有神秘學背景的讀者去設計過這些儀式，並加入占星擇時的內容，因此儀式中會出現占星與塔羅的徵象與概念，以優美且簡單的方法去使用冥想工具、薰香、酒與麵包，以此深入、靈性的方式去體驗占星學。

我們十分感謝希斯莉、Rose Chen（紅穎）以及SATA占星學院的團隊們努力推出本書，將我們的作品引介到華人讀者群。由台灣進行這項翻譯任務正好十分合適本書，因而能讓本書的中文翻譯以古典中文（繁體中文）保存下來，當我於2015年至台北與SATA團隊參觀廟宇、焚香禮拜，並與SATA團隊共同完成教授西洋古典占星，傳承給現代學子，真是十分美好的經驗，因此，我們衷心期望讀者也能真實體會占星魔法的力量，並真正實踐。

推薦序

秦瑞生

天人之際占星學會創立人

自古先民面對大自然強大力量的無奈，如地震、洪災、乾旱等天災地變、個人或親人的生理病痛、部落之間的互鬥侵擾，因而顯得相當無助，常認為或許就是天地神明的懲罰，心中不免會喚起是否有什麼方法或手段來預測能事先預防，幫助緩解甚或祛除橫亙的困擾。部落中有特殊感應能力或經驗豐富的聰明智者，積極地發展一些具生產性、干預性的特殊神祕力量，以利增加生活所需，拔除身體病痛不適、打擊敵人、保衛家園；也有消極性的祈禱，敬畏神明，期盼不要嗔怒，降福於人等林林總總的儀式活動。這些活動不因現今已邁入精密科學時代而有所停歇，儘管多屬「初民科學」[註1]，從先進繁華文明的大都市到仍屬相當落後的少數民族部落，都還見到它的踪影，不管公開地或祕密地進行，還是充斥著各種祈求賜予神祕力量的儀式。這些儀式或許有所進化，但仍是薩滿（Shaman）[註2]崇拜型所演化的。

所謂的特殊神祕力量，一般稱之為魔法（Magic）或巫術（Witchcraft）。儘管這兩個名詞狹義上的定義[註3]不見得相同，但廣義上常被互用，泛指一切人們相信可藉由一些方法或手段來達到原本苦思焦慮所無法或難以完成的願望，這些手段包含善良的和邪惡的。前者是指自然魔法或白魔法，如占星術、鍊金術、寶石礦物、植物藥用、瑜珈訓練、靜坐冥想開啟七大脈輪或道家大小周天的氣息運行。另外尚有狩獵、農業生產力、造船、航行順利、經商等預測預防有利民生都可歸屬之。而保護個人財產、收債、消災免禍、愛情盼望等可能涉及他人但不傷害他人為前提，對抗破壞性魔法保護自己的魔法亦是。邪惡的魔法也稱黑魔法，具破壞性，如興風作浪、奪人財產、使人害病、死亡、為愛情等等不擇手段，不顧道德，太過利己自私的魔法皆屬之。古代的羅馬法律就明文禁止施行。[註4]

整個魔法體系相當龐大，發展的歷史淵遠流長，大多跟宗教活動有關[註5]，間或從其中也能領會當今所定義的科學。奠基二十世紀人類學最重要的著作，英國詹姆斯．弗雷澤（James Frage 1854-1947）《金枝：巫術與宗教的研究》（*The Golden Bough: A Study in Magic and Religion*）於1890年出版。他與他的夫人足跡遍及全世界各地少數民族部落，作實際田野調查，成果相當豐碩。經過整理比對，發覺不同地區及不同的文化，卻有著類似的魔法巫術[註6]和宗教信仰的精神。弗雷澤將魔法能起作用是因（I）模仿魔法（imitative magic），（II）感染魔法（contagious magic）。後來一直為人類學所採用，而從事魔法的人士更引用作為魔法原理的根據。

模仿魔法是基於類似事物會產生類似事物，如拿一布偶寫上欲傷害者的姓名，將釘子釘在胸口，這位被傷害者胸口會疼痛。這種魔法相當普遍，世界各民族常見之。感染魔法則是某個整體的一部份，或曾經互相接觸過，將一直保持某種密切關係。如取得敵人的指甲或毛髮加以作法，會使敵人遭殃。這兩個魔法原則可解釋大半的魔法作用，但仍不足，應再加上神祕奇幻的宗教祈禱，召喚神明、天使或精靈，甚至是惡魔才更為完整。

上述魔法作用的原則，整個核心意義就是赫密斯法則（Hermetic Law）「天上如此，地上亦然」（As above, so below）的體現，即大宇宙與小宇宙的共振。該法則據傳是以赫密斯·特里吉斯特斯（Hermes Trimegistus）之名（等同埃及智慧之神托特（Thoth））的一系列文獻，含蓋哲學、占星學、鍊金術、魔法思想，後來結合新柏拉圖主義（Neoplatoism）於十五世紀因義大利佛羅倫斯的馬奇里奧·斐奇諾（Marilio Ficino 1433-1499）受命於該地當權者科西莫·德·美第奇（Cosimo de' Medici）管理所贊助的柏拉圖學園，全心全力翻譯柏拉圖以及新柏拉圖主義重要學者等著作，其中在1463年出版《赫密斯大全》（*Corpus Hermeticum*）而使赫密斯思想在歐洲廣泛流行，十五世紀80年代晚期陸續出版《生命三書》（*De Vita Libri Tres*，英譯 *The Three Books of Life*）倡導宇宙與人共振和諧，將占星醫學擴及護身符、音樂、舞蹈、雕像、偶像崇拜等占星魔法元素的具體化，加以哲理化，認為藉由這些與占星元素的對應，人們可獲得上天的力量，增加活力，使身心靈與宇宙達到和諧一致的狀態。

斐奇諾不畏教會的反對，具體應用占星魔法，或許純屬白魔法之故，該書得以在當時基督教鎮壓異教及巫術之氛圍下還可以流通。但在斐奇諾之後不久的德國魔法師科內利烏斯·阿格里帕（H. Cornelius Agrippa 1486-1535）所出版可稱得上歷史上最重要的神祕學著作《神祕哲學三書》（*Three Books of Occult Philosophy*）就沒那麼幸運了。他出生於德國科隆，曾在科隆大學研習法律、醫學、哲學、神學及各種語言，因支持研究卡巴拉[註7]的朋友而被驅逐，更曾因擔任律師，搭救一位被舉控為女巫的平民女性，而被多明會（Dominican Order）[註8]追補，不得不在歐洲浪跡天涯。再加上他曾施行黑魔法中的召喚惡魔，更不容於基督教當道。

阿格里帕大致以新柏拉圖主義來建構他的神祕學體系，將宇宙視為一個整體，單一有生命、神聖的存在，而在內部有的部分都聯結到共他部分，建構成一個有機複雜卻和諧共振，精神與物質互相對立又統一的存在。他將該三書分列對應三個領域：

I、基本要素領域（對應四大元素及以太）

II、天體運行規律領域（對應傳統的占星理論）

III、宇宙超然智慧領域（對應上帝、神）

在這之中占星學介於I、III之間的重要聯結關聯，因而下層的物質都有上層天體的對應，這就解釋占星原理的應用，進而可施行相關要素魔法以利增強或緩解其凶惡的理論根據。本書「占星與魔法的宇宙觀」圖一：簡化的宇宙層次圖正是呼應了阿格里帕的說法。

當面臨命盤中後天宮或行星的弱化時，印度占星學教導命主如何穿戴寶石（Gem），念誦咒語（Mentra），進行火供護摩（Homo）儀式，平時的食衣住行，配合相關元素所管轄的內容耐性地進行能量調整。這些手段都屬廣泛定義的魔法或巫術。在西洋占星學方面除火供護摩涉及宗教外，並不乏上述內容。十三世紀時就出現阿拉伯人約400年前編輯的《賢者之書》（*Ghayat al-Hakim*），在中世紀以《*Patrick*》之名流傳於世，影響斐奇諾、阿格里帕甚為深遠。十六世紀後幾位著名的占星家如約翰·迪（John Dee 1527-1608 or 1609）、西蒙·福爾曼（Simon Forman 1552-1611）、埃利亞斯·阿許默（Elias Ashmole 1617-1692）及威廉·里利（William Lily 1602-1681）也常使用該書所教導的占星魔法。同樣因中世紀的歐洲，得勢的基督教統治集團相當霸權，禁止一切異教文物的流通，《賢者之書》和《神祕哲學三書》兩本重要的占星魔法書籍不敢公開討論講授，也造成這些內容的斷層。直到十九世紀末才漸露曙光，但一般人已停留在魔法或巫術的負面印象，不敢親近，為調整身心能量或療癒而走向新時代（New Age）身心靈較玄虛的領域，卻跟命盤中的要素較無關聯，因而顯得隔閡、摸不著邊的感覺。

這本《占星魔法》原著的兩位作者都研習自美國黃金黎明協會（Order of Golden Dawn），教導正統的白魔法，可填補西洋占星學直接聯結相關要素的能量調整或療癒之大空缺。讀者如能充份解讀前四章學習魔法的正確觀念，接著知曉擇日／擇時的重要、儀式規範，就可登堂入室窺探占星魔法底質內涵，瞭解它相當徹底的實務操作，並非光說理論而已，實際練習當可收到成效。

原著之一的班傑明·戴克（Benjamin N. Dykes）是我相當敬重的占星學者，豐富的學養值得信賴。Cecily引領星空凝視古典占星學院（SATA）斐然有成，造福讀者，特地引進本書，囑咐兩位優秀的學生：紅穎與孟昕翻譯，文筆流暢，使玄奧的魔法這麼白話可讀，在中文圈當未見到此類著作，期盼它能作為敲門磚，掀起風潮，故樂為之序。

[1] 李安宅譯英國馬林諾夫斯基《巫術、科學宗教與神話》（*Magic, Science and Religion*）第一章及第二章，上海社會科學院出版社。

[2] 此處所指的薩滿為對自然和靈魂崇拜所衍生的宗教信仰。

[3] 魔法是指一種信仰，即人們相信通過一些手段（如符咒）可以對自然力量加以超自然控制，以達到某些實際目的。巫術則是具有天生的精神力量，能引起包含疾病和死亡在內的傷害。廣義上兩者約略相同，狹義上後者純指妖術、邪術。整理自陸啟宏《近代早期西歐的巫術與巫術迫害》第95頁至第97頁。

[4] 王偉譯瑞士弗里茨·格拉夫（Friz Graf）著《古代世界的巫術》「第二章、命名巫師」。華東師範大學出版社。

[5] 同4，第26頁至第27頁「巫術（希臘語mageia，拉丁語megia）是術士（magos, megus）的技藝…其中術士（magos）指祭司，抑或是別的專司宗教事務者的專家」。這段描述說明魔法或巫術跟宗教有關。

[6] 胡新生者《中國古代巫術》，山東人民社出版社。整本書內容可證明弗雷澤的說法。

[7] 卡巴拉（Kabblab）的希伯來原是「傳承」之意，屬於猶太教的神祕思想體系，基督教與猶太教系出同門，但仍視後者為異教、欲棄之而後快。

[8] 多明會是中世紀托缽僧第二個大團體，自稱「主的看門狗」，立志要在歐洲各地撲滅異端，受教宗委託主持惡明昭彰的宗教裁判所，獵殺女巫即出自他們的傑作。

推薦序

蔡伏篪
倫敦預測占星學院授憑占星學導師

我們從歐美小說或電影裏，例如《哈利波特》、《魔戒》之類，會經常看到身穿長袍、手持法杖的魔法師，口中念念有詞，然後一道神光閃現，魔法奇蹟就馬上出現：飛天遁地、穿牆過壁、隱形、變身、使喚鬼神……等等。這類誇張的幾近完全違反現代物理學法則的「超寫實奇幻效果」，真的存在嗎？如果無法見證到這些奇幻效果，是否就證明魔法根本不存在？

為了尋求答案，筆者就先後去接觸當代兩位國際魔法大師並向他們求教：一位是 Christopher Warnock，他是很有名的西洋神秘學暨傳統占星學研究者，他與人合作仿照古傳制作流程造出來的「天星魔法符」已成為大英博物館的珍藏品；另一位是 Lon Milo DuQuette，他是世界最具影響力魔法社團之一的東方聖殿騎士團 Ordo Templi Orientis 的美國副主席。筆者在他們的指導下研習星象魔法與卡巴拉儀式魔法，深深明白到，魔法是實實在在地存在的，而且魔法的神奇效果也是可被見證的。只不過魔法效果的呈現，往往不是以違反物理定律的駭人效果來即時展現，而是以最自然不過的生活常規情節來實現。

當代的魔法師雖然無法讓自己身體飛上半空，但可以施放魔法讓自己在坐飛機時保障航行的安全；雖然無法點石成金，但可以製作出有催財作用的木星魔法符來佩戴，改善自己的經濟狀況；雖然無法轉眼把自己改頭換面成明星萬人迷一樣的體態外貌，但可以施放金星性質的魔法來提升自己的個人魅力；雖然無法把召喚過來的神靈具體地呈現在你眼前，但可以請守護天使來引導自己的靈性成長。這些效果都是實在而可以被見證和記錄的，這些都是魔法奇蹟實現的證明，只要你願意接觸它、理解它、見證它，甚至深入研究它、應用它，你就會看到答案。

阿拉伯魔法經典《*Picatrix*》謂：宇宙世間事物（包括精靈）是由第一因 First Cause（類似道家太極、印度教梵天之概念）所創造、統轄與安排的。它是唯一的自我具足的完美存在，它沒有前因，不受任何事物所影響。它創造了大宇宙 Macrocosm，而大宇宙裡任何的細部存在（包括礦石、金屬、植物、動物與人類）都有著獨立的小宇宙 Microcosm 結構。因此大宇宙的天體運行狀況，會對應到世間萬物（包括諸域、國邦、家族、個人）各別的小宇宙結構狀況，而有所謂「天垂象、見吉凶」的同步關係。反過來主動瞭解並掌握大宇宙的天體運行配置訊息並以對應的儀式引導地上事物的小宇宙結構狀況為我所用，即是魔法操作。因此要好好地操作魔法（尤其是本書講述的魔法儀式）事實上是需要瞭解一些基本的占星學原理，而充分掌握了嚴謹完整的占星學術知識是肯定還可以讓趨吉避凶的效用達到事半功倍之妙。

本書正是從占星學魔法角度公開解釋源自古埃及、後由最負盛名的神秘學社團黃金黎明歷代傳承的魔法儀式的第一本中文譯著，對華人而言是一本很理想的占星魔法研究入門書。其英語原文書是很多國際有名的神秘學老師甚至是黃金黎明導師也推薦學員閱讀的實用魔法工具書。

本書作者班傑明．戴克 Benjamin Dykes 博士乃當代振興中世紀占星學的宗師羅伯特・左拉 Robert Zoller 之得意門生。左拉亦為筆者之恩師，故筆者在拜讀戴克博士之占星學著作時別有一番親切感，並深知戴克博士為復興與發揚傳統占星學之不遺餘力。他不僅翻譯註解大量中世紀、阿拉伯占星學古文獻，還把個人心得與技法編輯成書，幫助芸芸現代占星學者重新補足傳統占星學失傳的部分，其貢獻之偉大足令筆者慚愧。本書兩位作者皆為黃金黎明之成員，書中所介紹的魔法儀式皆為黃金黎明成員常用之卡巴拉傳統儀式。這些魔法儀式源於古埃及，筆者亦曾慶獲東方聖殿騎士團美國副主席 Lon Milo DuQuette 主教傳授這些魔法儀式，雖非來自同一個神秘學社團一脈相承，然儀式細節仍大同小異：以五芒星及六芒星陣來激活四元素組態、星體與星座的能量。這本書之所以優於其他同類著作，是因為作者把迄今從未清楚解釋過的系統去蕪存菁、有條不紊、按步就班且圖文並茂地詳細公開說明（尤其很難得地連擇時占星原則也有仔細的說明），其間又注入作者個人心得與創見，使應用靈活性大大提高。假如你按照本書內容指引去練習與實踐這些儀式，你不單止能驅逐不利的狀態能量（辟邪），還可以替自身或任何器物進行聖化（能量淨化），或配合占星學理來激活強化你所需要的元素與星體能量以求得你所預期的生活乃至生命調整。

本書中文版之出版者希斯莉 Cecily 老師，為華人地區弘揚傳統占星學的著名學院 – 星空凝視古典占星學院 SATA 之創辦人，與筆者同為某年一場占星師年會演講嘉賓，因而碰面，一見如故。席間有深研傳統占星學者僅筆者與她兩人，故一談學理，相逢恨晚。遂為希斯莉老師之同道學友，深感與有榮焉。筆者常於香港及中國內地開辦中西傳統占星學及占星魔法課程，與希斯莉老師多有往來合作，因而與本書中文版之翻譯者Rose（紅穎）與Sophie（孟昕），即希斯莉老師之高徒亦有數面之緣。此書涵蓋眾多西洋神秘學專有名詞以及希伯來神名與天使名等等，即使英文能力再高，若沒有對西洋神秘學與希伯來文化有一定程度的瞭解，是不可能成功翻譯出來的。所以筆者尤其佩服她們之西洋神秘學造詣不同凡響，感其為華文讀者精譯外文佳作之辛勞貢獻。茲於此書付梓之際，願盡微力，以助其成，並樂為之序。

——謹序於香港

譯者序

陳紅穎

SATA 專任譯者

原來占星魔法就在你身邊

剛知道班傑明．戴克博士的著作，包含占星魔法這本書時，心裡其實滿訝異的。當時我才讀過幾本他的著作與譯作，由於這些著作風格是紮實嚴謹的調性，我私自想像戴克博士應該人如其文，如同古典占星一般，注重客觀的判斷邏輯，很難將他與「魔法」這樣抽象虛無的概念聯想在一起。但身為他的粉絲，想要擁有他全部著作的衝動，沒有細想太多就購入這本書，當時從未想過自己有天會成為這本書的譯者。

直到希斯莉老師邀請我擔任這本書的譯者時，才真正了解什麼是「魔法」。在那之前，「魔法」對我而言，就像是哈利波特電影中那樣不實際的概念，而所謂「占星的魔法」，難道是指行星直接作用在地球人身上的物理力量嗎？我相信有很多在看本書的讀者，應該也有同樣的想法與疑問。究竟什麼是占星魔法？

針對這個問題，戴克博士與另一位作者珍．吉布森在本書前言的第一、二章，就開宗明義地寫道：「有些人察覺到光從智識來理解占星，仍無法傳達全部真義，為了滿足對占星全盤了解的熱切需求，我們還得親身體驗。學問可提昇心智，但唯有透過儀式與冥想才能達到真正的體驗，餵養靈性的需求，就像我們不能光靠閱讀，還必須親身造訪某個歷史遺跡，才能更有體會；唯有透過儀式的過程與心智的投入，才能得到完整的經歷與體驗。」

「魔法儀式其實是廣泛的主題，從高階的天使召喚到以實際目的製作護身符、製作祭典使用的神聖曼德拉或法器、預視能力的訓練、靜心冥想、靈性啟蒙或各種形式的療癒方法。所以，不太容易去簡單定義魔法，這也不是我們想做的。在此僅強調魔法儀式其中一個面向：療癒。

這裡所說的療癒是指意識上靈性的整合，這種整合能夠為生活帶來實際的助益，增加喜悅與幸福感，並回復與提昇人類的完整天性。」

這段文字，其實揭櫫了占星魔法的真義。許多占星愛好者，包括我自己，面對占星的態度，都是頭腦上的理解。占星對我們而言，可能是一張張的星盤、可能是學不完的理論與法則，可能是源遠流長的歷史與發展，也可能是與心理學結合，探討潛意識的工具。但是，這些都是頭腦裡的活動，我們可曾從心裡或靈性上真正「體驗」過占星？我們也許能準確地解讀星盤對於當事人的作用，但可曾真正的運用行星的能量來改善自己的生活？我想可能很多人跟我一樣，認為占星學對應真實的生活，從來只有單向的，也就是我們藉由出生星盤，來解析個案的人生軌跡，卻從來沒有想過，應用占星學與真實世界的對應，在生活中實際體驗占星世界的各種能量。當我們有靈性上的需求時，可能會藉用宗教的儀式，或運用新時代中各種靜心冥想的方法，讓自己進入靈性的層次。但卻從來沒有想過，每天都在接觸的占星學，其實可以協助我們達到同樣的靈性境界。

哲學背景出身的戴克博士，在書中的第二章，以深富哲理與邏輯的方式，提出了占星與魔法的宇宙觀。在這段章節中，戴克博士不僅說明了小我與大我、小宇宙與大宇宙、微觀世界與巨觀世界的對應，同時也提出，占星世界其實是介在巨觀世界與微觀世界的中間，以其特有的類化型式，將巨觀世界的智慧，顯化在微觀世界，也就是人類所處世界的各種現象中。占星魔法不僅能扮演小宇宙的我們以及大宇宙的智慧之間的橋樑，還能透過其種種類化的方法，體會到同為在小宇宙的人類世界中，各種人事物的經驗。那是一種兼具垂直式與水平式的靈性體驗，若以華人文化的概念來理解，應該就是天人合一以及萬物合一的境界。而占星的魔法儀式，就是協助我們進入天人合一、萬物合一體驗的媒介。

在實際進入占星的魔法儀式前，兩位作者在第三章及第四章中，貼心地為魔法初學者提供正確的親近魔法的方法與提示。這些方法，若以華人的祭祀文化的角度來看，其實並不陌生。華人常講「心誠則靈」，戴克博士則是更具體地提供進入「心誠則靈」的作法，即身體上、情緒上、心識上以及儀式工具上，該怎麼樣做好最齊全的準備，才能讓魔法儀式達到最好的效果。第四章中，兩位作者更是細心的叮嚀與提示，在進行魔法儀式時，心態上應該要有什麼樣的調整，這對於現代人只求速成、急於看到效果、或愛抄捷徑的習慣，無疑是最好的提醒與警示。

對抱持實用主義的讀者，看到第五章的內容應該就會覺得值回票價了。第五章主要是討論，如何利用擇時占星挑選進行各類儀式的最佳時機。為儀式擇時的概念，在中國歷史上就常常可以看到，天子在進行祭天的儀式時，一定會請欽天監挑選最適合的時辰。雖然中國古代在挑選時辰的工具與程序與占星不同，但希望儀式能順利進行，並達到預定的效益的精神卻是古今中外皆同的。在這章節裡，戴克博士鉅細靡遺地介紹針對不同的儀式，擇時占星的程序與心法。這對於擇時占星的入門者而言，無疑是最好的學習教材。對於已經應用擇時占星多年的占星執業者，也會發現本書裡擇時占星的內容，不僅適用於挑選儀式時間，對於其它種類的擇時，也是很好的啟發與示範。

第六章與第七章，是向魔法的入門者介紹，如何循序漸進地將占星的魔法儀式帶入我們的日常生活的練習中。這一章的內容雖少，卻是我認為最能體現魔法就在生活中最實用的解說。事實上，我們或多或少就已經在生活中運用魔法，現在只是再將占星的元素放入其中。例如有些人本來就有靜心冥想的習慣，現在可以嚐試在不同的行星日加入不同的元素、行星、星座的影像，或是塔羅牌裡的圖像來做冥想；有些人本來就對金星類的活動（舞蹈、音樂、繪畫）感興趣，此時也可以在不同的行星日嚐試不同行星或星座的活動，增加或拓展人生的多樣體驗。換句話中，我們平常在生活中就會運用的素材與經驗，現在只是要自覺性地加入占星的元素而已。這樣的概念，讓占星的魔法變得更平易近人，甚至垂手可得。第七章則是介紹本書裡所有儀式的基本架構，讓讀者在進入正式的儀式前，先有些初步的概念，而不致於在接下來的章節中，因為不同儀式的步驟與細節而感到混淆。

占星魔法的儀式基本上分為三部份，第一部份為元素的儀式，第二部為行星的儀式，第三部為星座的儀式。每個儀式都有開始、中間與結束三個階段，中間的儀式中也有分初階和進階的內容。而每一部儀式的最後，都會將前面的儀式結合起來，成為一個最高階的儀式。無論是元素、行星或星座的儀式，都有對應的祭祀物品及道具，也會搭配不同顏色的燈光以及不同味道的薰香，甚至音樂也會考量其中。這些搭配的物件，都是為了協助儀式進行者能快速地進入儀式中的氛圍，與占星世界中所祈求的能量相連結。但讀者不用擔心，這些細節都會在儀式進行前詳細地說明，讀者們只要遵照指示進行即可。

另外，每個儀式也都有相應的祈禱文，其中包含了與元素、行星、星座相關的神祇名字或故事。透過這些儀式的進行，我們更可以從文化的角度去了解占星與神話乃至於與靈性的連結。可能會有部份讀者認為，這些祈禱文屬於西方文化，與華人文化連接不上。但我認為，儀式本身仍有很多可變性，個人其實是允許在進行儀式時加入適合自己的肯定語意或祈禱文，來強化與儀式或所祈求能量的連結度，千萬不要罣礙於祈禱文中文化的差異或不熟悉的語彙而中斷了儀式的流暢度。

與此同理，兩位作者也在附錄中列出元素與星座的徵象與主管事項、有關薰香與顏色的資訊，以及替代的神祇名稱。作者一再強調，我們其實可以依個自的喜好挑選搭配儀式的薰香與顏色。換句話說，每個魔法儀式也是自我創意與個性的顯現，我們無須為了謹守儀式的每項規範，而失去了魔法的趣味性以及儀式與自我靈性的連結。

若讀者能耐心地讀完並實踐這本書，會發現魔法並非我們想像中那麼樣的抽象虛無；反之，魔法其實隱藏在日常生活中，有待我們發掘與運用。而占星的魔法，也並非如天上的行星那樣的遙遠，它們也能帶給我們最真實的感受，在生活中起最切身的作用。就如戴克博士在前言所提到：「你正在建立一個魔法的宇宙，在其中你將以更有意義更有收穫的方式體驗占星。你為這個宇宙付出愈多，你所得到的回報的也會愈加美麗豐富。」無論大家在閱讀這本書，是基於學術上、文化上還是靈性上的需求，願大家都能藉由這本書，真正的收穫到占星魔法的美好體驗。

簡介

很高興推出《占星魔法學：基本儀式與冥想》這本書，不論是初學者，或已熟悉魔法儀式的人，都能從中了解占星的魔法、冥想與祈禱的方法。我們兩人在魔法儀式、占星及其它神祕學領域已執業多年，同時也有黃金黎明協會（Golden Dawn）與古典占星的特殊背景，希望能將占星魔法及其方法大眾化，讓當代的占星師（無論現代或古典占星）、魔法師、西方傳統上的異教徒等，都能輕易理解占星魔法的知識並實踐。舉例來說，書中的冥想儀式有使用塔羅牌，如果你沒有塔羅牌，也沒有興趣買一副，我們提供了另外替代的方案。由於這些儀式可重複進行，有塔羅牌的讀者可用塔羅牌進行一次後，再用另一套替代的方式進行。以上就是一個簡單的例子來說明本書是如何設計，讓普羅大眾皆能輕鬆上手。

在此也很高興宣佈，我們的同事兼好友MjDawn，是位浸淫魔法領域多年的音樂家，配合本書及未來系列推出音樂專輯。若想訂購這些精心製作的專輯，可在www.bendykes.com或www.atmoworks.com查得相關資訊。專輯裡這些背景音樂提供循序漸進且相關的主題，例如基礎音樂較為原始且偏大自然，行星音樂則較具個性，但又汲取基礎音樂的主題元素，至於星座音樂則以前兩者為基礎而編製。這類「提昇」的編曲概念即與第二章的內容互相搭配。

此簡介中，將為現代讀者介紹幾項重要主題，例如魔法的本質與應用、不同宇宙學使用的占星魔法與冥想儀式、如何執行這些儀式，以擇時占星選擇進行儀式的時間。熟悉這些概念對初學者尤其重要，因此本書分為三個部份：（1）元素的魔法儀式，（2）行星的魔法儀式，（3）星座的魔法儀式。每個部份都有前導的介紹，我們也會提供將三種不同的魔法整合在同一個儀式的示範。

希望這本書能夠為接下來一系列更進階、複雜的魔法儀式書做為成功的引導，以此延伸出占星主題外更多的魔法儀式，協助占星、祈禱與儀式的學習者在神聖的愛與光中，將這些興趣整合為一。

§1
源起：現代人的需求

幾年前籌備本書時，原本想以黃金黎明常用方式來呈現內容。但經過思考再三，並聽取一些朋友建議後，我們決定為更廣大的讀者做考量，以占星魔法的方式來撰寫本書。事實上，我們認為這本書最大的功能在於療癒，而且是協助個人靈性的成長、平衡與淨化的療癒。而元素、星座與行星的能量正好能達到這個目的，之後會更詳細的解說此點。此外，我們也想彌補百年前魔法與占星的分裂，尤其近年來古典占星復興的潮流，該是將這兩種學問再次整合的時候了。

自古以來，魔法師就已將占星學的概念列入魔法的內容與世界觀中，即使他們並不提供客戶諮商或星盤解讀，魔法仍常以占星的概念為中心。同樣的，提供客戶諮商的占星師，除了在所屬宗教的教堂或寺廟經驗靈性的時刻外，他們也常透過書籍或社交圈，以占星的魔法、行星的天使等等，豐富個人的靈性。但在哥白尼改革後開始出現變化，占星改革者忙著讓占星更"科學化"，於是刻意與魔法師保持距離。※［哥白尼改革（Copernican Revolution）：係指占星天文學，接受尼古拉斯哥白尼（Nicolaus Copernicus）的日心學說。］十九世紀末期，分離的態勢越演越烈，由當時倫敦的黃金黎明與神智學（Theosophy）的興起可見一斑。由魔法師組成的黃金黎明標榜神祕學，而神智學則著重學術理論的占星學［註1］。

十九世紀末期的倫敦，黃金黎明與神智學派的會員其實有重疊，占星師同時也會進行魔法儀式提昇靈性成長。但黃金黎明對猶太教的卡巴拉神祕學（Qabalism）、煉金術（Hermeticism）以及玫瑰十字會的神祕學（Rosicrucianism）、魔法較有興趣，而非實際的星盤解讀，更別說當時許多中古世紀的占星方法早被遺忘，不再為人使用。黃金黎明所教導的占星學，比較像是中世紀或文藝復興的卡巴拉宇宙學（Qabalistic cosmology），主要是學習行星與星座的守護天使、護身符、靈魂召喚等魔法的入門途徑。有些會員甚至被所謂《亞伯拉梅林的神聖魔法書》（*Sacred Magic of Abramelin the Mage*）所誤導，認為魔法最終能超越一般星盤的影響 [註2]。這些因素降低了會員們對星盤解讀的興趣，但以占星為主題的魔法卻仍活躍著。

至於神智學派則是對神祕學理論與東方思想有興趣，而非魔法儀式。因為某些奇妙的發展，一些具影響力的神智學者甚至奠定了現今主流的現代占星學基礎 [註3]。英國最有名的例子當屬倫敦占星師艾倫・李奧（Alan Leo）。他在1914年因預測未來的罪名深陷法律糾紛中，最後（在這裡先長話短說）只好將占星重新包裝成為個性側寫的方法，預測的部份也被縮減為描述個人潛力與個性的工具。此外，他還革命性地倡導太陽星座及制式化星盤解讀，這些改變不僅讓他免於日後的麻煩，也改變主流占星學在二十世紀的發展 [註4]。占星學也就此與魔法切斷了本已薄弱的關係。

雖然魔法與星盤解讀、擇時占星學早已分家，但仍有學習上的優勢，即兩者都包含了占星的概念與形象，占星甚至為魔法的理論中心。不過主流占星師錯過了這項優勢，部份的原因應是不喜歡現

[1] 見參考書目Cicero 2003, pp. 40-43。
[2] 見第五章，討論如何以擇時占星挑選儀式的時間。
[3] 此論點根據參考書目Curry, pp. 145ff。
[4] 至少原則上是如此。李奧最後雖然決定不再上訴，卻在不久後過世。

今組織化的宗教，宗教對占星學也早有敵意。這樣的分裂讓現代占星師難以從占星的興趣，找到靈性的直接途徑。取而代之的，幾十年來占星師必須以占星無關的方法，來滿足靈性的需求，並將其整合進入占星學：例如容格心理學、較大眾化或走中間路線的新世紀方法。但這些方法較主觀且心理取向。事實上，即便是開始復興的古典占星，人們仍覺得在其中找不到占星相關的方法來滿足靈性上的需求。

這本書主要就是為了當代占星師--無論現代或古典占星師的需求，滿足他們追求個人化經驗的同時，又能在所學上有靈性的連結。許多占星研究者或執業占星師即使學習多年（有時要幾十年），仍覺得不足，有些人察覺到光從智識來理解占星，仍無法傳達全部真義，為了滿足對占星全盤了解的熱切需求，我們還得親身體驗。學問可提昇心智，但唯有透過儀式與冥想才能達到真正的體驗，餵養靈性的需求，就像我們不能光靠閱讀，還必須親身造訪某個歷史遺跡，才能更有體會；唯有透過儀式的過程與心智的投入，才能得到完整的經歷與體驗。有些占星師認為，向心理學取經，強調占星學的心理層面，可引領占星學達到「靈性」的境界或成為「個人化心理學」，甚至對外行星所謂「個人深層的轉化」有著過份的執迷。他們想要藉由這樣的連結來求得靈性上成長，但仍流於主觀上的認知，不再只是純粹的個人心理學。

當現代占星師重新連結魔法儀式、各種祈禱的方法與經驗，我們也希望魔法師能重新連結已被遺忘的占星知識、解讀星盤的原則與方法，例如擇時占星。如前言所述，這本書並非只為占星師或魔法師而寫，同時也為了西方所謂的靈性主義或異教徒所寫，期望能以最經濟、簡單、容易執行的方式結合占星與魔法。當你完成書中所有的魔法儀式後，你將了解如何召喚元素、行星與星座的神祕力量，並根據自我靈性的成長需求，創造出屬於自己的魔法儀式。本書尚未提到的主題，例如卡巴拉生命之樹與祕數，將會留待未來出版的內容中。

最後，如果你認為魔法儀式太宗教化，我們要向你保證，你無需信仰任何宗教才能進行書中的儀式，更無需相信又老又蓄著長鬍的上帝形象，這通常是來控制小孩或身懷恐懼的大人的。不過我們的確會用宗教形象去連結超越心智想像的事物。你不妨參考德國哲學家黑格爾（Hegel）所說：藝術、美麗的事物、宗教形象或儀式、還有哲學等，都是神聖意志（the Divine）融入我們的最高形式，藉由這些我們才能有意識參與宇宙的作為。每種形式都有不同的邏輯與方法，但都在我們生活中扮演重要角色。在本書，結合了顏色、聲音、情緒、身體、心智及宗教形象，為了提供最完整的占星體驗，引導我們更接近宇宙及其中的各種存在，並非為了推廣特定宗教。

§2
什麼是魔法，爲何要魔法？

此章節要告訴你什麼是魔法，為何要用魔法。我們說的也許不是絕對的，但能幫助你有組織地進行魔法儀式與祈禱，而不是丟三落四或想東想西。以下引用柏拉圖、新柏拉圖學派、卡巴拉神祕學派等說法。

魔法儀式其實是廣泛的主題，從高階的天使召喚到以實際目的製作護身符、製作祭典使用的神聖曼德拉或法器、預視能力的訓練、靜心冥想、靈性啟蒙或各種形式的療癒方法。所以，不太容易去簡單定義魔法，這也不是我們想做的。在此僅強調魔法儀式其中一個面向：療癒。

這裡所說的療癒是指意識上靈性的整合，這種整合能夠為生活帶來實際的助益，增加喜悅與幸福感，並回復與提昇人類的完整天性。

占星與魔法的宇宙觀

許多古典思想認為，人類有能力得到幸福與滿足感，能充份表達自我天賦，在生活或世界中實踐神聖意志，其中很多方法，會將高階天使（也稱為守護天使）與我們可朽生命建立連結。人類是微觀世界，每個部份都與宇宙這個巨觀世界相對應。舉例來說，與人類理性對應是宇宙的理性與智慧（或所謂的高等智慧），我們能透過高我的能力存取這樣的智慧；與我們靈魂（廣義而言）相對應的，是世界靈魂或是更廣義的宇宙生命法則；與我們身體相對應的，則是整個物質世界。還有其它更複雜的說法去說明此概念，但我想讀者應可了解：人類各種面向其實是巨觀世界的縮小版。

身為微觀世界的人類是如此獨特，所以人類擁有獲得滿足感的能力。但是這天賦太過複雜，會有出錯的可能。如柏拉圖所說，肉體存在本身就是個問題，因為肉體，我們難以與看不到的高等存在連結：越是將物質世界視為真實，就越難聽從內在的智慧（相對於感受及慾望），無論個體或社會的存在也變得難以確知。然後，內在化學平衡會被打亂，變得容易生病、情緒失控等。古老的教導充滿了這類的警示。雖然擁有智慧以及高我的能力，我們卻渾然不知；我們擁有肉體，但卻是失衡的。就是這些複雜的原因，讓幸福、滿足與被啟發的感知變得彌足珍貴。以下為古代宇宙觀的簡單圖示。宇宙是有層次的架構。最底層是我們的生存空間：可被感知、多變的世界，充滿各種元素。我們是以物質存在，表達靈魂最底層的面向：五感、慾望、熱情及價值感。甚至可以說，社會其實是紛紛擾擾的世界，由人們的情緒、慾望決定如何對待往來。 宇宙層次是由相對、變化、時間所構成一種不穩定的個體。

宇宙層次的最上層為高階的實相，包含了各種永恆的存在，是無法被感知卻穩定的整體。這是個充滿智慧的領域、神聖意志，或其它無實像存在的高等智慧（例如天使），或是為低層的物質世界提供穩定功能的架構，例如數理邏輯、美的概念，或像卡巴拉神祕學裡的生命之樹，也都在此。此領域與理智或高我的能力相對應，當我們的理智發揮到最佳狀態時，就能了解更深層的宇宙法則，與更高的存在相互交流，與神聖意志取得更純粹的連結。不幸的是，雖然我們是如此渴望連結，物質世界裡的生活卻老是牽引著我們，把注意力放在較低的功能或日常事務上。

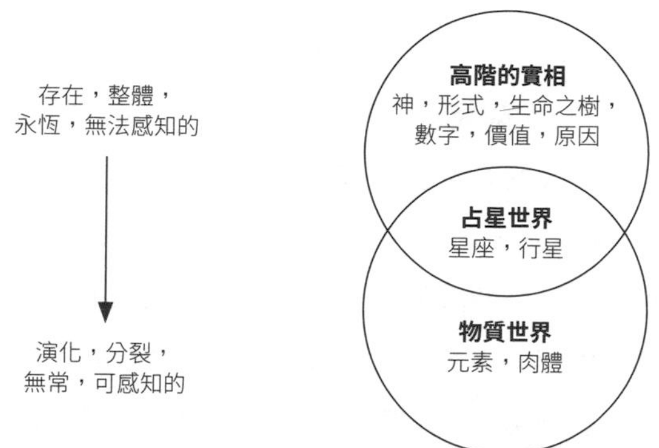

圖1：簡化的宇宙層次圖

中間一層稱為占星世界：即行星與星座。在此宇宙層次圖裡，它佔有獨特的位置，提供某種特別的功能。從位置上來說，占星學展現了數學邏輯、智慧的規律與週期，還有美的概念。換言之，此架構連結了高階實相，即高等存在、高等智慧以及神聖意志。從另一方面來說，它也展現了動力與可被感知的特質，而這些特質都能在變動的物質世界中所發現。這也是占星世界介於高階實相與變動世界之間的原因。

在柏拉圖宇宙觀裡，占星還提供另一項獨特的功能，可把占星想像為宇宙中結合向上與向下的雙重運動［註5］。藉由向下運動，高階實相將組織、智慧、美與善注入相對的失序物質世界，而占星學藉由時間與各種類象將神聖世界顯化出來。至於向上運動，是指顯化的高階實相啟發刺激我們超越日常生活，連結永恆的存在，並開始運用心靈中較高的功能。當兩種運動同時作用得當，我們的內在洞見與豐盛（向上運動）就會有意識地被組織、提昇並平衡我們的價值、行為還有生活（向下運動）。

[5] 某些靈性哲學觀裡，這樣的動力被理解為神聖靈魂或神聖氣息的吐納。

但別受這圖像誤導，由於這圖像標示著空間，可能會讓人以為神聖領域「高高在上」，隔絕於任何世界之外。那是圖像或任何意象會有的限制。雖然高等的神聖領域有其完整的存在，但它其實是包圍著我們，存在我們內心裡或透過我們來作用，也就是說它們現在就在這裡。舉例來說，火星是顆肉眼可見的行星，在火星「之上」或「之外」的，是透過其運動與外表所顯化的神性，活生生地存在於可感知的物質世界裡，存在於任何火星代表的事物或活動中。高階實相就是透過這些方法主動展現其組織架構，但我們在日常生活中卻無法感知、難以整合並應用在生活各層面上。這就是人們感到混亂或無法快樂的原因，因此，讓高階實相看來如此遙不可及。但占星魔法是改變這種情況的工具，現在，就讓我們來認識什麼是占星魔法。

占星魔法：一種療癒與成長的方法

根據上述觀點，占星學透過行星、星座、恆星等所顯化，是神聖意志為世界注入秩序、善良、智慧的神聖藍圖。它並非是通往高階實相的唯一途徑，卻是最重要的。尤其星盤，可說是記錄某一時刻行星運行的軌跡，描述了每個獨特的個體（在有限時間裡的演出）在神聖意志中，如何存在了超越時間的內涵與計劃。

我們如果想整合內在心靈與外在生活，占星能提供靈感與機緣，協助我們尋回人性的本質、身處於微觀世界的自尊以及幸福的生活。固定的儀式與冥想可視為有意識地整合自我最可行的方法，而且，不只有在儀式的當下才能獲得整合，理論上是一輩子都能保持整合的狀態（請見以下詳情）。

為了解這一點，先以上面圖示來看占星如何表現生活的各種面向。(1)在較低的層次中，每個人都有不同的心理狀態、不同的個性，這些都與占星元素有關[註6]；雖然我們都需要飲食與運動保持健康，但仍須根據不同的體質、個性與心理來做調整。以古典占星來看，可從上升主星、上升星座以及星盤的其他徵象來判斷。(2)嚴謹的占星定義，行星與星座象徵不同的價值，及其代表的行為與活動。讀者應該都相當熟悉各個星座的意涵，但還是可以參考附錄一、二，有關星座與行星所代表的古典意義。鍊金術著作《神聖的指引者》(*The Divine Pymander*)曾提到，作者在宇宙智慧指導下，使靈魂(或許說受到啟發的靈魂)能上昇穿越行星，並在穿越時灑上行星的特性：因此穿越月亮時灑上月亮圓缺不定的特性，穿越水星時則產生狡詐的想法等[註7]。(3)在高階實相裡，我們必須先認識星座與行星所代表的天使。舉例來說，柏拉圖認為我們在此生都有屬於自己的行星或星座天使，在某些文化中，這些天使被稱為守護天使，或者是介於個人與天使中間的指導靈[註8]。不過這個主題不在此次的討論範圍，也先不提如何以占星的方法找出守護行星與天使[註9]。

占星能描述客觀事物或活動裡所體現的永恆實存與高階實相，而非僅在內心的主觀感受。在魔法儀式中，這項觀念特別重要：當我們進行金星儀式，點薰香、精油、或是念神聖祈禱文時，我們是真實透過薰香、精油或祈禱文來與金星及其永恆實存連結；如同當我們喝紅酒，吃麵包或鹽時，這些元素特性不是僅存在我們的「心裡」，他們是真實存在於食物中。

[6] 有關體液的分類，可參考附錄一。參考書目中的Greenbaum(2005)也有精闢的解說。
[7] 見參考書目Copenhaver, p.6。
[8] 該例引自*Phaedrus* 247a-248a以及*Timaeus* 41b-42e。
[9] 部份方法可參閱Dykes 2011, *The Search of the Heart*。

水平與垂直性的平衡與療癒

為了更深入了解以上觀念，進一步談談垂直與水平式的的療癒平衡。

垂直性平衡是指微觀世界與巨觀世界的交互感應，使每個層次獲得平衡。如同我們的智慧或高我的能力，與神聖智慧所存在的世界有對應的關係，情緒、價值與占星世界相對應，感情、欲望及肉體與可感知的世界相對應，所以更需要各層面取得平衡。平衡的動力不是從下到上（著重於物質或動物本能行動），而是從上到下的動力，讓每個層次都得到適當指引。例如，很多人會憑藉一時的欲望、需求或情緒來行事，就像我們常說「所有感覺都是有原因的」這樣的話。但仔細想想，有些行為的確單純反應物質層面的需求（例如飢餓與口渴），但有些情緒或價值是出於選擇、想法，屬於較高精神層次。我們之所以感到憤怒、恐懼或開心，源自於自我的價值判斷：有人覺得不公不義而憤怒，那不是突然冒出的莫名情緒；有人感到開心或恐懼，是因為認知獲利或損失，或是來自更廣義的認知，而非只是簡單的感覺而已。以占星的角度，這些都與行星和星座有關：我們若能透過占星學認知、了解及表達這些價值觀，便得以從內在重新整合情緒與物質需求，以成就更高的理想目標。同樣的，透過正義、美感等抽象的外在概念，或透過占星法則，例如以和諧或困難相位來詮釋人際關係，都能協助我們與較低層次的需求和情緒保持客觀距離，減少被它們驅使的衝動，我們也因此能接受更高形式或生命之樹的指引，得以和可感知的世界保持客觀距離，把焦點放在外在的各種存在，不再被較低層次的無常與變化所影響。魔法儀式藉由顏色與氣味，音樂與語言，從模仿星體運動，到符號的靜心冥想，將上述各個層面整合在一起。在理想的狀態下，魔法儀式若能成為實踐生活的一部份，我們無論做任何事，都能時時保持內在垂直性的平衡。

請注意，我們並非想要藉由貶低來逃避肉體的存在。在此強調的是焦點的改變與轉化，積極參與神聖意志的計劃與創造，而肉體在其中，扮演著十分關鍵的角色。

水平式的平衡是指存於內在層次的各種面向能被表達。因此，在可感知的世界裡，我們因為四種不同的體質（這些與元素有關），而有不同情緒表達或行為模式。在行星與星座的領域中，我們能以行星的正向價值取得平衡：金星的娛樂、木星的慷概、土星的嚴謹與專注等等。若將星座的順序比喻為英雄之旅（如後面星座魔法中建議的），意指在各星座中取得平衡。在神聖意志的領域中，則是指在各種較高價值，如公平、美、數學、符號等自由的轉換。

當聚焦在這兩種平衡，代表我們已經能體驗向下與向上的能量，不僅提昇個人，整體社會也因此受益：透過藝術與美，我們提昇了生活品質，也能締造和諧的人際關係，完成對教育及公平正義的承諾。魔法儀式可成為整合人類各層面的關鍵，回復我們人性中全然的覺知，這樣的覺知不僅是自我察覺而已（光是這點就很重要），而且是一種主動的覺察。實行魔法的生活能將我們所有層面整合成一種主動的，有意識的覺知體驗。

§3 如何親近魔法

執行魔法之前，有些細節要先討論，就像有些私人魔法學校會先教一些基礎課程，然後再討論細節，以幫助學生循序漸進學習。要成為一位成功的魔法師可能要花上好幾年，但並不表示剛踏入這領域的新鮮人無法有效執行魔法儀式。有效的儀式取決於誠意與熱忱，只要夠熱忱，你就能全心投入這門藝術。魔法無庸置疑，就是一種藝術。

身體，情緒，視覺化

進行書中的魔法儀式前，我們要先討論如何親近魔法。如果你是一邊閱讀一邊開始進行，你將無法體驗太多，儀式會流於心智的運作，這樣的效果就跟只是閱讀卻不執行是沒兩樣的。

成功的儀式需要執行者全神貫注、全心投入：包括身體、心智與情緒。就像演員詮釋角色一樣，魔法師也必須模仿甚至成為儀式中所祈求的能量。在此我們或許可針對魔法師在儀式中是如何成為能量顯化的媒介，做一個冗長的說明，但是說實話，那不是必要的。但我們可以這麼說，如果無法全心投入儀式，你得到的將會是呆板沉重而且無聊的經驗。如果你冀求與占星及更高世界連結的經驗，在整合自我的當下更深入了解其中的特質，同時又能體現神奇魔法的運作能量，那麼除了讀這本書外，還需要做更多的準備。

首先要了解占星學裡各種對應的含義（詳情請見附錄）。占星所教導的元素、行星與星座均有不同意涵。透過這些對應，人們得以接觸、欣賞占星學各種面向。所謂的對應，一方面描述心理機制的抽象概念，另一方面作為儀式中靜心冥想的方法。如果你知道元素、行星與星座相關的顏色、聲音、情緒、形象與神祇名字等，就可以利用這樣的對應，創造出與你所祈求的能量相符合的氛圍。另外我們還要強調，這些對應不僅僅存在於心裡：它們也是客觀存在的關係。

我們以火元素為例闡述前述概念，說明火元素對應的事項將如何在儀式中被運用。首先，火最直接的意象就是光明與照亮（例如太陽），火也跟熱情有關（性、情緒、生理或心智上），對成就的熱切渴望（例如火星）。火元素幾乎就是力量與權力的代名詞。如果你要進行的是強調火的儀式，不管是元素、星座或行星的儀式，你必須像火的代言人一般思考、行動、說話以及感覺。每個想法、行為和語言都必須像火一樣地傳達。

為了讓讀者能在儀式中獲得正面的體驗，在此先將儀式的進行分幾個區塊討論：

身體

儀式需要身體的運作才能進行，而運作的方式皆有其意義並符合儀式的主題。在一邊想像五芒星與符號，一邊在空中繪製這些符號時，繪製的方式必須與主題的性質相對應。例如火元素的儀式中，就必須以強而有力的動作來繪製火元素的五芒星。站的時候要抬頭挺胸，走路的時候也要乾脆俐落。但如果是水元素，動作反而就要柔軟順暢。繪製水元素的五芒星和符號時，手勢要陰柔滑順，走路也要以更緩慢，像做夢般的方式來進行。如果是風元素，繪製的手勢、走路的步伐、身體律動要既輕且快。至於土元素，動作就要穩重、緩慢但確實。

心智

儀式中我們會大量使用視覺化的技巧，去連結想探索的特質。視覺化對魔法的運作非常重要，因為它可以將魔法的能量引導出想要的效果。語言當然也非常重要，但仍不足以引導魔法能量。圖像就是星體的語言，能清楚地顯示能量的方向及運作的目標，在意識及潛意識中扮演著重要的角色。雖然實際上你是在你的祭壇中進行魔法儀式［註10］，其實你也同步在其它領域，例如心靈領域或星體的領域進行魔法，並讓這些領域的靈性力量顯像在具象世界中。

此外，視覺化是儀式中一項重要部份，它不僅影響心智，也影響大腦運作，有助於儀式的進行。近代腦部科學研究一再提出，視覺化與真正的視覺感知在神經反應上有著緊密的關係，舉例來說，肌動電流圖（Electromyogram，EMG）的研究指出，大腦無法完全分辨想像出來的行動與實際的行動有何差別［註11］。同樣地，從腦電波儀（Electroencephalography，EEG）的報告上，也很難看出受試者究竟是真的在聽音樂，或只是在想像音樂［註12］。換句話說，假設你閉上眼睛想像一隻河馬，你的視覺神經會開始活躍起來，彷彿你真的在看一隻河馬。因此，當我們冥想自己正處於金星的能量場，大腦就會開始反應，如同真實就在那個能量場一般。從此處可以得出結論，視覺化是個很重要的工具，藉由魔法師這個媒介，幫助我們激發想要運作

---

[10] 接下來我們將以「聖殿」來稱呼個人的儀式空間。
[11] 見參考書目 McTaggart 2008。
[12] 見參考書目 Janata，1997和2009，以及 Hawkins與Blakeslee，2004。

的能量，並讓這能量整合各個存在領域。能量的來源就是星體以及高階實相的層次，如同之前提到宇宙層次圖所顯示的。

視覺化的方法也非常重要。再舉火元素為例，這影像應該要非常清楚明亮，並帶著力量進入你的觀想中。至於水元素，那是非常空靈的，甚至像夢一樣輕輕的進入你的意識，或像霧一樣緩緩形成。而風元素，它可以是快速的形成，又以更快的速度變換，直到你確認哪個影像較適合為止。土元素的影像應該要非常明確且立體，好像你可以環繞著這個影像走動，或可從各個角度看得清清楚楚。仔細的思考你所要運作的能量有什麼樣的特性，然後再依據那個特性來進行觀想。

視覺化最後一個重要步驟就是顏色。顏色會影響心理，不僅顯示了能量的特性，也是能量顯化的一種形式，換句話說，顏色本身就是一種能量。更多有關顏色的訊息請參見附錄四。

情感

可惜的是，我們經常見到魔法師在進行儀式時口中念念有詞，卻不帶任何情感。這其實會對魔法師本身或參與儀式的人帶來負面的作用。如果你真的想要真正體驗到元素、行星或星座的特性，在情感上你也必須有所配合。火元素的情感必須是有力但有所節制的：那是一種有自信的領導力，受到激發時不是生氣或大聲叫囂，而是充滿了興奮感但卻能控制得宜。水元素是柔軟、充滿了愛與溫柔。風元素則表現出思慮周全與機警的心智能力。土元素則是決心、沉穩與平衡。一個人執行儀式的好處就是，你在表現這些情感時不會尷尬，因為沒人在看！但是當你對魔法儀式越有經驗，跟他人一起執行時就越不會覺得害怕，因為你已經知道情感能帶來多大的效益。

儀式的準備

我們已經討論了在儀式中如何的行動，現在再來看如何準備儀式。首先最重要的是，在執行前好好的閱讀本書。這樣你才能對儀式有著整體的概念，包括你該怎麼動作、該畫什麼符號、該說什麼話。你倒不用事先把整個流程背起來，魔法師邊看稿邊進行儀式是很常見的，但因為他們已經大概知道該做什麼或在哪裡做什麼，所以看稿並不會使他們分心。魔法師也經常在正式進行儀式之前，先以輕鬆的方式把流程走過一次。

再次強調：你必須了解對應之間的關係。你可以參照附錄學習，也可從其它書籍中學習[註13]。就如之前所提，學習能提昇心智，就像一座充滿了影像與知識的寶庫，讓你在儀式中得以充份發揮。當我們在運作火元素的能量時，要你像火一般的行動說起來較為簡單，但如果要運作行星與星座的能量時，就相對複雜多了。火星與太陽是不一樣的，反之亦然。雖然同屬火元素能量，但它們卻傳達火元素的不同面向，所以我們要調整火元素的表達方式去符合它們的屬性。星座也是一樣的道理。處女座屬雙元性的土象星座，由水星所掌管；金牛座屬固定性的土象星座，由金星所掌管；而魔羯座屬啟動性的土象星座，由土星所掌管：他們雖屬土元素能量卻有著不同屬性。唯有了解其中的差異，你才能調整自己以親近這些能量。

本書中每個儀式的說明裡都包含設置儀式空間的方式。無論你是否有獨立的祭壇，或只是把客廳的傢俱移到一旁，進行儀式前都要確認每樣東西都已設置完成。專心一致是儀式中最為重要的

[13] 部份對應關係摘錄自威廉・里利（William Lilly）著名的著作《基督徒占星學》（*Christian Astrology*）。

事，再也沒有比忘記某樣東西，還要離開去拿取更讓人分心了，這會讓你的注意力立即中斷，很難再回到你原來的心識狀態。把手機關掉，告訴同住室友這段時間不要來打擾，把窗簾關起來，門也鎖起來。也就是說，你要盡一切能力確保你不會被打斷。當珍剛開始體驗魔法儀式時，她忘了把門關好，就當她坐在地板上，閉上眼睛專注進行時，她的狗悄悄進入房間舔了一下她的臉。她不僅嚇了一跳，還得站起來將狗帶出房間再把門關上。當她想從打斷的地方重新繼續時，她的情感已經中斷，氣氛也不對了，整個儀式只好草草收場。

祭壇，工具與替代品

你不用特別為儀式準備一個專屬的房間，雖然那是最好的狀況。只要是不被打擾的私人空間就可以了。

你也不用費心準備什麼道具，一張小桌子就可以當作祭壇，如果你想坐在地板上，也可以把道具放在面前的地板上（只要小心起身時不要撞到就好）。準備一個地方專門放你的道具，這樣才不會被他人弄亂或拿走。選一件乾淨舒服的衣服特別在做儀式的時候穿。久而久之，這件衣服就成為下意識的一個徵象，提醒你即將進行儀式，也能幫助你較快進入狀況。燈光應該要柔和，但又要夠明亮，這樣你才能在燭火中還能看得到儀式的說明。

在儀式中放點適合的背景音樂。除了可以阻斷環境的聲音外，你也可以藉由音樂的感受幫助你進入儀式所需的意識狀態。在此，我們再次推薦MjDawn配合本書所發行的專輯。

可以為祭壇買幾塊顏色適合的布，一塊大約一平方碼那麼大。

棉質的材料既便宜又容易清洗。也可使用餐桌的桌布或小手巾。另外，還需要顏色符合儀式主題的蠟燭。蠟燭不會在一次儀式中就燒完，所以可以重覆使用。不過如果你的預算不多，祭壇的布和及蠟燭是可以用其它物品替代的。如果沒預算買那麼多顏色的布，可以用印表機印出有顏色的紙，再把色紙貼在雜貨店就買得到的板子或帆布上，或是直接用蠟筆把顏色畫上去。如果沒預算買多種顏色的蠟燭，你可以只買較便宜的蠟燭，然後以尖銳的工具將符號刻上去。無論怎麼做，主題所對應的顏色必須要在儀式裡呈現，因為主題顏色的視覺化絕對是儀式裡最重要的一環。常有人說他們很難觀想顏色，這時我們會建議他們直接看著顏色，然後再想像符號。

同樣地，雖然在儀式裡使用五芒星和六芒星，有些人卻難以產生共鳴。如果你也這樣覺得，可以改用行星或星座的符號來代替，在元素的儀式裡則用元素的三角形來代替（這些都是在元素五芒星中心出現的符號）。

薰香也會影響魔法師，它可以調和儀式中生理與心理的氛圍，並產生一種和主題能量一致的頻率。對的氛圍對任何一種魔法都是關鍵，在祭壇中建立一個適當的氛圍場尤其重要。在附錄三中，我們建議了幾款典型儀式用的薰香，也介紹挑選薰香的訣竅。

§4
有效的訣竅

我們進行魔法儀式已超過二十年，因此可從經驗中告訴你一些別人不見得會告訴你的事。在這一章節裡，我們為初學者整理了許多建議（訣竅跟警示都有），能幫助你在魔法中獲得豐富、有效的經驗。我們常會特別強調建議的方法，因為我們已經試過太多其它無效的方法了！

心態：愛、期待與喜悅

許多人對魔法有個既定印象，那就是魔法師站在祭祀儀式的圓圈中間，手拿著魔杖，嘴巴念著命令的咒語，這樣就能夠控制靈魂。某種程度上這是真的，但只存於少數特定的儀式或文化中。我們開始執行較高階且嚴肅的魔法儀式時，本來也是期待會有前述的效果，但最後卻驚訝的發現，那些重要且帶來轉化的魔法體驗，都是在我們以緩慢安靜的方式，並帶著真實的渴望與愛時才會發生。

正確執行的儀式，就像是一種靜心冥想或祈禱。即使用火星的方式進行火星的儀式，也要盡可能在其中感受到愛與信任：對神聖智慧的愛，對自己內心的信任。當你在靜心冥想時，應能感受到一種喜悅，一種迎接更深的自我與終極世界的連結，所帶來的歡欣與和平。這也會協助你產生另一個重要的心態：不要太執著於儀式的目標或結果。保持好奇與興奮的心情，將焦點放在你現在做的事，活在當下，感受情緒，觀想光，而不是打斷思緒一直去想儀式結束後會發生什麼事。

做得快，不如做得好

另一個進行儀式的重點是，不要為了吸引別人（或你想像的那個別人）的目光，故意以快速但流於形式、或戲劇化卻沒有感情的方式來進行；認真的做，有意義的做，才是正視自己、尊重自己的表現。所以不要著急，把焦點放在儀式所帶來的感覺，以及你最原始的渴望，在進行下一個步驟前先充份的觀想。

勤於練習才能成就完美

有時候，你會覺得儀式進行的不太順利，或它根本就「沒用」。有些時候，它的效果就真的還好（請見以下）。如果你的經驗還不夠，你可以隨便穿件衣服，在不出聲音的情況下先做排練，之後再進行正式的儀式。不要為了可以得到「好東西」，就只想做比較複雜的儀式，或一下子想要把全部的儀式都做完。與其如此，還不如先把簡單的儀式做好。這時候的你是在訓練心智與靈魂去適應新的能量與符號，當你開始進步，有些過程就會變得簡單自然，效果也會變得顯而易見。

控制壞情緒

有時，你會對練習感到無聊或焦慮，尤其當你每天聽到內心「喋喋不休」的說著「等下要煮晚餐了……現在是怎樣？……這到底有沒有用？……我做對了嗎？」如果再讓你的內心繼續叨唸下去，你可能會陷入挫折與悲觀的情緒裡。你甚至會在進行下一個儀式前就開始感到焦慮，不停地想，「萬一這種感覺又來了怎麼辦？」這時請深呼吸一口氣，觀想光籠罩在你周圍，試著重新連接愛的感覺，把紛擾的念頭關掉，然後繼續。你可能要花一段時間練習信任自己、安穩情緒。

這也是一個學習的過程，看看我們多常在日常生活裡分心，我們的心又多麼的愛喋喋不休！請不要放棄練習，這些終將會是值得的。

抄捷徑的危險

部份讀者可能也涉獵其它的文化傳統。還曾聽過一種說法，就是魔法的重點在符號上，所以其它部份不用照本宣科。這種說法並非錯誤，但那只適用於知道自己在做什麼，以及何時可以抄捷徑的魔法師身上。我們看過太多人在全然了解魔法儀式之前就任意更改內容，甚至把抄捷徑當作不用做儀式的藉口。他們認為高階的魔法就是把報紙攤在餐桌上，點一根煙充當是魔杖，然後放一杯咖啡當作聖杯就可以了。儀式裡，或者是任何的系統裡，符號、語言以及動作的設計都是有原因的。先把整套流程學好，等到你真的理解與熟練了再做更動。

有兩個貼切的比喻能更加理解前述理由。就像我們光看樂譜是無法知道一首音樂聽起來如何，光看儀式的做法，我們也無法想像這個儀式能帶來什麼樣的感受。當你認真跟著這些公式完整的進行儀式時，書本上看起來好像無關緊要或可任意變動的因素，例如符號、動作、薰香、音樂、情緒以及語言等等就會結合在一起，變成一種活生生有個性的整體。另一項比喻，當我們在學外語時，總要先學文法，才能再去學其它俚語或日常生活中的簡略用語。

基於上述原因，我們建議你還是依據書上方法進行，並想辦法做得更精確、更有特色。同樣地，當繪製符號時，例如太陽的六芒星，你可能會覺得這些程序很瑣碎，但如果你能多做幾次，你會發現之所以要這樣做的道理。即使之後你還是決定要用其它方式替換，請試過正式的方法後再做更改也不遲。

提昇儀式的品質

只要多用一點心，例如去找適合的薰香或燈光，你會訝異發現魔法體驗變得更加豐盛。好好利用本書的附錄與其它建議，例如在月亮儀式中放幾朵茉莉花，或放點適合的音樂（就像我們推薦的MjDawn的音樂）。如果你想要製造特別的燈光效果，你可以買一組彩色的燈泡以供不同的儀式使用。如果你用的是間接照明或軌道燈，你可以買彩色的玻璃紙修剪後貼在你的照明器具上：你的整個房間就會充滿了符合儀式的顏色。試試在水星儀式的時候使用黃色的燈光，你將體驗到絕妙的感受！

如果覺得拿整本書做儀式不方便，你可以複印相關的幾頁來做使用。準備好專為儀式穿著的衣服、戒指或首飾：這會讓你覺得更神聖起來，心態也會比平常更為不同。慢下來，讓五芒星或六芒星呈現它的意義：觀想自己感受到火元素五芒星的閃耀的火焰之光，或水元素五芒星的美麗、藍色的瀲瀲波光。

尊重儀式與祭壇的規矩

尊重自己與神聖的目的，與尊敬儀式本身，是一體兩面。這包含了儀式該做的動作以及儀式的空間該要有的樣子。進行儀式的時候，是一個脫離凡塵俗世，進入神聖美麗時空的寶貴時刻。如果你無法準備專門的房間成為儀式的祭壇，也可在客廳或房間裡準備一個空間。保持空間的乾淨整齊（金星的精神與美德）：撿起髒衣服、把地板吸乾淨、把臉跟手洗乾淨。你越是認真進行這些簡單的準備，越能感受到自己的改變。讓吵鬧的小孩離開一小時，更不要在祭壇裡抽煙或吸毒，但小酌幾杯放鬆自己還是允許的。如果你與別人一起進行儀式，講話時請輕聲細語，也不要說髒話或講一些無聊的八卦。稱呼對方的時候要帶著尊敬，建議可以稱對方為「兄弟」或「姐妹」（Latin frater, soror，拉丁文的哥哥或姐姐），或是特別為儀式而取的名字。生病或心神不寧的時候就不要做儀式了，因為你可能達不到什麼效果，但也不要把壓力或沒心情當做逃避儀式的藉口。

保持覺察與記錄

當你越能投入神聖旅程的魔法體驗，就越能與儀式裡的符號產生連結，也越能察覺它們在日常生活中是如何顯化，並開始追蹤儀式裡情緒與氛圍的變化。仔細觀察你在儀式裡的感受。你是否覺得自己在某個時刻變得輕盈起來，或是某句話讓一切都「動」起來？空間裡的溫度是否忽然上升或下降？這些通常是與占星能量產生連結的徵象，而這也是照本宣科所感受不到的。舉例來說，當能量顯現時，溫度通常會升高，周遭的氛圍也會變得濃密起來，但如果能量離開，隨之而來的會是一種清涼感，空間也會變得空虛，空氣則變得稀薄起來。

做完魔法儀式後，請立刻寫下你的體驗，尤其是任何特別的情緒或浮在腦海的影像。也請關注你所做的夢。把這些都記錄在儀式專用的筆記裡，這樣你就可以時時回顧，並找出一些有意義的模式。注意你的日常生活是否與你在儀式中所經歷的能量有著同時性的相似，因為這就是你的生活與神聖旅程互相感應的證明。當你進行金星的魔法時，你是否發現週遭的人變得喜歡與你親近互動？當你進行火星或太陽的魔法後，你是否發現自己也展現出更多的領袖特質，或與領導者有更多的交集？有時你可能會覺得儀式並不成功，或沒有明顯感受到能量，但後來卻在夢裡或其它的經驗中發現到能量的顯現。占星能量與你的關係，並不會在儀式結束後就停止了。

使用草稿，對體驗保持覺知

到了一個階段，你應該能把儀式的開場、結束，淨化或祭祀等環節記得清清楚楚。即使是有經驗的魔法師，有時也會迷失在讀稿這件事裡，而中斷了與儀式能量的連結。這在個人或群體的儀式中都有可能發生。

若是個人的儀式，先記住要進行的程序，然後把稿子放下，感受當下發生的一切。如果你必須對著金星蠟燭念一段祈禱文，先念完祈禱文，然後把稿子放下，把注意力轉到儀式本身，觀想自身氣場的光成為適當的顏色，加強金星的情感，將手放在火焰的周圍並感受其溫暖，然後才拿起稿子繼續。與其急著埋首於書本，卻錯過你花了那麼多時間想要追求的，還不如慢慢的把這些細節做到最好。同樣地，在團體儀式中（請見下段），如果現在你並非扮演某個角色，那就先不要讀稿。把你的手指移到接下來該說的話或該做的事（例如畫六芒星或講一段祈禱文），然後注意之後接著的又是什麼話或動作。閉上雙眼，將焦點放在空間的能量所帶來的感受，並積極地進入觀想中：當別人結束動作或祈禱文後，你再站起來完成你的部份，這樣你就不會錯過你該做的，或對於下一步該做什麼感到著急。

延伸爲團體儀式

本書的儀式主要是為個人而設計，尤其是指個人針對特定元素（或星座及行星）的祈禱方法。但你也可以將儀式擴充，讓更多人參與，尤其是那些組合型的儀式。將儀式分為幾個角色，當一人在進行他的部份時，其他人就可專注冥想中。舉例來說，其中一人可負責開場與結尾，其他人就可以再細分中間部份的工作。請記住角色的分派要有邏輯，或者要有對稱性。儀式中若同時有主動及被動的元素或星座，其中一人要扮演被動的能量，另一人則扮演主動的能量。這樣成員才能聚焦於特定能量上，無須在不同種類的能量間不停的轉換，否則容易因為不同的思緒與感受而混亂。

§5
儀式與擇時占星

本章節將討論以古典占星的方法選出適合魔法儀式的時間。擇時（Election，拉丁文 electio）有選擇（Choice）的意思，是指如何找出吉祥的時間來開市、交易或製作護身符。

擇時這門學問可說非常複雜，但本書所教導的方法卻相當簡單。一般擇時的目的是為了求得順利，或所從事的活動帶有某種風險、不尋常或不確定性，但魔法儀式可視為個人的靈性啟發，而非像找工作這樣具體的目的。書中所做的都是簡單的祈請儀式，你也可以為最後幾章介紹的組合性儀式嘗試較複雜的擇時方法，但這些都比不上製作護身符或召喚天使這類魔法來得複雜。不過我們還是會針對各類的魔法，提供大概的解說。

有些魔法師甚至會排斥擇時占星，或某些魔法不採用擇時。就如《亞伯拉梅林的神聖魔法書》所提，與指導靈有關或亞伯拉梅林系列的魔法儀式，無須使用像時主星（planetary hours）這樣的占星方法 [註14]。這可能是因為這本書的作者（還有其它人）認為星體的能量只會對具體事物造成物理性的影響：因為他求的是靈性上的啟發，所以考慮占星根本是多餘。我們不遵循前述觀點的原因有二。第一，占星學採取的是另一種觀點（也是古典的觀點），即行星只是徵象，與事物沒有因果關係。所以，並非處女座造成了處女座的事

---

[14] 見參考書目von Worms III.5-6。該作者甚至認為，像五角形這樣的幾何圖形，是來自惡魔用來誤導人們的伎倆（III.4, p. 84）。

物，而是代表一段時間內，符合處女座特質的事物會較常出現——也並非處女座本身發出什麼樣的光線造成影響，因此無須以唯物觀點看待占星魔法。第二，許多古典宇宙哲學觀認為，靈性與占星的配置有著和諧一致的關係，高我領域也和占星相對應來顯現其影響力。柏拉圖相信高層次的指導靈與火星或月亮等行星有關，或由這些行星所代表：也就是說，當提到天使的存在樣貌時，可以想像祂們有著像火星或月亮般的特質。從個人靈性需求方向，我們也可隨時間，逐步的將儀式裡的動作與占星裡的元素、行星或主星之間的配置相互對應。

進入擇時占星主題之前，讓我們先解釋所使用的星盤系統。繪製一張星盤有許多不同的宮位系統可供選擇，但在此將使用較簡單的版本，也就是整個星座宮位制（整宮制，"whole-sign" houses），而且（大部份的時候）只顯示出上升與下降這兩個位置。在整宮制裡，一個星座等於一個宮位：所以如果金牛座正在上升（即上升位於金牛座），那麼金牛座就是第一宮，整個雙子座的範圍就是第二宮，以此類推。整宮制不會有宮始點落在星座的中間，也不會有被截奪的星座。整宮制並非唯一的古典宮位系統，先不在此討論哪種系統是最好的。所以當我們指出第十一宮有行星落入時，同時所指的也是第十一個星座。不過如果你偏好普拉西德宮位制（Placidus）或雷喬蒙塔納斯宮位制（Regiomontanus）或其它的宮位系統，亦可使用。

在此先介紹兩個擇時占星的原則：

法則一：事情愈重要，愈需謹慎考量。

法則二：沒有完美的時間，你只能在時間範圍內盡力而為。

要判斷儀式「重不重要」有點困難，以下是幾個建議。如果你即將進行比較複雜的儀式，例如祈請天使、為某個目的製作護身符，或是以某行星的能量協助完成重大計劃，你會想要謹慎選擇吉時進行儀式。甚至要把個人星盤也考慮進去，例如等待木星的過運經過天頂時製作木星的護身符。但因為木星的過運（transit）不是每天都有，所以你必須在數月前便做好計劃。

在此不會針對複雜儀式的擇時方法著墨太多：我們比較著重於持續進行的祈請儀式以及簡單的祭祀或靜心的儀式。舉例來說，假設你想要每天上班前進行行星的祈請儀式：可以在每週四（與木星相關的日期）進行與木星能量連結的儀式。你甚至可以將時間設定在每週四日出時，因為那一個小時就是由木星主管（詳情如下）。這種簡單的擇時方法，較適用於本書裡每天進行的儀式活動，而不是用來計劃特殊的活動。

當然你也可以花更多的時間找出更棒的吉時，誠如第二項原則所言，你大可等待數年，在找到最強水星能量的完美時間後，再製作水星蠟燭。你可以讓水星位於上升位置，遠離太陽光束下，落於主管星座上，與木星呈三分相之外還與金星呈六分相，不被凶星所傷害，位於自己的場域（domain）（詳情如下），移動快速等等。但這樣會像是為了煮一顆完美的雞蛋，除了花兩年時間上烹飪課，還建了一個新的廚房。為了選出最完美的時間，你等上好幾年，卻也錯過靈性成長的時間。這世上不會有完美時間，你只能在有限的範圍內盡力而為。想要在一週內做好水星蠟燭嗎？試試在週三水星主管的時間內製作。更進一步，先看看你有幾天可以選擇，再看看哪一天水星所主管時間內，水星又落在最好的位置（這些我們會再做更詳細的解說）。千萬別為了完美而耽誤了時機。

如果你真想學習更複雜的擇時方法，可參考這本書《選擇與開始：古典擇時占星》（*Choices and Inceptions: Traditional Electional Astrology*）。基於本書的主軸，在此將擇時占星主題分成三個部份來討論：

1. 簡單的配置

這尤其適合本書所介紹的儀式。透過這些儀式你將能與占星能量取得連結與共鳴。我們的重點將放在靈魂的進展上，而非成功完成一件事（例如製作實用的護身符）。

2. 進階的擇時方法

這比較適用於進階或為了實際目的而進行的儀式，或為調整自身能量而設計更精緻的課程，包括本書所介紹的組合性儀式。

3. 月亮

在任何情況下，都要留心月亮的狀態，尤其是要特別避免的狀況。

簡單的連結與擇時方法

所謂簡單連結或能量調整，是指透過儀式或冥想，將注意力放在內心療癒與覺醒，讓占星能量在生活各個層面上顯現。

就如第二章介紹的宇宙層次圖，這些能量已隱含在日常生活中，但我們希望能更加覺察、整合與顯現這些能量。規律的祈請活動就是能量調整的一種方法，規律地進行本書的魔法儀式亦然。以下是為這類活動進行擇時的一些方法，從最基本到進階都有：

（a）區分與喜樂，（b）行星主管的日期與小時，（c）行星與星座位在始宮（尤其是上升）。

（a）區分與喜樂

古典占星將行星分為兩個群組，稱為「區分」（sects），而每個群組都有稱為「喜樂」（rejoice）的狀態［註15］。當我們啟動行星（或元素以及星座）的能量時，應先了解行星是屬於日區分或夜區分，然後再選擇儀式的時間。

圖2：區分內的行星、星座與元素

上圖標示行星、星座與元素是歸於那個區分。對行星而言，兩個區分都包含一顆發光體、一顆吉星與一顆凶星。日區分裡有太陽、木星與土星，夜區分則有月亮、金星與火星。對於星座與元素而言［註16］，火元素和風元素被歸入日區分，而水元素和土元素則被歸入夜區分。

[15] 見參考書目 Dykes 2010, §III.2。
[16] 有關元素或三方星座，請參照附錄一或第一部元素的儀式中的介紹。

但水星有雙重身份：須判斷他位於太陽哪一側。如果他的度數在太陽前面（假設在白天，水星上升得比太陽早），那他就屬於日區分。但如果他的度數在太陽後面（也就是太陽下山後他才會跟著下山），他就屬於夜區分。舉例來說，如果太陽位於雙子座15度，而水星位於雙子座15度之前的任何一個度數，或位於金牛座，那麼他就是比太陽還早上升，也就是屬於日區分；但如果水星位於雙子座15度之後或在巨蟹座的任何度數，就屬於夜區分。

在應用上，如果你要啟動的能量是日區分內的行星、星座或元素，你可考慮在白天進行儀式；但如果你要啟動的是屬於夜區分的能量，就選擇晚上的時間進行儀式。這樣一來，白天或夜間特質就能與啟動的日/夜區分能量相符合。這種方法可說是相當簡單且有彈性，同時也能融入人們每週或每天的行程裡。

在行星儀式上，還可將前述方法運用至下一個擇時方法裡，也就是選出一個時間，選用相同區分的行星，而且還位於喜樂的位置上，或落在自己的「場域」裡。首先，日區分的行星會想要與太陽位於同一個半球（上半球或下半球），而夜區分裡的行星會想要位在和太陽相反的半球。以下圖示可說明這個概念：

圖中標示出上升，也就是地平線所在的位置。這是張日間盤或是「白天」的星盤，因為太陽就在地平線上。所有的日區分行星（太陽、木星與土星）皆位於上半球，與太陽位在同一半球；而所有的夜區分

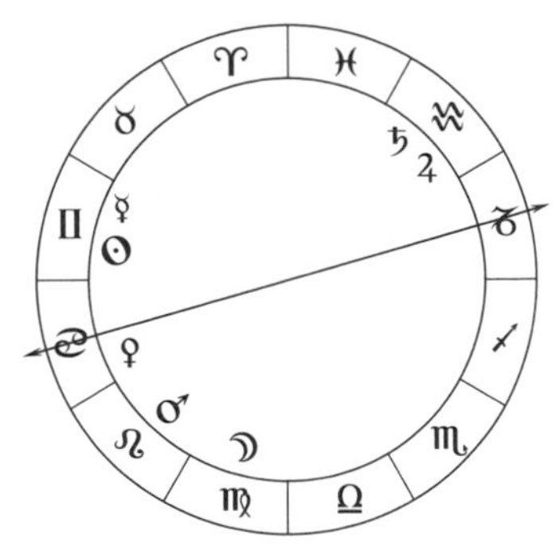

圖3：日／夜區分行星分別位於自己的場域

行星（月亮、金星與火星）則在下半球，和太陽所在的半球相反（此時你會發現太陽永遠都在對的半球，因為它永遠跟著自己位在同個位置）。因為水星的度數早於太陽，他被視為日區分行星，同時也與太陽在同半球。

此方法關鍵在於，你可以花一點時間，找出白天或晚上行星喜樂的位置，然後把儀式設定在這個時間。假設你想根據以上星盤進行土星的儀式，因為太陽才剛離開地平線，如果將星盤以順時鐘方向旋轉，土星會在幾個小時內落入地平線下。也就是說，在白天只剩幾個小時能進行土星的儀式：即太陽上升後沒多久，土星下降前的幾個小時內。如果土星離太陽近一點，土星就要花多一點的時間下降，你就有多一點的時間進行儀式。但要記得：為了讓行星位於喜樂的位置，不一定要在白天才能進行日區分行星的儀式，而是必須要讓日區分行星與太陽位於同一個半球上。所以如果在晚上（太陽在地平線下），只要讓土星位於地平線下，與太陽位在同樣的半球，土星就仍在其喜樂的位置。同樣道理，並非要在晚上才能讓夜區分的行星位於喜樂位置，只要讓他們與太陽所在位置的相反半球就算是處於喜樂位置。你仍然可在白天進行夜區分行星的儀式，因為（就如同上圖所示）所有的夜區分行星都位在與太陽相反的半球，這正是他們所喜歡的位置。

這個圖示同時還顯示另一項進階的觀念，即「場域」（domain）。這是指除了位於喜樂的半球外，行星還位在與自己同屬陰陽性的星座上。上圖中陰性行星（金星與月亮）皆位於陰性星座上，所有陽性行星亦位於陽性星座上，因此每個行星除了位於區分的喜樂位置外，還位於自己的場域內。這裡再次說明，考慮所有因素後，所有行星皆處於適合與愉悅的狀態。不過要注意的是，為了讓每個行星位於相同陰陽屬性的星座上，你可能要等上一段時間才能讓移動緩慢的行星位在適合的星座裡。

(b)行星主管的日期與小時

這個方法相對簡單，但會因所在位置的季節與緯度而有所限制。行星的日期是最容易理解的：

一星期中的每一天，從日出到日落，都與特定行星有關聯[註17]。以下圖示中，每個行星除了掌管某一天外，也掌管當天的第一個「小時」(詳情解釋如下)。如圖所示，太陽被分配至星期日，月亮為星期一，火星星期二，水星星期三，木星星期四，金星星期五，土星星期六。一般而言，每日的白天期間都由所屬行星掌管，所以你可以有好幾個小時來進行儀式——但仍必須在當天完成。本書中我們建議在星期日或當天太陽主管時間內進行太陽蠟燭的儀式，在星期一或當天月亮掌管的時間內進行月亮蠟燭的儀式，以此類推。

有些古典書籍也會將夜晚分配行星掌管：即日落到隔一天的日出之間。你可以從以下夜晚的行星小時表中，查到每天日落後第一個小時的掌管行星。也就是說，星期日的白天(從日出到日落)是分配給太陽，星期日日落到星期一日出的期間，則由木星所掌管；星期一日落至星期二日出前的期間，則由金星所掌管，以此類推。

你可以利用這些行星主管日夜期間找出行星、星座乃至於元

---

[17] 以下我們都會採用這個規則。有些古籍並不會硬性規定行星日的範圍只在白天部份，但也可能是因為這個規則太被視為理所當然。不過如果你想要在星期日太陽下山後進行太陽的儀式也是無妨的。

素儀式的時間。很明顯地，可以用金星主管日夜期間內啟動金星的能量；但你也可以用金星主管日夜期間內進行金牛座或天秤座的儀式，因為金星主管這兩個星座。同樣地，如果你進行風元素的儀式，你可以選擇風象星座在上升的時候進行；如果是天秤座的儀式，你可以在金星主管日夜期間內進行；如果是雙子座的儀式，則在水星主管日夜期間內；如果是水瓶座，則選擇土星主管日夜期間內。總之重點是，如果你想與某種能量相連結，在該能量相關的行星主管日夜期間內進行儀式，是非常有用的。

行星「小時」是將行星主管日夜期間更予以細分。對古代占星學而言，日／夜期間就是指白天及晚上的那段時間，而非「文明」劃分為一小時、六十分鐘的標準時制。如前述所言，「星期日」特別是指當天從日出到日落的這段時間，當然也會把日落後的時間慣指為「星期日晚上」。

將日／夜期間再均分十二等份，稱之為「季節」（seasonal）小時或行星小時。每個「小時」都由一個行星所掌管，而行星主管的順序則依照行星相對地球的距離（也被稱為「迦勒底」〔Chaldean〕順序），從土星依序開始計算：土星、木星、火星、太陽、金星、水星、月亮，然後再回到土星、木星，以此類推。由於日夜時間長度會因季節及緯度不同而有所變換，所以這些「小時」實際長度也會逐日不同。例如冬天日間長度相對較短，夜間長度則相對較長。因此，根據日間時間被均分成十二個「小時」的道理，每個小時實際上會少於六十分鐘。而日落後到隔天日出前，我們稱之為「夜間」的期間也相對較長，且同樣被均分成十二等份，每個等份也會比六十分鐘來得長一點。所以在冬天，日間小時會比夜間小時來得短一些。

依照行星順序的循環，主管隔天第一個小時的行星都會與主管當天的行星相同。從以下圖示你會發現，從星期日依照行星順序開始計算，月亮會自動變成隔天日間第一個小時的主管行星，也剛好是分派給星期一的主管行星。

	週日	週一	週二	週三	週四	週五	週六
1	☉	☽	♂	☿	♃	♀	♄
2	♀	♄	☉	☽	♂	☿	♃
3	☿	♃	♀	♄	☉	☽	♂
4	☽	♂	☿	♃	♀	♄	☉
5	♄	☉	☽	♂	☿	♃	♀
6	♃	♀	♄	☉	☽	♂	☿
7	♂	☿	♃	♀	♄	☉	☽
8	☉	☽	♂	☿	♃	♀	♄
9	♀	♄	☉	☽	♂	☿	♃
10	☿	♃	♀	♄	☉	☽	♂
11	☽	♂	☿	♃	♀	♄	☉
12	♄	☉	☽	♂	☿	♃	♀

圖4：日間行星所主管的小時（從日出開始算起）

	週日	週一	週二	週三	週四	週五	週六
1	♃	♀	♄	☉	☽	♂	☿
2	♂	☿	♃	♀	♄	☉	☽
3	☉	☽	♂	☿	♃	♀	♄
4	♀	♄	☉	☽	♂	☿	♃
5	☿	♃	♀	♄	☉	☽	♂
6	☽	♂	☿	♃	♀	♄	☉
7	♄	☉	☽	♂	☿	♃	♀
8	♃	♀	♄	☉	☽	♂	☿
9	♂	☿	♃	♀	♄	☉	☽
10	☉	☽	♂	☿	♃	♀	♄
11	♀	♄	☉	☽	♂	☿	♃
12	☿	♃	♀	♄	☉	☽	♂

圖5：夜間行星所主管的小時（從日落開始算起）

大部份的占星軟體都能計算行星小時［註18］，如果要自己計算，只須知道儀式當天的日出與日落時間即可。在此舉個例子。假設某個週三，你居住地的日出時間為早上7:32，日落時間為下午8:21，那表示日間時間長度為12小時49分鐘（或769分鐘）。將這段時間除以12，那麼每個行星小時就會是64.08分鐘。因為水星掌管週三的第一個「小時」，所以水星真正所掌管的時間是從早上7:32到8:36。下一行星小時被分配給月亮，也就是早上8:36到9:40這段時間，以此類推。至於晚上的小時，一樣將晚上這段時間（從日落到隔天日出）除以12，再做同樣的計算。建議你要實際做幾次這樣的計算。

如同行星日期，行星小時提供更明確的時間範圍為儀式擇時。你也可以結合行星小時與區分的方法：例如，火星是夜間行星，就可以在火星所主管的夜晚（星期五的日落到星期六的日出前）進行火星儀式。

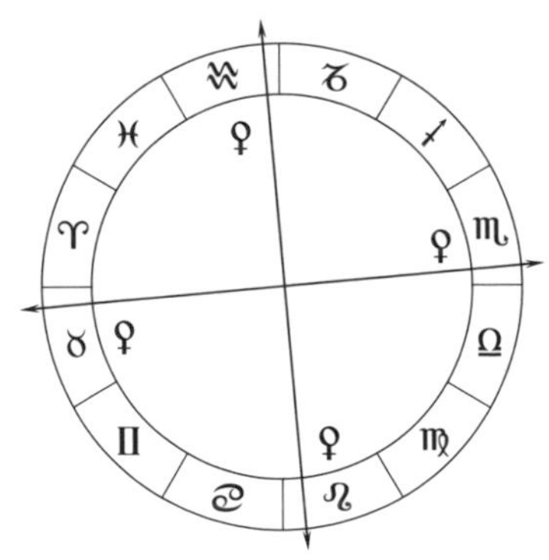

圖6：金牛座與金星可放置的始宮位置

（c）上升與始宮

最後一個簡單的方法是將宮位、以及吉星／凶星的考量帶入擇時中。在古典占星裡，星盤上的始宮位置（上升，第十、第七及第四個宮位）都被視為是「強力的」（strong），但我們在應用上應將之視為「顯著」（presence）或「活躍」（stimulation）的位置。位於始宮

[18] 你可從http://chronosxp.sourceforge.net/en/下載免費的軟體，若能將軟體的晝夜時間與當地報紙的資料互相核對會更好。

的行星或星座會更加彰顯、容易連結、有活力等。上升與第十宮是最有活力的，第七宮與第四宮則次之。在實際運用上，可將想連結的行星或星座放在上升或第十宮的位置，或在第七宮或第四宮這兩個次好的位置。以下圖示顯示，若要進行金牛或金星的儀式，一些可以放置的位子：

在此我們選擇上升金牛座來進行金牛座儀式；進行金星儀式時，讓金星在任一始宮內。圖6將金牛座與金星結合在此圖中，金星為金牛座主星，最好讓上升星座的主星位於有力位置。金牛座儀式應讓金牛座位於上升或始宮，若讓金星（金牛座主星）位於任一始宮會更好，同樣地，金星儀式應把金星放在始宮，若她主管星座（金牛座）也位於上升或第十宮會更好。

另一種安排方式是將吉星放置始宮，凶星放置果宮。始宮代表顯著與活躍，果宮（第十二宮、九宮、六宮與三宮）則相對代表不起眼、退縮、懶惰。因此，通常偏好將凶星（火星與土星）放置果宮，將吉星（木星、金星、太陽與月亮）放置始宮。當然，若進行土星或火星儀式，希望他們的能量是活躍的，就不適合這麼做：此時就該讓凶星在始宮，同時讓吉星也放置始宮或續宮。（續宮是指剩下的宮位：第二宮、五宮、十一宮與八宮）。如下圖所示，若進行木星儀式，讓雙魚座（木星主管的星座）在始宮以強調木星主管的能量，並將木星置於始宮。同時將凶星放置第三宮，即果宮。

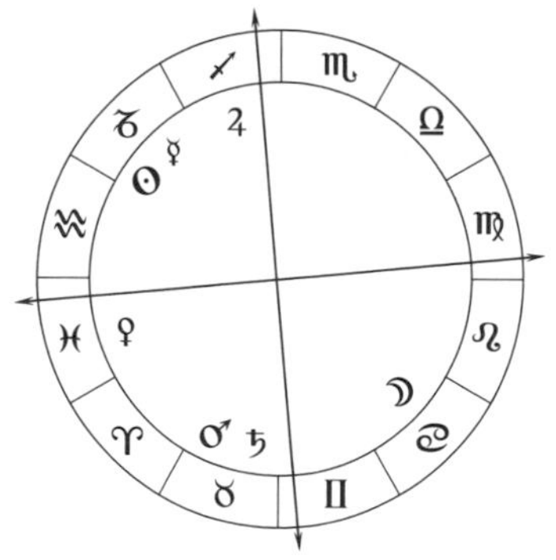

圖7：木星的擇時裡將凶星放在果宮

這些吉星／凶星的考量已偏離簡單擇時的範圍，較著重在進階的擇時方法（如下）。你會發現這些方法大幅局限進行儀式的時間範圍：因此，若你僅是選擇每日冥想或祈請的儀式時間，無須考量如此細微。若進行更重要的儀式或是書中組合式儀式，下述方法會非常有用。

進階的擇時方法

就如前文所述，擇時的過程非常複雜。至今我們已經討論過一些簡單的方法：將元素、行星與星座在星盤上突顯出來，因為前文重點在於每日能量的連結與自我調整的儀式，還未探討為了實際目的所進行的儀式。

此處將進一步討論更具實際功效的儀式（包括書中的組合性儀式）、為這些重要儀式採用的擇時方法，其中包括「行星狀態」（planetary condition）以及星盤最重要的兩個要素：上升及其主星。我們將行星的狀態分成四個部份來討論：吉星與凶星（以及相位）、必然尊貴、順行或逆行、是否位於太陽光束下。一旦了解運作邏輯，這些方法都不難應用。但請謹記我們一再強調的原則：世上沒有完美的時間，你只能在某個時間範圍內盡力而為。

假設將為土元素、金牛座、金星的儀式來進行擇時。換句話說，若進行土元素儀式，我們會選擇將土象星座（如金牛座）置於上升；進行金牛座儀式，則重點為金牛座本身；若進行金星儀式，則重點為金星本身，並將其主管星座──金牛座──置於上升位置。當然其它組合也是如此安排：若進行火元素儀式，可選擇將火象星座（如獅子座）置於上升；若進行獅子座儀式則重點為獅子座本身；若進行太陽儀式則重點為太陽本身，但一樣將主管的獅子座置於上升位置。這些安排的重點在強調元素、星座與行星之間的緊密關係。

(a) 吉星與凶星及其相位

一般而言，會希望吉星（尤其金星與木星，但太陽與月亮也可扮演此角色）位於上升位置，或與上升形成相位，或與上升的主星會合或形成相位。同時希望凶星（火星與土星）與上升或其主星不合意（in aversion），或至少形成六分相或三分相的相位。（以下會解釋什麼是不合意）。當然，若進行的是火星或土星的儀式，會希望他們主管的星座（應該也要位於上升），或是凶星本身要與吉星形成吉相位。以下為範例的圖示：

圖8的金牛座依然位於上升，上升宮位中沒有其它行星座落，但可以看到吉星，即金星與木星，從第十一宮及第九宮與上升形成吉相位。重要的是，雖然相位會因度數愈相近而愈緊密，但通常我們只要注意整宮的宮位是否彼此形成相位就已足夠。也就是說，雙魚座與金牛座之間呈六分相，那麼金星只要位於雙魚座就能與上升形成相位。因為魔羯座與金牛座之間呈三分相，木星只要位於魔羯座就能與上升形成相位。如此一來，上升與木星形成有力的吉相。

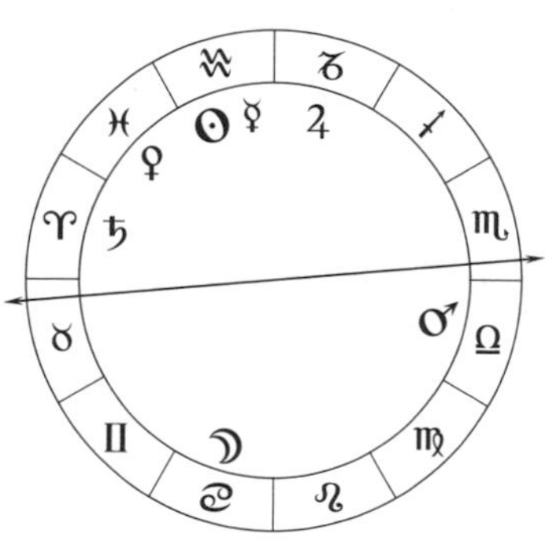

圖8：土元素／金牛／金星的擇時範例

雖然金星被視為吉星，但在此例中她還扮演著另一個重要的角色：她主管金牛座，是上升主星。也就是說，不僅金牛座本身處在吉祥狀態，因為木星與她呈現六分相，金牛座主星金星也同時處在吉祥狀態。同樣地，因為魔羯座與雙魚座呈六分相，所有位於魔羯座的行星（例如木星）都會與位於雙魚座的行星形成六分相。這樣有力的配置不但有利於土元素的儀式（因為金牛座為土象星座），同時也有利於金牛座或金星的儀式。無論我們選擇什麼樣的星座，例如金牛座，我們應該儘量將其主星放在有力的位置。

但若是凶星又該如何？以下圖示將介紹古典占星裡另一個重要觀念：不合意。不合意是指「轉頭離開」（turned away），即星座或行星無法與其它星座或行星形成相位。在大部份的古典占星法則裡，行星或星座是藉由古典或「托勒密」相位（Ptolemaic）來相互產生連結：也就是說，行星之間可能會在同一個星座會合，或形成六分、四分、三分或對分等相位。其它無法形成相位的星座則稱為「不合意」，即無法產生連結的關係。以下圖示說明了星盤裡與火星不合意的位置有哪些：

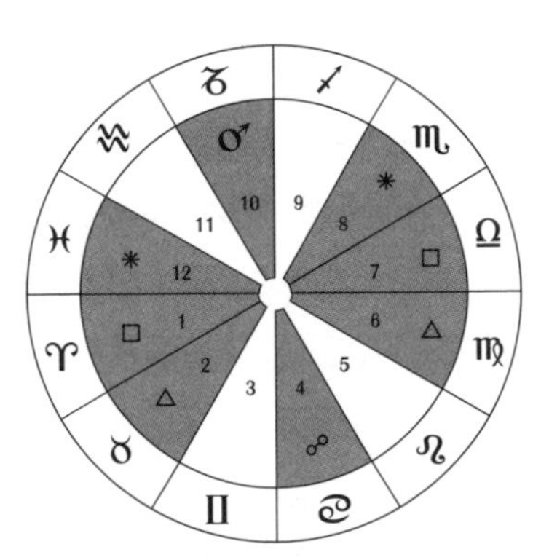

圖9：火星位於十宮時的不合意位置（白色部份）

在這個圖示裡，火星位於第十宮的魔羯座。他與所有位於魔羯座的行星合相或會合，並與其它呈相位的星座內行星形成相位。他能與天蠍座或其宮內行星呈六分相，與牡羊座或其宮內行星呈四分相等。但火星無法看到、形成相位，或直接與水瓶座、射手座連結，因為古典占星裡並沒有「十二分相」(semi-sextiles)的相位；因為古典占星裡沒有「補十二分相」(inconjunct)的相位，火星也無法與雙子座或獅子座及其宮內星有所連結。不合意的概念在《當代古典占星研究》(*Traditional Astrology for Today*)裡有更詳盡的解釋，但這裡的重點是，我們不希望凶星與上升(及其主星)形成任何相位。相反地，我們希望凶星是不合意的，這樣凶星的特性才會被移轉。因此，我們希望凶星位於十二宮、八宮、六宮以及二宮，因為這些宮位都與上升不合意。不過，如果我們進行的是火星或土星的儀式，我們就會希望火星與土星能位於上升或與上升形成相位，同時也與吉星形成相位，讓吉星的吉祥來協助這些行星。

回到土元素／金牛座／金星儀式的擇時，火星及土星各落於十二宮與六宮。這兩個位置是否與上升形成相位？答案為否，這兩個位置與上升是不合意的。他們是否能與金星形成相位？答案為否，因為這兩個位置與雙魚座不合意，所以也與位在雙魚座的金星不合意。

(b) 尊貴

尊貴更是相對簡單，至少在我們的用法上是如此。每個行星至少主管或入廟於一個星座，但只在一個星座中入旺。每個行星也至少在一個星座中入陷，但只在一個星座中入弱。入廟與入陷的星座正好彼此相對，入旺與入弱的星座亦然。換句話說，若你知道行星主管的星座，那麼對面的星座就是入陷；若你知道行星入旺的星座，那麼對面的星座就是入弱。請見以下圖示說明：

	廟	旺	陷	弱
♈	♂	☉	♀	♄
♉	♀	☽	♂	
♊	☿		♃	
♋	☽	♃	♄	♂
♌	☉		♄	
♍	☿	☿	♃	♀
♎	♀	♄	♂	☉
♏	♂		♀	☽
♐	♃		☿	
♑	♄	♂	☽	♃
♒	♄		☉	
♓	♃	♀	☿	☿

圖10：重要的尊貴與無力表

左邊欄位的每個星座，都列出了他們所主管（入廟〔domicile〕）的行星，以及入陷、旺與弱的行星（如果有的話）。由於只有七顆古典行星，但有十二個星座，所以並非每個行星都有入旺或弱的星座。你可以看到金星主管或入廟於金牛座與天秤座，但落陷於天蠍座與牡羊座：也就是彼此相對的星座。這些法則在擇時的應用如下：

1. 不要將入陷弱的行星放在上升的位置上，例如當射手為上升星座時，不要把水星放在上升宮位中（入陷）。
2. 盡可能讓上升的主星位於主管或入旺的星座，而非入陷弱的星座，例如將金星放在天秤座或雙魚座，而非牡羊座或處女座。
3. 盡可能讓凶星位於主管或入旺的星座，避免讓他們位於入陷弱的星座。

以上的基礎概念在於入廟或旺的行星將特別擁有自信、主動、有組織、能力卓越、有建設性等特質，而入陷弱的行星則較沒有自信、被動、沒有組織、能力低下或具破壞性。這也就是為什麼我們希望位於上升宮位的行星或上升主星能入廟或旺，而不希望入陷弱的行星來影響擇時的效果。如上述上升在金牛座的圖示，你可以看到上升主星金星在入旺的位置裡得力；這對擇時而言是好的徵象。雖然木星位在陷的星座，但他並非上升主星，而且藉由吉相儘可能給予金星支持的力量。凶星雖然也位在陷的位置上，但因為與上升不合意而被邊緣化，所以並無大礙。事實上，凶星入陷或許是好事，因為他們在所處的宮位裡就不具主導性。但如果我們進行的是土星或火星的儀式，我們就會希望他們與上升形成相位，而且位於入廟或旺的星座。

在進入第三個觀念之前，我們需提到外行星（天王星、海王星與冥王星）。我們在進行擇時之時，並不會將三王星納入星盤或儀式的活動中。若你想使用也可以，但不要讓他們主管任何星座。三王星並不主管任何星座，更不會在任何星座有入旺、陷或弱的狀況。若真要使用，只須考量他們是否給予七顆古典行星支持或困難的相位：最好讓三王星以緊密度數和行星呈三分相或六分相的吉相。若他們只是在星座上與上升或其主星形成相位，那麼就可以不予理會。舉例來說，如果天王星在上述的擇時範例中與金星形成緊密的四分相，那我們就儘量避免進行重要的金星儀式（若你有使用天王星的話）。但若天王星只是在星座上與金星形成相位（也就是說，在射手座或雙子座），或雖然在雙魚座但度數比較遠，你就可以忽略。

(c) **順行與逆行**

我們所需要的行星最好是順行（在黃道上往前行進），而不要逆行（retrograde）。逆行一般而言會造成事情的延遲、方向的轉移，或一開始能展現的能量卻在之後變得退縮。

(d) **太陽的光束**

第四部份的進階擇時方法與太陽的光束有關。若在沒有光害的地方觀察日出與日落，你會看到日出東方時，視線內的恆星或行星會漸漸地因為陽光增強而消失於視線之中，直到整個天空都被陽光給照亮。同樣地，西邊的行星會因為太陽下山而逐漸變得明亮起來。古代的占星師把太陽與行星之間設定了一個標準距離，在這個距離之外，行星在日出前或日落後仍能保持一定的能見度：這個距離就是太陽的前後15度。如果行星跟太陽之間的距離遠於15度，那麼某些占星師就稱這些行星是「以自己的光線」在運行，如果是在15度內，就稱這些行星被太陽給隱藏或是控制了，甚至因為太接近太陽而被稱為「灼傷」(burned up）或焦傷(scorched)（通常是稱焦傷〔combustion〕）。但如果行星剛好入廟或旺，則為例外：因為他們雖然仍會被掩蓋或隱藏，但至少不會受到傷害。

這個概念的應用在於，進行擇時的時候，我們不希望重要的行星位於太陽光束下，因為這會讓行星難以運作或被隱藏，或實際上受到傷害。除非活動的訴求是隱密，例如某個商業交易不希望曝光，或是要做的事跟逃離有關。在上面金牛座的擇時範例中，我們並未列出行星所在的度數，但水星很有可能正位於太陽的光束下，因為他與太陽非常接近。但金星已進入下一個星座，我們可以想像她與太陽的距離應該超過15度，所以不在太陽的光束下。即使金星位在太陽的15度範圍內，也不見得會受到傷害，因為她正好位於入旺的星座上。不過她仍然會被隱藏，使她無法自由地展現其顯耀的能力。基於這個原因，我們仍會儘量避免讓上升主星位於太陽光束下，因為這會讓我們與祈請的行星能量難以連結。

月亮及其狀態

最後讓我們來看看月亮以及她的狀態。月亮在擇時盤中永遠都是重要的行星，古籍裡已有太多的法則解釋月亮狀態的好與壞[註19]。這裡我們只會著重在幾個經典法則上，但要記得這些都跟你想要進行的儀式有關。此時你需要一張紙或是一張星曆表，因為月亮的運行速度很快，她的狀態也是瞬息萬變。

至於月亮應位於什麼樣的狀態，以下列出四種可能：

(a) 位於始宮

儘量將月亮放在始宮，最好放在上升或第十宮（請參考以上金星在始宮的圖示）。 即使你使用整宮制，最好能將月亮放在天頂的緊密度數內。若執行上有困難，那就將月亮放在續宮內（但不要放在第八宮），偏好的續宮順序如下：十一宮、五宮、二宮。儘量避免月亮在果宮內。

---

[19] 範例請見參考書目Dykes 2010, §IV.5。

(b)與行星同星座或入相位

因為月亮為所問事物的共同徵象星，她最好能與所要啟動的行星位於同一個星座（或同一個星座元素），或入相位於該行星。所以如果要祈請的是火元素，那麼月亮應該位於火象星座內，若是祈請牡羊座的能量則位於牡羊座，若是祈請金星則應與金星會合或與金星即將形成古典相位——度數愈緊密，關係則愈密切。通常我們不希望月亮位於入弱的星座（天蠍座），但若你要進行與天蠍座連結的儀式，這便不是一個壞的選項（你若擔心，便讓月亮位於巨蟹座或雙魚座，至少與天蠍座呈三分相）。若你要啟動凶星，就讓月亮與凶星形成六分相或三分相。我們之後會談到，凶星亦不該位於入弱的星座。

(c)入相位於吉星

這對進行特定效益的儀式，或書中的組合性儀式尤其重要。月亮應該要與金星或木星會合或即將形成古典相位，和太陽或未受傷害的水星形成三分相也不錯[註20]。若你要進行的是凶星的儀式，便不需考慮此法則：而是讓月亮與凶星形成六分相或三分相。但以下的月相與凶星所形成的相位則為例外（細節如下）。

(d)月亮的增光與減光

許多人表示儀式不應在月亮減光時進行（從滿月到新月），但我們並不認同。月亮增光的確代表外在的活動、成長與發展，而月亮減光代表內在的活動，衰弱或退化。基於這些概念我們似乎應該儘

---

[20] 例如，水星應該要逆行（不能逆行）、遠離太陽光束下、在自己的星座、與吉星的相位要比凶星更加緊密。

量利用增光的時候：畢竟有誰會想要與衰弱產生連結？但知識與經驗告訴我們，月亮增光代表年輕與第一次的經驗，但減光的月亮卻代表智慧和經驗的累積：減光的月亮不一定就是壞事，只要月亮不與土星形成相位（細節如下）。但一般而言增光的月亮是最好的。

以下列舉七項應避免的月亮狀態：

（a）太陽光束下或被焦傷

就如同其它行星一樣，月亮在光束下（太陽前後15度內），通常被視為不好的：這樣代表隱藏或難以顯現。就月相的循環來看，此亦代表事情的結束（表示月亮已從最後一個月相循環進入太陽的光束下），或事情尚未展開（因為月亮剛離開太陽〔新月之後〕，還未從太陽的光束離開）。但若月亮位於巨蟹座或金牛座即為例外。

（b）月亮入弱，或入相位於入弱的行星

就如同其它行星一樣，應儘量避免在月亮入弱（位於天蠍座）時進行儀式，除非進行的正是天蠍座的儀式。同樣地，月亮也不應與入弱的行星入相位：因此，月亮不應入相位於天秤座的太陽、雙魚座的水星、處女座的金星、巨蟹座的火星、魔羯座的木星以及牡羊座的土星。

（c）月亮被圍攻（Besieged）

這是一個相當特別的情況，代表月亮離相位於凶星後，又入相位於另一個凶星——尤其是是合相、四分相或對分相[註21]。這個時候我們會注意度數，因為這樣的情況較為少見（但也最糟）。在以下的圖示中，月亮位在處女座，且與兩個凶星形成四分相。圍攻是指凶星的光線照射在月亮前後7度內，但沒有太陽的光線或吉星來解救［註22］。月亮位在處女座15度，土星的光線卻照射在月亮前的8度位置上，同時又有火星的光線照射在月亮後的23度位置上：因此兩個光線與月亮之間的距離都不超過7度。灰色的部份是指太陽或吉星所照射的星座前後15度的範圍，這樣太陽或吉星的光線就可以照射在凶星的光線與月亮之間來解救。此時木星在天蠍座與處女座形成六分相，但並非位在天蠍座15度的灰色區域內，故其光線也無法照射在月亮前後的15度內。 同樣地，金星在雙魚座，但並非位於灰色的區域內，其光線就無法落在對面處女座月亮被圍攻的區域內。

圍攻的情況不常發生，但卻值得注意：它代表被困住、獲得壞的建議、或被邪惡的人事物給包圍。它或許更代表即使努力施行儀式也難獲得實際效益。

圖11：凶星在度數上靠近／包圍月亮

(d) 獲得具體效益的儀式，與月亮減光

如同前述，月亮減光不盡然是壞事，但若儀式是為了達到具體的效益，或希望某件事具體呈現和增加，或為了新事項的進行等等，就不建議在月亮減光時進行儀式。

---

[21] 見參考書目Dykes 2010, §IV.4.2。
[22] 是指太陽能突破圍攻的狀態，這個概念可能源自於早期的希臘時期。見參考書目*The Book of Aristotle* II.6, in Dykes 2009。
[23] 見參考書目2010, §III.9。

(e) 月亮增光時入相位於火星，與月亮減光時入相位於土星

前面曾提到，如果祈請的是凶星的能量，那麼月亮入相位於凶星是可行的，但必須是六分相或三分相。但古代名家也曾警告，在兩種情況下入相位於凶星是不吉的：避免在月亮增光時入相位於火星，在月亮減光時入相位於土星。這主要有兩個原因。第一，因為增光的月亮在熱度及亮度都相對變強，若再入相位於像火星如此燥熱的行星，月亮可能變得極端燥熱而失去平衡；同樣地，減光的月亮會變得愈來愈冷，若在此時入相位於土星，會讓月亮變得極端冰冷而失去平衡。但我們也能以區分的概念來理解：增光的月亮猶如白天的光亮，所以她如果入相位於日區分的土星會較適合；而減光的月亮則恰似夜間的黑暗，所以比較適合入相位於夜區分的火星，而非土星。

(f) 與果宮連結

這個方法比較適用在期待具體效益的儀式上。始宮（一般來講續宮也是）代表顯現、力量與活躍，果宮則是代表退縮、過去、忽略和隱藏。我們曾建議讓月亮位於始宮或續宮，但我們也要避免讓月亮入相位於果宮的行星，尤其是位於第十二宮與第六宮的行星 。

(g) 月亮空虛（void in course或emptiness of course）

同樣地，此方法較適用於期待顯著結果的儀式。如同上述的圍攻，月亮空虛也具有兩種定義：較為常用的是中世紀的說法，另一種則為古希臘時期的說法 [註23]。我們則採用中世紀時的說法。所謂的空虛是指，月亮在離開目前星座之前，都不會再與其他行星會合或形成其它相位。

如以下圖示，月亮剛從與木星的會合以及與太陽的三分相離開，也不再與其它星座形成相位。雖然她看似即將與水星形成四分相，但因為水星已在末度數，水星會在與月亮形成相位前便進入獅子座［註24］。這樣便形成月亮的空虛。

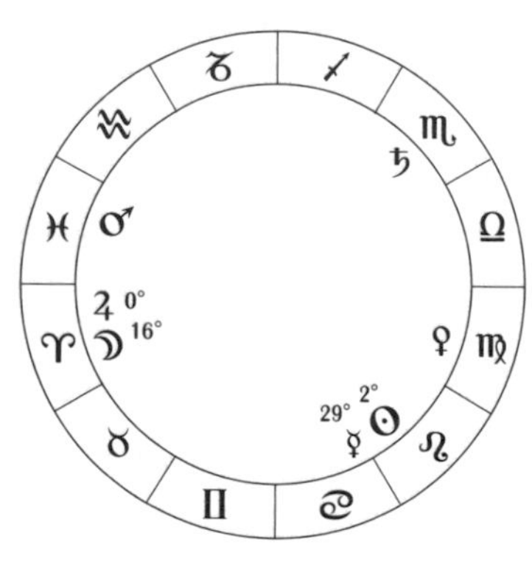

圖12：中古世紀的月亮空虛

月亮空虛大致來說代表：沒有新事件發生。也就是說，就她目前的狀態（她所處的星座），她已完成所有可能的連結，所以目前的狀態將持續下去，不再有任何改變。一旦她進入下一個星座，她才能有新的機會與進展。此時你便能理解為何月亮空虛在擇時占星是如此重要，因為大部份的問題都歸類於，「有新的狀況發生嗎？」有時占星師會把月亮空虛解釋為「事件沒有絲毫進展」，但事實並不儘然如此。月亮空虛並不代表什麼事都不會發生，而是新的事情不會發生。所以如果你遇到某個糟糕的情勢並且每況愈下，月亮空虛通常表示壞的狀態仍會持續。

本章討論了數種擇時概念。現在來做個總結。

從某方面來講，調整自我能量的儀式，或是每天的祈請與祭祀，在擇時上均不會太過困難。對於此類儀式，能使用許多方式簡單地找到適合的時間，使元素、星座與行星達到和諧。尤其對於每天進行的儀式，很少會將所有的方法都納入考量。

[24] 由於月亮一天才運行十三度，抵達二十九度需要較長的時間，而水星一天運行一度，屆時它早已進人獅子座。

在較重要的儀式中，存在五種可能的因素影響行星的力量，但這些值得花費心力克服。很難說哪一種狀況「最糟」，因為每一種都代表著不同的困難：

1.凶星的傷害

對星座而言，特別指有凶星落入的情況（或與凶星形成四分相或對分相）。對行星而言，這是指與凶星形成合相、四分或對分相。儘量讓吉星的吉相位來緩和此種情況，或將行星放在必然尊貴的位置。

2.果宮的弱化

這是指行星位在果宮的情況。要等待行星離開果宮其實很快，但也可能因此使得期待的星座無法位於上升。讓祈請主星入相位於始宮行星能改善此劣勢，或將月亮置於必然尊貴的位置，或讓月亮入相位於始宮的行星。

3.因行星入弱而造成的能力低下

對星座而言，專指有行星入弱於該星座中（例如魔羯座有木星落入）。對行星而言，則指行星本身入弱。要改善此狀況，必須確保星座主星位於有力的位置，或與自己的星座形成相位：舉例來說，若木星位於魔羯座，就儘量讓土星（魔羯座的主星）位於天秤座，或用其他方式，讓行星與魔羯座本身形成相位。也能讓入弱的行星與吉星連結，例如與金星或太陽形成三分相。

4.位於太陽光束下

這是指行星位在太陽前後15度的範圍內。若有可能，讓位於光束下的行星落在入廟或旺的位置，或讓太陽本身入廟或旺，或讓行星與祈請的星座主星形成相位：例如，若土星落在金牛座且位於太陽光束下，便讓土星與金星形成六分相。

5. 行星逆行的反轉或改變

這是指行星逆行或是代表祈請的星座裡有逆行的行星（例如進行天秤座的儀式，卻有個逆行的水星在天秤座之內）。儘量讓逆行的行星位於尊貴位置，或與其所在的星座主星形成相位，或與有力的吉星形成相位。

§6

由此開始：持續的禮敬與規律的練習

若你喜歡此類儀式或冥想，可將此類儀式及觀念納入每天的能量調整、靜心冥想或祈福活動（或其它活動）中，例如出門工作前或就寢之前。以下建議能幫助你在生活中實踐簡單的占星魔法：

1. 每日的練習（舉月亮儀式為例）：將尚未點燃的藍色月亮蠟燭和女祭司牌卡放在祭壇上。進行月亮儀式裡淨化與祈禱的部份，點燃蠟燭，繪製月亮的六芒星，觀想自己被明亮的藍光所包圍，簡短地念頌儀式中最喜歡的祈禱文。感受月亮的能量流經你，最後再將蠟燭吹熄。整個過程大概只需五分鐘，對每日練習而言，所需的時間非常合理。
2. 利用儀式的概念與附錄裡的象徵意義，列出你所喜歡的元素、行星和星座，及其相對應的活動與地點。若你喜歡金星，你可以參加舞蹈課程，觀看和藝術相關的影片，參觀美麗的花園或參與繪畫。藉由這些方式你能主動將較高的占星法則與你的日常生活連結。
3. 此外，你可以將這些象徵意義應用在食物的香料上，或用一些適當的礦石裝飾家裡或祭壇，將牆漆上適當的顏色，收集顏色適合的美麗物品，或穿戴某些顏色的衣服與寶石。例如金星，你可以在星期五點上玫瑰香味的薰香，戴上綠色或銅製的項鍊，吃一點香甜高油脂的點心，或將點心放在祭壇上當做祭品等等。

4. 針對你有興趣的元素、行星和星座來創作藝術作品，如：繪畫、詩歌或故事。你可以將故事中主角的身體特徵、性格與附錄或儀式中的發現做連結。
5. 嘗試於睡前進行塔羅牌卡或行星的儀式與冥想，做孵夢的練習，讓夢能與祈請的能量相連結，並將夢境記錄下來。
6. 持續將蠟燭與六芒星應用在塔羅牌卡的冥想中，徜徉在幻想旅程的風光明媚中 。同樣地，將冥想中的經歷記錄下來。

§7
本書的儀式架構

本書將先引導你進入元素的儀式，再來才是行星與十二星座的儀式。每組儀式都會引領你進入下一組，如此一來，隨著你的進展，即使儀式變得越加複雜，你仍能輕鬆地進行。不過，不要被儀式的長度所震懾。一來因為本書字體較大，如此你能在進行儀式時輕鬆閱讀，尤其是在燭光或燈光不足的狀況下（就如我們建議的）。

任何有價值的事情都需要花費時間，這些儀式如果進行得宜，通常會花費半小時至一小時，但這取決於你進行視覺化和靜心冥想時所需要的時間。進階的儀式或許會花費更久的時間，但這其來有自。儀式時間愈長，你愈能進入儀式本身的意識，而儀式的意識正是進入更高存有的通道。相反地，心靈狀態會讓你意識不到時間的流逝。

我們圖解書中五芒星、六芒星等符號的製作過程，讓你在進行儀式時獲得所有必要的資訊。隨著時間的進展，我們希望你能將這些資訊銘記在心，熟記資訊能進一步提高儀式的效益。

儀式裡所說的話都以粗體字標記，標題會寫著「祈禱文」（Aspirant）：這和用一般字體或斜體字所標示的「步驟指引」（stage directions）有所區別。在儀式中，祈禱文的重要性等同於符號的繪製，它協助你了解為何你要做這些事。同樣地，透過祈禱文和你的聲音，能協助你提升意識，與相對應的神聖力量取得連結。在進行團體的儀式時，祈禱文也能協助提升他人的意識：因此運用情感念誦祈禱文格外重要。

應用所有元素的儀式最終將達到聖靈（Spirit）的運作，行星與星座的儀式也會有類似結果。若用宏觀的視野來看，你正在建立一個魔法宇宙，在其中你將以更豐富、有意義的方式體驗占星學。你為魔法宇宙付出愈多，回報也會愈加美麗豐富。

PART 1

第一部 元素的儀式

介紹

本書的前五個儀式歸類為元素的儀式。從元素開始是因為元素與我們的經驗較為貼近（相對於純粹靈性或理性的事物而言），也因為它們提供了物質的脈絡，讓更高存有能在振動頻率較低的環境顯化。若能熟悉元素且取得平衡和連結，便能更有意識的在人生中顯化行星和星座的能量。元素儀式是之後所有儀式的基礎。

古代有許多關於元素的理論，有些名家，例如柏拉圖，認為元素是有著幾何形狀的粒子。但古典的魔法或靈性法則傾向認為元素是一種能量形式的呈現：換句話說，是一種特質而非物質。所以當我們提到風元素或水元素的特質，不是期待用放大鏡觀察風或水元素的粒子，而是討論各類活動的特質。

因為元素存在於各種不同層面，包含自然現象到高階實有，要說明元素究竟為何非常困難。元素之所以難以說明，一方面因為元素有四種，若其它事物也有四種分類時，很容易將這項事物與元素作連結（我們很快會談到此概念），像數字三也有類似的情況。事實上，我們甚至會說，像數字這樣永恆的存在，在形而上學裡屬於較高階的概念，因此有時會把現實生活中的四元素與其它分成四種分類的事物混淆。或者是說，我們有時會將元素與其它現實相關架構搞混。舉例來說，希伯來文的神聖名字YHVH（Yod Heh Vav Heh）有四個字母，在卡巴拉祕教中，這四個字母常與火、水、風、土這四種元素相關——但不會有人認為上帝的名字是指火爐中的火、水杯裡的水、一股空氣或是一把泥土。相反地，我們會說這四個神聖字母（描述著上帝的特質）的關係，反映在四大元素之間。所以須謹慎對待所做的連結，即便在練習時，也可能對不同層次的連結過於輕率。

同樣道理，固然元素與星座的確有關聯，當我們談到元素時，並非同時討論星座。星座雖然依四大元素分類，但卻屬於更高階的層次，每一種元素又分為三種類型：啟動（movable）、固定（fixed）與雙元（common）（也常稱為基本〔cardinal〕、固定〔fixed〕與變動〔mutable〕）：四種元素能量再分成三個種類，因此產生了十二星座。所以牡羊座雖屬火象星座，但卻是啟動型的火象星座；獅子則是固定型的火象星座。牡羊座和獅子座並非指現實生活裡東西真的著火了，而是象徵人世間某種活動或能量的顯化［註25］。所以我們講的元素，是指較低層次的現實裡，藉由各種具體生活事項而顯化的元素。

元素也常以不同的方式被分類，在此採用主流的分類方式。相對於較高層次的現實，所有的元素都被視為是被動的。但就元素

---

[25] 更多黃道星座的討論請見第三部份。

本身，火元素與風元素被視為陽性與主動，水元素與土元素則被視為陰性與被動。這些特質都可代表人類各種行為和心理狀態，這些在之後會再探討。每種元素都有主要的特質，每種特質都是互相關聯的。火元素熱且乾、風元素熱且溼、水元素冷且溼、土元素冷且乾。事實上這些都應該以進行中的活動或過程來做理解，托勒密就是如此解釋：例如，火元素是一種變熱或變乾的過程，而不僅僅只是熱或乾」。

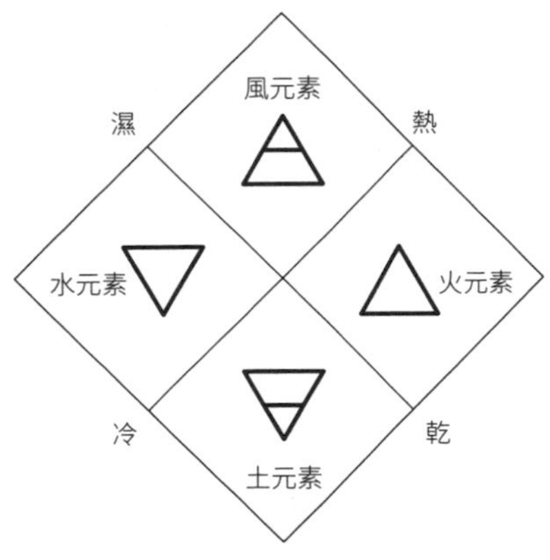

圖13：元素與其性質

書中我們也會著重探討元素在人類靈魂與心智裡的存在，而非用來解釋天氣這類方向。因此在這裡會將元素簡單稱為「能量」，而非「活動」或「過程」。附錄一中列出許多與元素對應的一般特徵（例如個性或體液特徵），但在此可先進行部份討論［註26］。

例如，火元素和風元素較為發散型的能量，主要與行動和智能相關。水元素與土元素則為接受型的能量，代表情緒與保護的本

[26] 參考自Greenbaum有關體液的精彩解說，請見參考書目。

能。但以上說法也只是概述：我們常將生氣（這是一種情緒）與火元素連結，而非水元素。正確的說法是，水元素代表我們對於事情發生時的情緒反應能力——這部份是較被動、接受的。當我們再細分情緒狀態時，會發現生氣情緒較像是「火元素」的情緒狀態，或者說是水元素的「火元素面相」：像這樣錯縱複雜又曖昧的關係正反映了我們物質世界的典型狀態。

綜合上述所言，元素也可以療癒的方式呈現，我們已在前面的簡介討論過此概念。從水平式的觀點來看，元素藉由體液或個性的分類來顯現：那是一種完整的循環與整合的心理狀態，一種結合創意、動力與能量，完整的意識循環的過程。我們能適當地或有目的地體驗各種行為、外表或情緒，即原本我們會偏好以黃膽汁質（火元素）、黑膽汁質（土元素）或其它體液質的個性來為人處事。

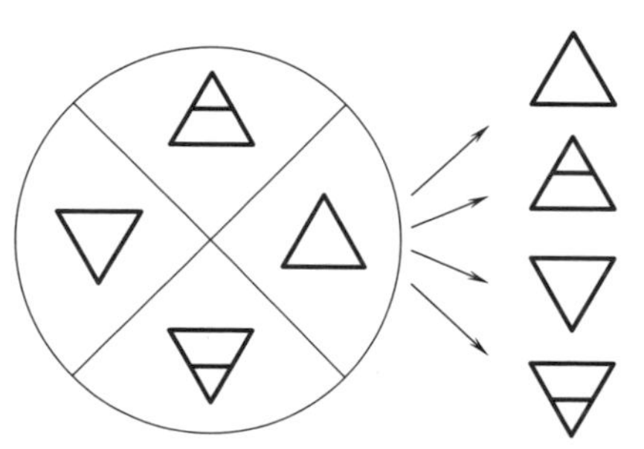

圖14：元素的水平性與垂直性的平衡

但若以「垂直性」的觀點來看，元素亦與微觀世界的每個層次相對應——即使元素代表較低現實裡物質的存在，但它們也能對應我們內在的各種層面，並與宏觀世界裡各種層面相呼應。所以內在的火元素層面，即四種元素的最上層，能與神聖意志中合一的靈魂驅動力相對應，同時也代表了人類個體的動力法則。下一個層次為風元素，代表了我們擅於處理概念和語言的理性與心智，但低於神聖意志所在的層次。接下來水元素象徵了靈魂內情緒與本能的部份，是充滿了愛、恨與各種情感意識的層次——這部份對應了物質世界與永恆的價值共存的層次。最後，土元素代表了具體的物質存在，即無常的物理脈絡與各種能量的顯化，而這些造就了我們個體性的存在。

因此這些元素是魔法宇宙的骨幹，它們可彈性地應用在各種能量運作中，也是延伸內在意識的基礎。魔法的任何能量，包括元素，不僅須藉行動來啟動，還必須持續規律的運用，才能獲得可靠且有意義的效益。

三方星座（Triplicities）：元素的個別能量

既然我們已經討論了幾項基本原則，現在就來探討元素各自的能量：

火：發散型、陽性的、黃膽汁質的能量

火元素在各種意義上代表著光明與照亮。若控制得當，它是轉化的能量；若控制不當，它會吞噬所有事物並回到最原始的本質，也就是事物之所以存在的本質。火是唯一我們無法直接碰觸其自然型態的元素。

火被認為是意識最澄淨的本質，是內在的洞見，是人類最深沉黑暗的內在中閃閃發亮的神聖意志。火元素對應了內在洞見的澄澈，它代表所有的熱情以及不達目的不罷休的熱誠。火能穿越甚至摧毀各種障礙。它代表你內在激發創造力的能量，也代表所有藉由靈感與欲望達成的事物。

它主管的時間為中午、方位為南方、季節為夏天。火的能量是發散型的、是向外流動的。它的顏色是紅色。火元素是奉獻、毀滅、清理、有活力、是性欲，也是強迫。視覺、熱力與光線皆是火元素的具體展現。火元素的儀式概念包括祭祀、毀滅、保護、勇氣、性的激情、動力與力量。會使用火焰、燃燒、悶燒或加熱等儀式形式來感受其熱度。它的自然徵象物為火焰、燒得火紅的煤炭或是其它被加熱的物品。

水：接受型的、陰性的、黏液質的能量

水代表純淨、能溶解各種不純淨的物質。它能將固態的土元素物質溶解為液態，並被其它有機生物吸收。沒有水，生命無法存在。因此水是生命豐饒與發展的基本媒介。

最初的生命是經由光與水的作用從海洋中誕生，因此內在自我也必須透過海洋的同質物來獲得重生。在我們的內在層次裡，水容納或承載了意識，並將意識能量與所有生命的形式做連結。水元素也與超心靈有關，即無意識和夢境。

水能讓我們免於外在的污染，顯現出人們最真實的一面。拒絕謊言保持真誠是水元素的特徵之一。

水元素與愛是不可劃分的。愛像水流一般，帶來了安心與鼓舞。生命從水中而來，而水也代表充滿了靈性之光的靈魂。因此，水被視為容器的象徵：子宮，以及接受、愛與關懷的能力。水的符號象徵了完美的純淨與神聖的祝福，而這些都是人們在獲得靈性上的安全感時所能體會到的。

水所主管的時間為黃昏、方位為西方、季節為秋天。水的能量是接受型的、向內流動的。它的顏色是藍色。水元素是流動的，純淨的，緩和的與充滿愛的。味覺也是水元素的具體展現。水元素的儀式概念包括了力量的接收、被動式的靈感、自我反省、靈視力、淨化、愛、靈性的感應力、夢境、睡眠、和平等等。儀式形式包括喝水、稀釋、將東西放置在水中或淨化，例如沐浴或是倒祭酒。它的自然徵象物為貝殼、水杯或酒杯、井、碗或鍋子。

風：發散型、陽性的、血液質的能量

風元素與人類智能或思想歷程有關，是快速、無常且抽象的。風元素象徵賦予世界生命的創造性氣息［註27］。在許多神話裡，風與創造的概念連結，是生命發展過程的媒介。

在卡巴拉祕教裡，風被認為是火與水結合所衍生的，也是調和這兩種元素的協調者，使它們不致過於極端並達到平衡。

人類對應風元素的是人的意識與智能，人類透過意識與智能來找尋答案、決定議題、挑戰愚笨，而非採取武力或屈服的方式。風所主管的時段為黎明，方位為東方，季節為春天。風的能量是發散的、向外流動的；風的專屬顏色為黃色。風元素是流動、新鮮、聰明、恢復身心但也是浮動。聽覺與嗅覺是風元素的具體展現。風元素的儀式能協助療癒、追求知識、提昇想像力以及增廣見識。儀式的形式包括視覺化、使用電扇以及嗅聞薰香的味道。它的自然徵象物為羽毛、薰香的煙以及芳香的花朵。

土：接受型的、陰性的、黑膽汁質的能量

在卡巴拉祕教中，土元素的能量是上述三種元素在物質世界顯化後的結果。土元素代表的特質是客觀、固態、有重力、有重量、群體、輪迴以及有定義。土元素本身是冷且貧瘠的，但能壓縮力量並予以保存。它能保留在它之前以及由它而生的所有生命。

---

[27] 戴克博士《符號與光》（*Logo & Light*）的有聲書系列中有更詳盡的介紹（www.bendykes.com/logos-light.php）。

卡巴拉祕教中，若非透過土元素，火、風與水是無法在物質世界中顯化的，因為只有土元素才能藉由各種存在的單位具體呈現。土元素的一致性與耐性，在其他元素的交互作用中，提供了必要的慣性（inertia）。慣性是一種能力，能讓每種元素在交互作用時仍保有原來的特性，而這正是土元素最神奇的力量。在土元素最完美的形式中，土元素代表接收神聖之光的身體，以及人類完整思想與意志力的清楚表達。

若整合上述想法，可歸納為一個概念，即力量藉由形式彰顯，且力量賦予形式靈性。這涉及了兩極法則（The Principle of Polarity），即兩種生命力量之間，給予與回報、刺激與回應的微妙關係。兩極法則讓創造得以發生，同時也是能量顯化的基礎：這也是本章最初所提，土元素是所有儀式的基石，透過它我們才能在物質世界中彰顯儀式的效益。

土元素對應人類就是身體。它所主管的時段為深夜，方位為北方，季節為冬季。土的能量是接受性，是向內流動；它的顏色是綠色。土元素是肥沃、潮濕、孕育生命、穩定且踏實。觸覺、重力與慣性是土元素的具體展現。土元素的儀式包括了概念的具象化、事物的建構、生產力、穩定性與落實性。儀式的形式包括進食、掩埋、栽種植物、創造某種身體意象，或是在物理平面上進行儀式。它的自然徵象物為鹽、麵包、泥盤、土壤、石頭、小麥或者代表收穫的符號。

四正星座（quadruplicities）

四正星座的類型與其元素的能量運作和表現方式有關。有三種四正星座：啟動、固定或雙元（也常被稱為基本、固定或變動）。每種元素都有一個星座歸屬於四正星座之一項。

例如，土象星座中，魔羯座為啟動星座，金牛座為固定星座，處女座為雙元星座。

古典占星裡，每種四正星座都會應用在特定的擇時上 [註28]。啟動星座意味著起始或開端，會運用在期待事情快速完成或轉變時：像是旅行、爭鬥、銷售或訂婚。固定星座則代表持續與穩定，例如建造某樣事物或結婚。雙元星座之所以稱為雙元，是因為他們同時具有改變與穩定的特質，代表重覆、夥伴關係、事物的結合或反反覆覆的行為：例如持續的生意夥伴關係或是例行公事，像放假後的返校。

仔細思考四正星座的特質，並對應在個人的特質與發展上，更能了解每種元素所隱含的不同形態（我們將在元素儀式中提示一些關鍵字）。所以，假設你的上升或其它重要的行星，例如月亮是位於固定星座，四正星座將會幫助你了解土元素如何在你的生活運作。或許你會在進行儀式時，讓月亮或上升位於想要的四正星座上。

以下是四正星座的關鍵字，以及每個四正星座所包含的星座：

啓動星座：

開始、快速、進取、能立即與他人或世界建立關係、能聚焦於當下（但也可能導致輕率、急促與激動）。

---

[28] 有關四正星座更多的描述，請見參考書目Dykes 2012（*Choices & Inceptions*），例如Sahl的*On Elections* §12a-17。

圖15：四正星座

牡羊座（啟動型的火元素）：宣揚自我、堅持個人需求、好勝心強、專心一致、討厭細節、不擅反省。

巨蟹座（啟動型的水元素）：主動給予滋養、渴望且挑起情感的反應與連結。

天秤座（啟動型的風元素）：擅長在想法、表達或美的基礎上進行發展或連結。

魔羯座（啟動的土元素）：藉由負責任來領導他人，注重工作或規則、在意組織或傳統。

固定星座：

有耐心、持久、有組織、有方法，重視自我或內在的力量（但也常固執地抗拒合理的妥協或簡單的解決方法，討厭他人給予壓力）。

獅子座（固定型的火元素）：自信、內在的活力、堅強的意志力、為求讚揚能長久努力的工作。

天蠍座（固定型的水元素）：喜歡複雜的情緒、常糾結於某種情緒、對於軟弱或安全感的議題敏銳、神祕的、與他人保持距離。

水瓶座（固定型的風元素）：喜歡有組織的概念、心智架構，或明白易懂的解釋、情感較為疏離、喜好思考。

金牛座（固定型的土元素）：喜歡物質的享受、有目標、有耐性、執著、不浪費精力。

雙元星座：

適應力強且多元性、能接受改變、對細節有興趣、觀察力及好奇心強(但常導致三心二意、見樹不見林、容易感到無聊或失去興趣）。

射手座（雙元型的火元素）：對真理有多樣的追求、好冒險探索、充滿熱忱、轉換跑道或改變心意時內心仍覺得篤定。

雙魚座（雙元型的水元素）：具情感的觀察力、易投射他人情感、人道關懷、前後矛盾。

雙子座（雙元型的風元素）：好奇心強且喜歡探索、較理性、膚淺、擅於處理資訊、表達力強並愛好自由。

處女座（雙元型的土元素）：對事物要求實際的功效、整齊有效率、愛乾淨、擅於搭配事物、重視具體的事實與結果。

由於有四種元素與三種四正星座，要找到能與四正星座完美搭配的儀式工具或象徵物（例如薰香）非常困難。然而我們仍會將特定的象徵物分配給各個四正星座，儘管這可能會與元素的使用有所重疊。所以會在元素的儀式中使用火元素的蠟燭來當做祭品，但也會在祭壇上放上蠟燭以代表元素的啟動特質。火（蠟燭上的火焰）對啟動星座而言是很適合的象徵物，就如同水之於固定星座，薰香之於雙元星座。火是一種催化劑；靜態的水是沉重且內斂的；薰香會因為某些影響而改變形狀：未點燃時是固體，但點燃時則轉化成煙。

元素的五芒星

在每種儀式的介紹中，會先圖解示範畫出元素與靈性五芒星的正確方式。先從數字 1 開始，然後順著箭頭畫線，直到數字5為止，如此就能畫出一個完整的五芒星。之後再將元素與靈性的符號放在五芒星上，就會變成以下的圖示：

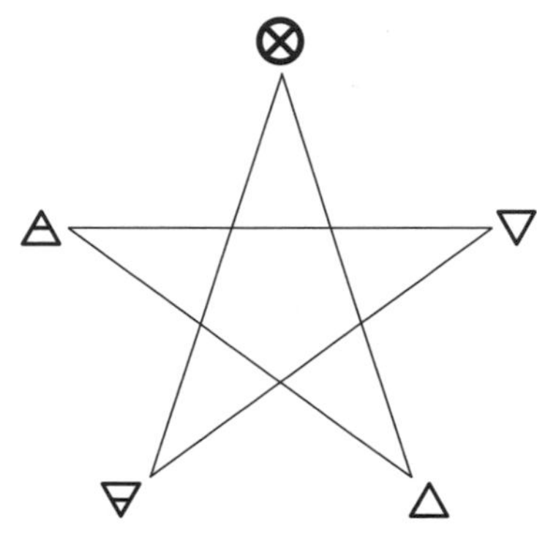

圖16：五芒星上的元素符號

五芒星上的符號代表了四種元素（三角形部份）與靈性的存在（圓形部份）。中間有橫線的三角形代表該元素是其它元素的總和或者累積。尖角往上的三角形代表發散型的能量，尖角往下的三角形則代表接受型的能量。因此，五芒星可以說是赫爾密斯教派中兩極法則的範例。你在儀式示範中發現，所有點到點的動作都與元素有關：舉例來說，土元素的五芒星是從靈性的頂點開始，再往土元素的點移動。其它元素的五芒星也是依此類推。

四元素的儀式

你可以自行決定要先從哪種元素儀式開始，但我們建議你從土元素開始，然後依序為水元素、風元素及火元素，我們藉由這樣的儀式順序，來模仿現實中低到高的垂直秩序。靈性儀式於最後進行，因為靈性儀式需要元素儀式的祭品來舉行靈性聖餐：儀式中我們須藉由吃祭品的動作代表祈請的元素進入肉體。謹記，若你覺得儀式進行中拿著書有點麻煩，你可以影印相關的篇幅在儀式中閱讀。

元素儀式的簡單提要

我們只明確定義少數儀式步驟。每個儀式都有開始與結束的步驟，但都非常簡短容易。中間有三種進階（Advancements）的步驟，若你覺得要立即執行所有的步驟有難度，可以一一練習，直到熟悉所有的步驟。切記，入門者要進行陌生儀式之前，可先穿著日常服飾，也不用特意以太正式的聲音或態度來做練習。

以下是你可能需要的：一般儀式所需要的道具

- 聖殿的空間：一個乾淨舒服的寬敞空間，足以讓你在內自在的活動，並自由擺設儀式道具。若你只能在臥室或床腳的小空間進行儀式也沒問題。只要這個空間沒有其他干擾，能讓你感覺平靜。
- 衣服：乾淨、輕便、簡單的衣服即可，最好是儀式專用的衣服，而不是日常服飾。
- 燈光：柔和但還能閱讀的燈光。點燃幾根蠟燭，最好能在空間裡的四角或其中一個角落點上蠟燭。
- 祭壇：一個小祭壇、桌子或是穩定的平台。祭壇不能太高，坐下時必須能看到桌面。也不能太小，至少要能容納塔羅牌、蠟燭和下列道具。

---

[29] 傳統上我們應使用黑色，但因為許多偏好以綠色代表土元素，所以我們在儀式中使用綠色。

‧代表靈性的燈籠：在靈性饗宴的儀式中，須準備一個燈籠或燭台，並點上白色的蠟燭。

‧祭壇桌布：黑色或綠色（土元素）[註29]，藍色（水元素），黃色（風元素），紅色（火元素），白色（靈性），大小足以覆蓋整個祭壇。

‧塔羅牌：將塔羅牌放在祭壇上。有吊人牌（水元素），愚人牌（風元素）或正義牌（火元素）。土元素則無代表的牌卡。

‧薰香／水：將一杯水及一支點燃的香放置在東方，代表淨化與祭祀（在此薰香並不代表元素，代表元素的香則會放置在祭壇上）。

‧音樂：適當地播放代表元素的音樂，例如MjDawn發行的專輯。

‧代表元素的祭品：每個儀式中都必須準備代表元素的祭品。

土元素祭品：鹽，放在盤子上。

水元素祭品：一小瓶水，有部份會倒在盛了果汁或酒的聖杯中。

風元素祭品：薰香（最好是線香或三角錐香）。

火元素祭品：蠟燭（最好是紅色的）。

四正星座的象徵物：每個儀式都會另外放置代表四正星座的祭品。

啟動星座：蠟燭（最好是白色的，才不會與紅色蠟燭混淆）。

固定星座：一杯水 。

雙元星座：點燃的薰香，最好是線香或三角錐香。

聖殿的擺設

我們會將祭壇放在儀式聖殿的中間，東方會放上一杯水和一柱香（作為淨化與祭祀之用）。將椅子放在祭壇的西方（或擺在一旁備用），並依下列方式擺設祭壇。

在元素的儀式中（暫時來講還有其它的儀式），元素本身及其祭品（例如火元素的蠟燭等等）的擺設，與下列元素的基本方位有關：

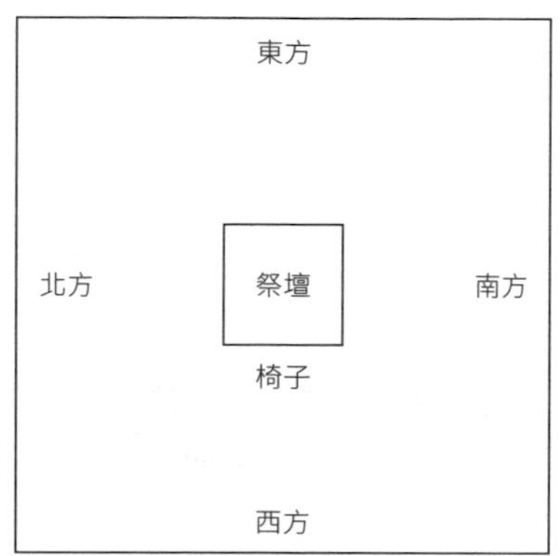

圖17：元素的聖殿以及擺放位置

也就是說，當進行特定元素的儀式，要注重元素的基本方位：要進行土元素的儀式，會特別關注北方。請注意：這並不代表祭品必須依不同元素的基本方位來做擺放——圖示只是示範元素與方位之間的關係。但在靈性饗宴的儀式裡，這些祭品就必須依元素的基本方位擺放，之後的儀式還須考慮黃道上的方位，祭品也會有不同的擺放方法。

祭壇的擺設

在每一場儀式中，四正星座的象徵物會在祭壇上被擺放成三角形，頂點朝向正確的基本方位，元素的祭品則放在祭壇中間。可能會重複使用相同的物品來代表不同的功能，留心不要混淆。元素與四正星座並不相同，所以你可使用不同的顏色或香味來區分他們。例如，有代表火元素的蠟燭，也有啟動星座的蠟燭，用紅色蠟燭來代表火元素，其它顏色的蠟燭來代表啟動星座（一般是用白色）會是個好方法。同樣地，你可能會用線形的香來代表風元素，捲曲型的香來代表雙元星座。以下是擺放土元素祭壇的示範圖示：

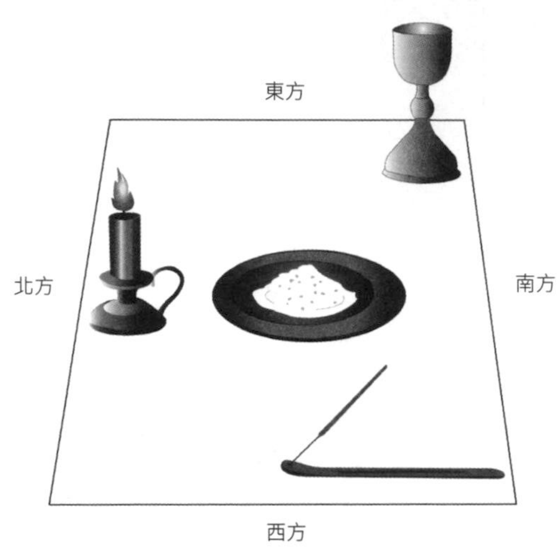

圖18：以鹽來做祭品的祭壇擺設

圖示中你可以看到鹽被當做祭品擺放在中間。由於土元素與北方有關，因此四正星座的象徵物品就必須指向北方：即象徵啟動星座的蠟燭放在頂點的位置，其它兩樣象徵物則放在三角形的基底。這代表土元素的三種能量模式，與稍後會介紹的黃道星座有關：魔羯座（啟動），金牛座（固定）和處女座（雙元）。

現在介紹儀式裡各個步驟：

儀式的準備與開始

在簡短的靜坐冥想後，使用五芒星驅散符號來淨化空間（請參考儀式裡的圖示）。然後將水與薰香放置在東方以淨化並祭祀聖殿四周的空間。目的是為了創造一個乾淨、清爽以及神聖的空間，此空間能成為祈請能量的載具。

請注意，我們會用水和香在身上畫十字架：但這並非基督教的十字架，而是卡巴拉祕教裡的。它代表靈性（直線）在物質世界中顯化（橫線）。它也代表多次提過的垂直性與水平性的療癒與平衡：由上而下的能量透過身體顯化，同時也以水平式的方式保存在身體內並取得平衡。

此外，我們將繪製召喚元素的五芒星，協助我們和聖殿與元素的力量相連結。將五芒星繪製在空間裡適當的地方，並觀想五芒星散發著符合主題的顏色。這樣就完成了開始的步驟。

祈請步驟一

在這個步驟中，會召喚四正星座並將之與元素混合。在祭壇上方繪製召喚元素的五芒星，將元素的能量帶至祭壇。然後在每個四正星座的象徵物上畫一個圓，觀想星座的符號進入每個象徵物裡。然後從每個四正的象徵物各畫一條直線到元素的祭品上。

祈請步驟二

接下來，將進行元素塔羅牌的靜坐冥想。讀完牌卡的簡單意義後，觀想自己進入牌卡，注意每個隨之而來的念頭與影像。在儀式中，土元素並無對應的牌卡，因此會直接以土元素的具體形式或結晶的形象來進行靜心冥想，例如觀想自己進入鹽的結晶裡。如果你沒有塔羅牌，我們也會提供替換的觀想方式。當然，你可以在進行塔羅牌卡的冥想後，再進行其它方式的冥想。你也可以事先錄下塔羅冥想的祈禱文，然後在進行冥想的時候播放。

祈請步驟三

最後，所祈請的元素將會透過物理感官來進入身體。也就是透過火的溫度，水的味道，薰香的氣味或食物的味道進入身體。這些取得魔法能量的方法非常古老，甚至可追溯到古埃及。這個概念在於，藉由吞食與消化，就能整合與同化魔法力量。在《金字塔之書》（*Pyramid Texts*）裡提到，巫師之王吞食眾神的魔法，「並享受魔法在他肚子裡消化的感覺」[註30]。唯有透過此法，巫師之王才能進入靈性的世界。這樣的主題在《金字塔之書》的其它章節裡反覆出現，例如其中有句話是：「我將要飛向天堂。我的魔法就在肚子裡，我就要飛上天直到天堂」[註31]。

祈請儀式結束

最後，請所有被儀式吸引的靈體或力量離開，再進行淨化與聖化的動作。並以五芒星驅散符號作為結束，讓元素的能量回到它原來的地方。

靈性聖餐的儀式

靈性聖餐儀式與前面四元素儀式相當不同。在這裡，四種元素對應人類不同的面向：土元素——身體，風元素——智能，水元素——靈魂與情緒，火元素——較高的靈感與動力。每種元素都有其個別屬性，但每種元素也是靈性生活的面向之一。我們最終想要尋找的是合一（the One）的本源，會將這個儀式獨立出來，是為了顯

[30] 見參考書目Naydler, *Pyramid Texts* Utterance 403, 411。
[31] 見參考書目*Ibid*, Utterance 1313。

示出，對應人類面向的元素是位在靈性層次以下的。觀想代表靈性的神聖之光後，所有的元素將合而為一，然後在儀式中吃下代表元素合一的祭品，在身體吸收與調和的同時，也實現靈性的力量。

這個儀式表達一個重要觀念，即前言提過的「雙重動力」：垂直性與水平性的療癒。一方面來說，較低的現實，例如元素的存在，是從較高的現實，即神聖之光與靈性汲取而來。在無常的物質世界裡，或人類的靈魂裡，每種元素似乎互相矛盾，競相掌控我們的行動與心智。這導致混亂、失衡與不快樂。但我們必須聽從較高靈性的指引，並做到兩件事。第一、必須透過之前的元素儀式及下面的靈性儀式，來分辨並淨化每種元素，這樣才能釐清我們與靈性之間的關係。第二、必須犧牲元素的個體性或各自的差異，將它們和諧地整合在一起。我們並非要消滅元素，相對的，它們結合後的整體遠大於其總合，我們能藉此實現合一的靈性。雖然靈性從未消逝，但我們卻難以真正感受它。若能施行以上儀式，便能協調靈性中高低層次的從屬關係。透過儀式，元素將在實現更高靈性上更有功能，並促進個人生活的喜悅與富足。

祭壇的擺設

祭壇上會放置聖化過的元素物品：將風元素的薰香及塔羅牌中的愚人卡面向東方；火元素的蠟燭及正義卡面向南方；加了幾滴聖化過的水的水酒，以及吊人卡面向西方；土元素的鹽還有麵包面向北方。

祭壇的中間放置點燃白色蠟燭的靈性燈籠，或是放上白色蠟燭的素淨燭台。燈籠是將光帶進黑暗的工具，象徵著靈性。放置在東方的水與香則是為了淨化與祭祀聖殿的空間。

祈請儀式的準備

在簡短的靜坐冥想後，先用五芒星驅散符號淨化聖殿的空間，並放置代表淨化的水以及代表獻祭的火（或香）。然後在空中繪製兩個祈請靈性的五芒星，讓靈性力量進入聖殿中：這兩個五芒星分別代表元素陽性能量與陰性能量的驅動力。與其它儀式不同的是，祈請的動作必須在聖殿的中心進行，代表靈性就在神聖的中心。進行此動作時請依魔法的傳統面向東方。

祈請步驟一

從祈請靈性的五芒星開始劃一條線到祭壇，將靈性的力量帶到祭壇上來。將元素的能量分開，並分配到它們所屬的角落(請見先前圖示）。這個動作代表犧牲元素的個體化，以求神聖靈性的顯現。回到祭壇邊，在靈性燈籠上畫出祈請靈性五芒星，代表將靈性能量注入燈籠。

祈請步驟二

坐下來，觀想光包圍、甚至穿透你的身體。在身體充滿了光的同時，觀想身體漸漸消失，只剩下意識在光中安住。

祈請步驟三

拿起靈性的燈籠，從北邊的上方開始（土元素、麵包、鹽）繞行祭壇的每個角落。讓代表元素的象徵物都能收到靈性與元素的五芒星的祝福，然後再把燈籠放回祭壇上，代表所有的元素合而為一。

祈請步驟四

現在所有元素都已合一，接下來在元素上畫出正確的星座符號，以祈請元素的贈禮。在燈籠上畫出靈性之輪，同時對神聖意志表達感謝與讚揚。觀想燈籠的光流經於你，並祝福身體裡的各種元素。

祈請步驟五

用敬重的態度吃掉聖化且合一的魔法元素祭品。

祈請儀式結束

最後，以五芒星驅散符號來完成離開、淨化和聖化的結束動作。

土元素之鹽的聖化儀式

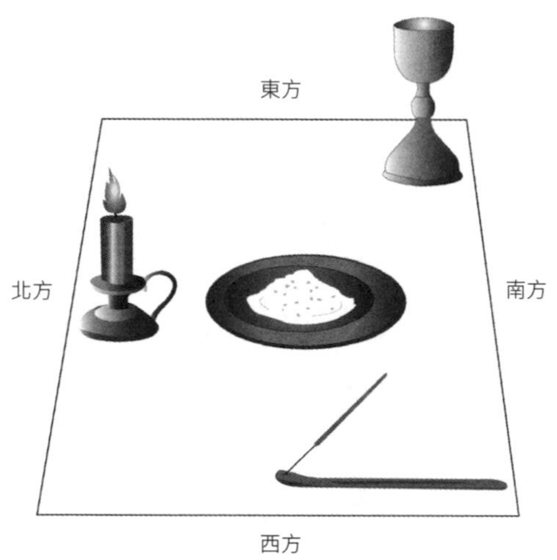

圖18：以鹽來做祭品的祭壇擺設

- 聖殿的擺設：元素的聖殿（請見前面的儀式介紹）。
- 祭壇的桌布：綠色（或黑色）。
- 元素的象徵物：一盤鹽，放在祭壇中間 。
- 四正星座的象徵物：蠟燭、水以及土元素的薰香，以三角形的方式擺放，頂點朝向北方。
- 塔羅牌：（無）。
- 薰香、水：放置在東方，薰香須點燃。
- 音樂：適合的背景音樂 。

祈請儀式的準備

儀式開始之前，先在祭壇旁邊靜坐片刻。摒除累積一天的雜念與憂慮。將意念放在頭頂，想像一道白色光芒從頭頂上方流入你的身體，經由身體慢慢流至腳底。想像身體充滿了白光，並透過身體每個毛孔的吐納進入並將你包圍。想像白色光芒從身體開始展開，直到充滿了整個空間。觀想白光設了一道屏障，將此空間與外在世界區隔開來，彷彿此時空以外，沒有其它的存在。

祈請儀式開始

走到聖殿的東方，面朝東方。

祈禱文：我來到了聖殿進行聖化的儀式，桌上的鹽之祭品將成為土元素的神聖載體。我誠心聖化土元素，使之成為靈性世界與靈魂顯化的媒介，也祈求我全然理解土元素的力量並與之交流。誠如所願。向東方畫出五芒星的驅散符號。

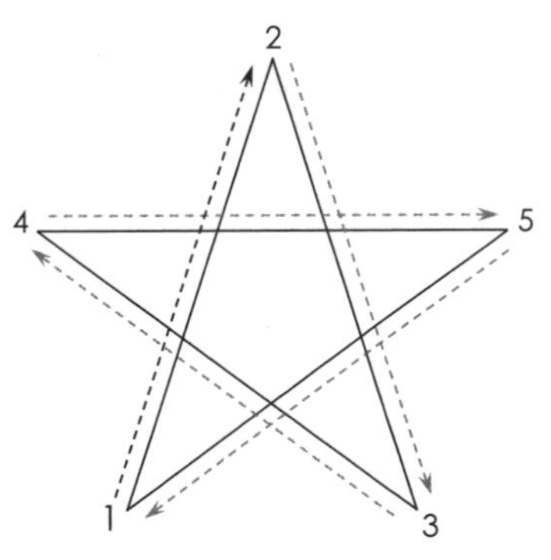

驅散能量元素五芒星

祈禱文：透過驅散五芒星的力量，我驅離了聖殿裡所有不應存在的影響。我對你說，散去吧，進入和平中。

分別向南方、西方以及北方畫出驅散的五芒星，然後再轉回東方。

將水杯拿起，沾一點水向東方灑水三次，然後以相同的動作向南方、西方及北方各作一次。在水杯中沾溼手指，以手指觸碰額頭，再用手指將水往腳邊輕灑，最後在右邊及左邊的肩膀觸碰一下。

祈禱文：我被淨化了；這個聖殿也被淨化了，所有的一切都被聖水淨化了。（放下聖杯）

拿起點燃的香，向東方揮動三次，然後以相同的動作向南方、西方和北方各作一次。回到東方，照著額頭、腳底、右肩與左肩的順序揮舞薰香。

祈禱文：我被聖化了；這個聖殿也被聖化了；所有的一切都因為聖火而被聖化了。

放下薰香。面向聖殿的中心。

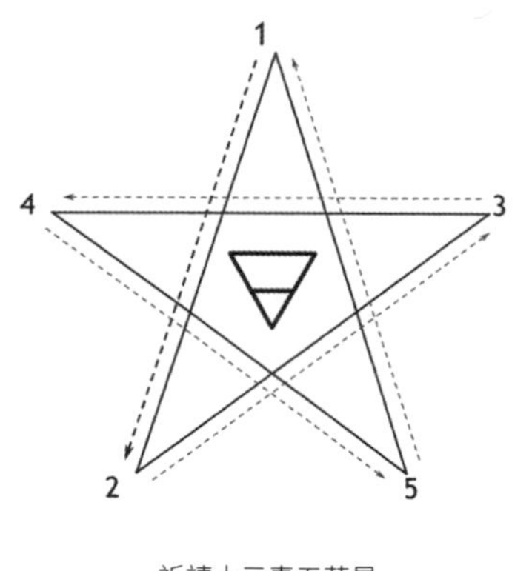

祈請土元素五芒星

祈禱文：傾聽我，四方世界，我呼喚您！請賜予我走向隱藏道路、尋找神秘知識的勇氣。請賜予我您的雙眼來看清所有，賜予我您的智慧來洞悉一切，並讓我像您一樣。請賜予我力量，令我得以祈請土元素的能量。

走到北方並面向北方，在空中畫出祈請土元素的綠色五芒星。

祈禱文：我以阿多乃（Adonai, Ah-doh-nye），以及大天使烏列爾（Uriel）的神聖之名，祈請土元素的力量。是的，我尋求您，因為您是元素之始，也是我的歸處。願土元素能賜福於我，讓我能效法您豐盛萬物的力量，願您能讓我像山一樣穩定的成長，像安靜的土一樣獲得寧靜。噢，偉大的北方之靈，您是體內靈性的彰顯，請賜予我在這道途上持續前行的決心與毅力，賜予我在物質世界裡彰顯靈性的力量，並運用您的恩賜為世界良善做出具體奉獻。我祈求與您合而為一，讓您的力量流經我並透過我而彰顯。誠如所願。

觀想元素以綠色光芒流經於你，讓你落實在地面上並有穩定的感受。

祈請步驟一

站在祭壇的南方，面向北方。觀想自身氣場變成綠色。

祈禱文：我以阿多乃（Adonai, Ah-doh-nye），以及大天使烏列爾（Uriel）的神聖之名，噢，偉大又神祕的土元素，給我您的手與神奇的力量，我被製作成您，也是您造就了我的靈魂。請在我的靈性裡形成不可抗拒的力量與意志，在這個聖殿中顯化驅動土元素的動力。並透過我的語言與祈禱文，讓我得以完整地將這個動力帶出，彰顯其力量。

在祭壇的上方畫出祈請土元素的五芒星，並想像這五芒星閃耀著綠色的光芒。

祈禱文：土元素亦稱為生命之鹽，鹽是物質生活最根本的滋養。沒有鹽，物質生活無法存在，靈性也無法透過物質生活顯化。土元素也是我們的身體，是神聖靈性所在的聖殿，承載著心智、靈魂與靈性。唯有透過這個載體，火、水及風這三種元素才能在物質世界裡運作。土元素是所有神祕力量的外殼，也是聖殿、神聖的空間、森林、田野，以及所有神聖之光所彰顯的事物。我藉由土元素的力量，賜福這個祭壇。

觀想五芒星的綠色光芒，流向祭品所形成的三角形與鹽，並給予祭品能量。

在變動星座的蠟燭上畫一個圓。然後再畫上魔羯座的符號，想像符號沉入蠟燭裡。再從變動星座的蠟燭畫一條線連到土元素的鹽，想像火焰的能量流進鹽裡並將充滿它。

祈禱文：進入鹽裡的是啟動型的土元素能量，也就是魔羯座，實用主義的力量。這能量能將企圖心與實用性的特質融入鹽裡。決心、成就感、尊榮感、自我控制的能力都盈滿於此載體。

在水杯上畫一個圓，再將金牛座的符號畫上。想像這符號沉入水裡，再從水杯開始畫一條線連到土元素的鹽，想像這個能量流進鹽裡並充滿它。

祈禱文：進入鹽裡的是固定型的土元素能量，也就是金牛座，保護主義的力量。此能量將努力不懈與專注力的特質融入鹽裡。生產力、穩定、物質享受、感受力都盈滿於此載體。

在薰香上畫一個圓，再將處女座的符號畫上。想像這符號沉入薰香裡，再從薰香開始畫一條線連到土元素的鹽，想像這個能量流進鹽裡並充滿它。

祈禱文：進入鹽裡的是雙元型的土元素能量，也就是處女座，精確主義的力量。此能量將分析與保守的特質融入鹽裡。服務、規則以及分辨力都盈滿於此載體。

觀想三角形上每個祭品的能量都流入土元素的鹽，再將鹽盤高舉。

祈禱文：我以阿多乃（Adonai, Ah-doh-nye），以及大天使烏列爾（Uriel）的神聖之名，看啊，所有土元素的力量都在這聖殿裡顯現，我已用土元素的所有力量將這鹽聖化。這鹽將為我，與您領域裡所有神聖顯化力量，提供了堅固與具體、真實與完美的連結。請賜予受到祝福的鹽力量，並為了我靈魂的演化，使之成為物質化的完美工具。藉由此工具，神聖的力量得以在我之內顯化，並在此聖殿裡，以及這個物質世界裡充份展現。誠如所願。

祈請步驟二

坐下來，觀想土元素所有的特質：

祈禱文：我是元素之子，土元素是我的身體，我是物質世界中元素顯化的結果。宇宙的力量滲透了我，也經由我顯現，因為我是合一的一部份，是神聖造物主的一部份。我的身體僅是過往一切的外在反射，因為我來自於宇宙的星體。我是一切的累積，也是總合。我因成為神聖靈性的實際聖殿而被建造。

閉上雙眼，想像自己位在鹽的結晶體中心。感覺它的堅硬，想像自己看到了水晶狀的結構。注意隨之而來的感覺與念頭。在結束冥想之前，想像自己向土元素的能量傳送光芒。

另一種冥想的方法

想像自己身體以三次元的影像站立在你面前。看著這個身體變成鮮明的綠色，其它元素的顏色，則像同心圓一樣環繞在身體的周圍，變成了一個保護殼：先是風元素的黃色光芒以明亮的黃色閃耀著、再來是水元素柔軟的藍色之光在你身體的周圍流動著，再來是火元素耀眼且充滿生命力的紅色光芒在你的周圍燃燒著，最後則是靈性的白色光芒從最外圈包圍著。

現在你的身體周圍除了本身的綠色光圈外，依序還有三種光圈：黃色、藍色及紅色。最外圈則是靈性的白光。你最後成了光的同心圓。想像自己向土元素的能量傳送光芒後，再結束這段冥想。

祈請步驟三

取一點土元素的鹽。

祈禱文：我以阿多乃（Adonai, Ah-doh-nye），以及大天使烏列爾（Uriel），土元素大天使的神聖之名，進入土元素的能量中合而為一。

將鹽放在自己的舌頭上。透過味覺，觀想土元素的特質進入了你的身體，土元素的力量也慢慢在你體內結晶。

祈禱文：聖化的土元素將成為自我更新與重生的媒介：包括身體、靈魂與靈性，讓我有資格成為神聖之光的載體。土元素將為我連結靈性世界，神聖意志將藉由此連結，從本源向下傳導，並透過我存在的本質層層顯化。讓聖化的土元素在我內在創造堅定之心與神聖計劃的覺知；讓聖化的土元素成為顯化的象徵，給予力量協助我靈性的重生。透過這樣的轉化，我將追隨光的道途，協助同類人性的提昇。

祈請儀式結束

走向東方，面向房間的中心。

祈禱文：現在釋放所有被此儀式吸引而來的靈體。請帶著阿多乃（Adonai, Ah-doh-nye）及烏列爾（Uriel）的祝福，回到您的歸處並進入和平中。

如同開始的儀式一樣，用水及薰香淨化與聖化聖殿及身體。以驅散的五芒星在四個角落做完驅散的動作後，再回到東方。

祈禱文：現在宣告儀式完整地結束。誠如所願。

熄滅蠟燭。

水元素水壺的聖化儀式

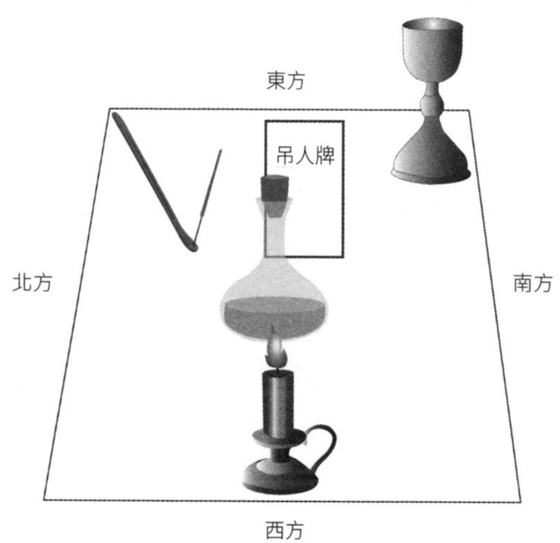

圖19：水元素儀式的祭壇擺設

· 聖殿的擺設：元素的聖殿（請見前面的儀式介紹）。

· 祭壇的桌布：藍色。

· 元素的象徵物：一壺水（放在祭壇中間），一杯酒或果汁（放在祭壇的旁邊）。

· 四正星座的象徵物：蠟燭、水以及水元素薰香，以三角形的方式擺放，頂點朝向西方。

· 塔羅牌：吊人牌。

· 薰香、水：放置在東方，薰香須點燃。

· 音樂：適合的背景音樂。

祈請儀式的準備

儀式開始之前，先在祭壇旁邊靜坐片刻。摒除累積一天的雜念與憂慮。將意念放在頭頂，想像一道白色光芒從頭頂上方流入你的身體，經由身體慢慢流至腳底。想像身體充滿了白光，並透過身體每個毛孔的吐納進入並將你包圍。想像白色光芒從身體開始展開，直到充滿了整個空間。觀想白光設了一道屏障，將此空間與外在世界區隔開來，彷彿此時空以外，沒有其它的存在。

祈請儀式開始

走到聖殿的東方，面向東方。

祈禱文：我來到聖殿進行祈禱的儀式，桌上的祭品將成為水元素的神聖載體。我誠心聖化水元素，使之成為靈性世界與人類靈魂之間最純淨的連結，也祈求我全然理解水元素的力量並與之交流。誠如所願。向東方畫出驅散的五芒星。

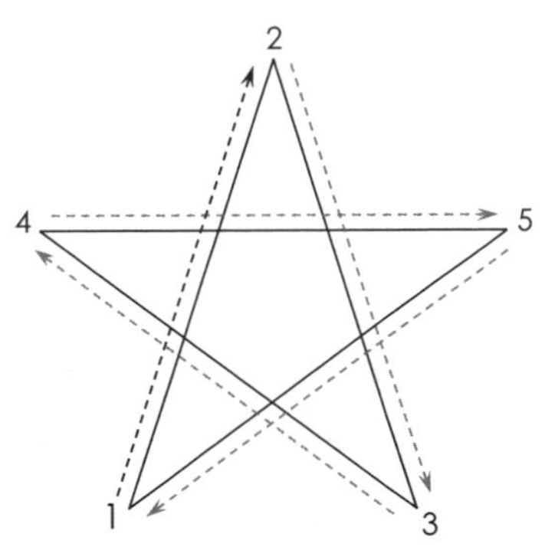

驅散能量元素五芒星

祈禱文：透過驅散五芒星的力量，我驅散了聖殿裡所有不應存在的影響。我對你說，散去吧，進入和平中。

分別向南方、西方以及北方畫出驅散的五芒星，然後再轉回東方。

將水杯拿起，沾一點水向東方灑水三次，然後以相同的動作向南方、西方及北方各作一次。在水杯中沾溼手指，以手指觸碰額頭，再用手指將水往腳邊輕灑，最後在右邊及左邊的肩膀觸碰一下。

祈禱文：我被淨化了；這個聖殿也被淨化了，所有的一切都被聖水淨化了。(放下聖杯)

拿起點燃的香，向東方揮動三次，然後以相同的動作向南方、西方和北方各作一次。回到東方，照著額頭、腳底、右肩與左肩的順序揮舞薰香。

祈禱文：我被聖化了；這個聖殿被聖化了；所有的一切都因為聖火而被聖化了。(放下薰香)

祈禱文：(面向聖殿的中心)傾聽我，四方世界，我呼喚您！請賜予我走向隱藏道路、尋找神秘知識的勇氣。請賜予我您的雙眼來看清所有，賜予我您的智慧來洞悉一切，並讓我像您一樣。請賜予我力量，令我得以祈請水元素的能量。

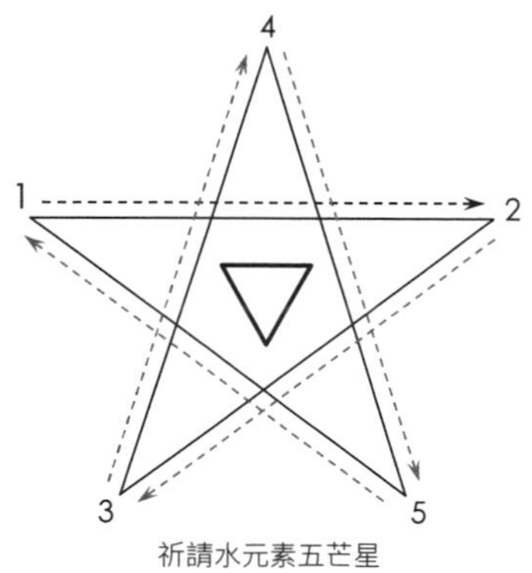

祈請水元素五芒星

走到西方並面向西方，在空中畫出祈請水元素的藍色五芒星。

祈禱文：我以埃爾(El)，以及大天使加百列(Gabriel)的神聖之名，祈請水元素的力量。是的，我尋求您，因為原始的水是我的來處，也將是我的歸處，就像雨水滴入大海一般。願水元素能賜福於我，願萬能的暴雨使我更堅強。願流動的水清洗我，靜止的水帶給我和平。噢，偉大的西方之靈，您是最深奧的母體，是所有生命的子宮，請賜予我力量消弭所有的邊界，釋放被禁錮的，並使之淨化與療癒。我祈求能與您合而為一，讓您的力量流經我並透過我而彰顯。誠如所願。

觀想元素以藍色光芒流經你，淨化你並讓你有和平的感受。

祈請步驟一

站在祭壇的東方，面向西方。觀想自身氣場變成藍色。

祈禱文：我以埃爾(El)，以及大天使加百列(Gabriel)的神聖之名，噢，偉大又神祕的水元素，給我您的手與神奇的力量，我被製作成您，也是您造就了我的靈魂。請向我的靈性注入不可抗拒的力量與意志，以驅動水元素的力量在聖殿中顯化。並透過我的語言與祈禱文，讓我得以完整地將這個動力帶出，彰顯其力量。

在祭壇上方畫出祈請水元素的五芒星，觀想它以藍色之光閃耀著。

祈禱文：水又被稱為生命之水或生存之水，因為對於靈魂裡的靈性沙漠而言，生存之水帶來了生命：那正是造物者的話語所顯化的結果。雖然我們會在教堂或聖殿尋求神聖之光，神聖之光實際存於內在，存在於對靈性渴望的內在泉源裡，也就是人類靈魂裡所存在的靈性之光。靈性之水是無限完美的海洋，它的無邊無際令所有存在都渴求消失其中，但卻從中獲得新生。我藉由水元素的力量，賜福這個祭壇。

觀想五芒星的藍色之光，流向祭壇上的三角形以及水杯。

在啟動星座的蠟燭上畫一個圓。再畫巨蟹座的符號，想像符號沉入蠟燭裡。再從啟動星座的蠟燭畫一條線連到水元素的水壺，想像火焰的能量流進水壺裡並充滿它。

祈禱文：進入水壺裡的是啟動型的水元素能量，也就是巨蟹座，生命滋養的力量。此能量將成長與安全感特質融入水裡，並啟發對於情緒的深層覺察。保護、感性以及歸屬感都盈滿於此載體。

在固定星座的杯子上畫一個圓。再畫天蠍座的符號，想像符號沉入杯子裡。再從固定星座的杯子畫一條線連到水元素的水壺，想像杯子裡的能量流進水壺裡並充滿它。

祈禱文：進入水壺裡的是固定型的水元素能量，也就是天蠍座，蛻變的力量。此能量將轉化、毅力、自我控制的特質融入水裡。張力、力量、隱密以及深度的熱情都將盈滿於此載體。

在雙元星座的薰香上畫一個圓。再畫雙魚座的符號，想像符號沉入薰香裡。再從雙元星座的薰香畫一條線連到水元素的水壺，想像薰香的能量流進水壺裡並充滿它。

祈禱文：進入水壺裡的是雙元型的水元素能量，也就是雙魚座，為洞見的力量。此能量將神祕主義與想像力，並將靈魂推進靈性領域的動力融入水裡。創造力、界限消融與合一的感受都盈滿於此載體。

觀想三角形上祭品的所有能量都流入水壺，並將水壺高舉。

祈禱文：我以埃爾（El），以及大天使加百列（Gabriel）的神聖之名，看啊，所有水元素的力量都在這聖殿顯現，我已用水元素領域的所有力量將這壺水聖化。這壺水將為我，和您領域裡所有純淨與神聖的愛，建立堅固與具體、真實與完美的連結。請賜予這壺受祝福的水力量，並為了我靈魂的演化，使之成為淨化的完美工具。藉由此工具，神聖的愛得以降臨我心，並在這聖殿，以及這個物質世界裡充份展現。誠如所願。

祈請步驟二

坐下來，並針對塔羅牌裡的吊人牌進行冥想：

祈禱文：萬能之水的靈魂，也是神聖之死的靈魂：是被釘在十字架的耶穌，刀劍所臨的歐西里斯（Osiris），阿多尼斯（Adonis），塔穆茲（Tammuz），太陽神拉（Ra），阿提斯（Attis），以及生命之樹的將死之神（Dying God），這些都是犧牲、死亡以及重生的化身，他們的死亡是為了要復活成更偉大的生命，是從物質世界脫離而重生的必經過程；聖神的火花在物質世界的水裡犧牲，也是一段顯化的過程。水元素的上下之間，存在轉變的力量。那是無法跨越的時間，是從未經歷過的永恆存在。紅塵俗世都必須捨去，在懸而未決的狀態下，我必須證明自己在這道途上仍值得繼續前進。如同聖杯騎士，有必須通過的考驗，也有必須要做的抉擇與犧牲。

閉上雙眼，想像自己就在吊人的牌卡裡面。注意隨之而來的念頭與感受。在結束冥想之前，想像自己向水元素的能量傳送光芒。

另一種冥想的方法

想像身體飄浮在藍色流動的水上。想像水輕撫著你的肌膚，擺動著你的頭髮，你的身體也跟著溫柔的水流前後的搖晃。現在想像水流經你，清洗身體、靈魂、心智與靈性。整個身體也變成了液體，並與周圍的水融合在一起。想像自己就是流動的水，並看著自己隨著水流而擺動，在碰到堅硬的物體表面時改變形狀，然後流經它們並包圍它們。你是柔軟的，並跟著水流飄浮著，因為你已與水合而為一。你已變成了水元素。在結束這段冥想之前，想像自己向水元素的能量傳送光芒。

祈請步驟三

用手指沾幾滴聖化過的水，滴入盛著酒或果汁的杯子。

祈禱文：我以埃爾（El），以及加百列（Gabriel），水元素的大天使的神聖之名，進入了水元素的能量中合而為一。

將酒或果汁喝掉，想像水元素的能量流經你的身體。

祈禱文：聖化的水元素將成為自我淨化與清理的媒介：包括身體、靈魂與靈性，讓我有資格成為神聖之光的載體。水元素將為我連結靈性世界，神聖之愛將藉由此連結，從本源向下傳導，並透過我存在的本質層層顯化。讓聖化的水元素在我的內在創造乾淨的心以及對神聖之愛的覺察；讓聖化的水元素成為受洗的象徵，給我力量協助靈性的重生。透過這樣的轉化，我將追隨光的道途，協助同類人性提昇。

祈請儀式結束

走向東方並面向房間的中心。

祈禱文：現在釋放所有被此儀式吸引而來的靈體。請帶著埃爾（El）及加百列（Gabriel）的祝福，回到您的歸處並進入和平中。

如同開始的儀式一樣，用水及薰香淨化與聖化聖殿及身體。以驅散的五芒星在四個角落做完驅散的動作後，再回到東方。

祈禱文：現在宣告儀式完整地結束。誠如所願。

熄滅蠟燭。

風元素薰香的聖化儀式

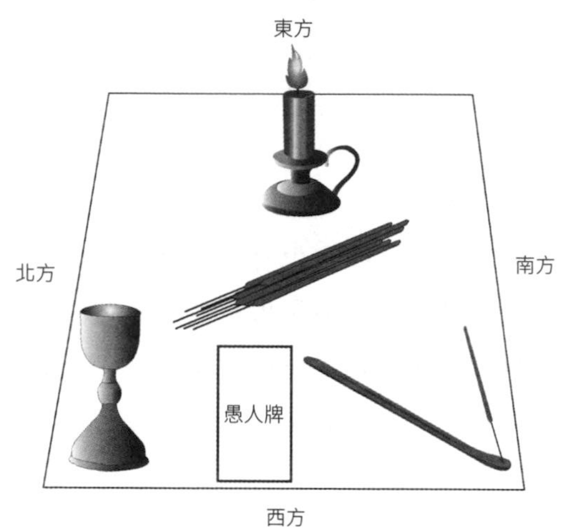

圖20：以薰香作為祭品的祭壇擺設

· 聖殿的擺設：元素的聖殿（請見前面的儀式介紹）。

· 祭壇的桌布：黃色。

· 元素的象徵物：乳香的薰香或柱狀的香，放在祭壇的中間。

· 四正星座的象徵物：蠟燭、水以及水元素薰香，以三角形的方式擺放，頂點朝向東方。

· 塔羅牌：愚人牌。

· 薰香、水：放置在東方，薰香須點燃。

· 音樂：適合的背景音樂。

祈請儀式的準備

儀式開始之前，先在祭壇旁邊靜坐片刻。摒除累積了一天的雜念與憂慮。將焦點放在頭頂，想像一道白色光芒從頭頂上方流入你的身體，並經由身體慢慢流至腳底。想像身體充滿了白光，並透過身體每個毛孔的吐納進入並將你包圍。想像白色光芒從身體開始擴展直到充滿了整個空間。觀想白光設了一道屏障，將此空間與外在世界區隔開來，彷彿在此時空以外，沒有其它的存在。

祈請儀式開始

走到聖殿的東方，面向東方。

祈禱文：我來到了聖殿進行祈禱的儀式，桌上的薰香將成為風元素的神聖載體。我誠心聖化風元素，使之成為靈性世界與人類靈魂中間心智的連結，也祈求我全然理解風元素的力量並與之交流。誠如所願。

向東方畫出驅散的五芒星。

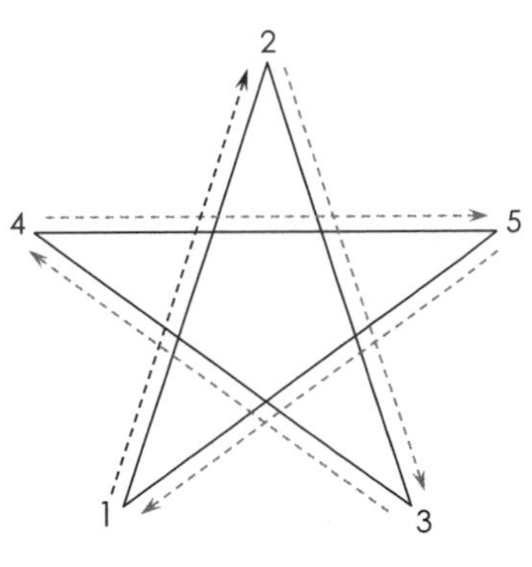

驅散能量元素五芒星

祈禱文：透過驅散五芒星的力量，我驅散了聖殿裡所有不應存在的影響。我對你說，散去吧，進入和平中。

分別向南方、西方以及北方畫出驅散的五芒星，然後再轉回東方。

將水杯拿起，沾一點水向東方灑水三次，然後以相同的動作向南方、西方及北方各作一次。在水杯中沾溼手指，以手指觸碰額頭，再用手指將水往腳邊輕灑，最後在右邊及左邊的肩膀觸碰一下。

祈禱文：我被淨化了；這個聖殿也被淨化了，所有的一切都被聖水淨化了。（放下聖杯）

拿起點燃的香，向東方揮動三次，然後以相同的動作向南方、西方和北方各作一次。回到東方，照著額頭、腳底、右肩與左肩的順序揮舞薰香。

祈禱文：我被聖化了；這個聖殿被聖化了；所有的一切都因為聖火而被聖化了。（放下薰香）

祈禱文：（面向聖殿的中心）傾聽我，四方世界，我呼喚您！請賜予我走向隱藏道路，尋找神秘知識的勇氣。請賜予我您的雙眼來看清所有，賜予我您的智慧來洞悉一切，並讓我像您一樣。請賜予我力量，令我得以祈請風元素的能量。

走到東方並面向東方，在空中畫出祈請風元素的黃色五芒星。

祈禱文：我以耶和華（YHVH, Yod Heh Vav Heh）以及大天使拉菲爾（Raphael）的神聖之名，祈請風元素的力量。是的，我尋求您，因為原始的風是我的來處，也將是我的歸處，就像神聖蒼穹裡的氣息一般。願風元素能賜福於我，讓內在的風啟發我。願疾風活化我的心智，微風引領我內省。噢，偉大的東方之靈，您是靈魂裡靈性的氣息，請賜予我好奇心詢問有意義的問題，賜予我力量感知與了解隱藏的事情，賜予我靈感與洞見有智慧地運用知識。我祈求與您合而為一，讓您的力量流經我並透過我而彰顯。誠如所願。

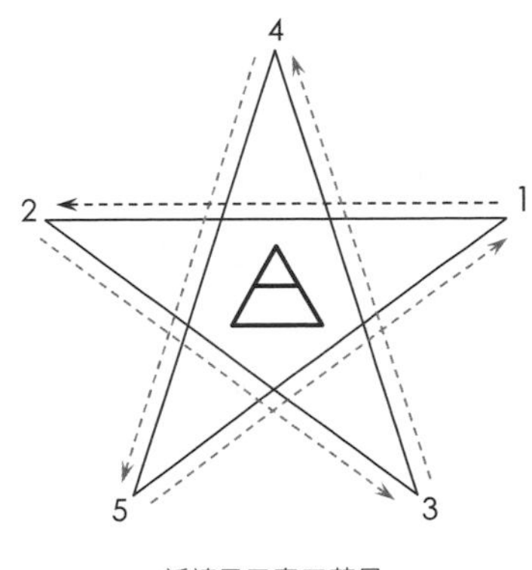

祈請風元素五芒星

觀想元素以黃色光芒流經於你，更新並活化你的心智。

祈請步驟一

站在祭壇的西方，面向東方。觀想自身氣場變成黃色。

祈禱文：我以耶和華（YHVH, Yod Heh Vav Heh）及大天使拉菲爾（Raphael）的神聖之名，噢，偉大又神祕的風元素，給我您的手與神奇的力量，因為我就是由您而生，我被製作成您，您也造就了我的靈魂。請用不可抗拒的力量與意志激發我的靈性，以驅動風元素的力量在聖殿中顯化。並透過我的語言與祈禱文，讓我得以完整地將這個動力帶出，彰顯其力量。

在祭壇上方畫出祈請風元素的五芒星，觀想它以黃色光芒閃耀著。

祈禱文：風又稱為生命的氣息，神聖的氣息正是所有生命的本源。如同沒有風或空氣，物質的生命就無法存在一般，人類的本質，也就是意識，若沒有神聖的啟發也無法存在。唯有透過靈魂的道途，靈性才得以與身體結合，也唯有靈性的氣息進入了靈魂，意識才得以存在。靈性與靈魂創造了心智，當我能看穿心智，我就能看到自己無所不變，無處不在。我藉由風元素的力量，賜福這個祭壇。

觀想五芒星的黃色光芒流向祭壇上的三角形以及薰香。

在啟動星座的蠟燭上畫一個圓。再畫天秤座的符號，想像符號沉入蠟燭裡。再從啟動星座的蠟燭畫一條線連到風元素的薰香，想像火焰的能量流進薰香裡並充滿它。

祈禱文：進入薰香裡的是啟動型的風元素能量，也就是天秤座，平衡的力量。此能量將靈感與遠見的特質融入薰香裡。和諧、美感、平衡與優雅都盈滿於此載體。

在代表固型星座的杯子上畫一個圓。然後再畫水瓶座的符號，想像符號沉入杯子裡。再從杯子畫一條線連到風元素的薰香，想像杯子裡的能量流進薰香裡並充滿它。

祈禱文：進入薰香裡的是固定型的風元素能量，也就是水瓶座，深度思辨的力量。此能量將獨立與自由思考的特質融入薰香裡。聰明、理性、完整的判斷力都盈滿於此載體。

在代表雙元星座的薰香上畫一個圓。畫上雙子座的符號，想像符號沉入杯子裡。再從雙元星座的薰香畫一條線連到風元素的薰香，想像雙元星座的薰香裡的能量流進風元素的薰香裡並充滿它。

祈禱文：進入薰香裡的是雙元型的風元素能量，也就是雙子座，詢問者的力量。此能量將調查與好奇心的特質融入薰香裡。敏捷、應變力、溝通力與表達力都將盈滿於此載體。

觀想三角形上祭品的所有能量都流入風元素的薰香，並將薰香高舉。

祈禱文：我以耶和華（YHVH, Yod Heh Vav Heh），以及大天使拉菲爾（Raphael）的神聖之名，看啊，所有風元素的力量都在這聖殿裡顯現，我已用風元素領域的所有力量將這薰香聖化。這薰香將為我，與您領域裡所有神聖思想與智慧的力量之間，提供了堅固與具體、真實與完美的連結。請賜予受到祝福的薰香力量，並為了我靈魂的演化，使之成為心智的完美工具。藉由此工具，神聖的啟發得以降臨我心，並在此聖殿，以及這個物質世界裡充份展現。誠如所願。

祈請步驟二

坐下來，並針對塔羅牌裡的愚人牌進行冥想：

祈禱文：來自無限之光的乙太靈性體，您是生命的氣息，帶來了人世間的第一個念想。您是哈爾波克拉特斯（Harpocrates），是寂靜之神尼羅河（Nile）的蓮花上，從藍色的蛋所誕生出來的孩子，代表只有在寂靜當中才能找到的真實。神聖的天真也是您的名字，您是追求內在經驗的靈性，如同孩童般不問理由和原因。你站在懸崖邊準備踏入未知，是開始，也是結束。兩者皆非，但也非其它；你位在開始與結束的中間，站在過去與未知的通道。你超越了思想，也超越了理性，你既是思想理性，卻又不全然是思想與理性。未知的開始正站在偉大的祕密邊緣，準備踏上創造與顯化的世界。

閉上雙眼，想像自己就在牌卡的圖像裡。注意隨之而來的念頭與感受。在結束冥想之前，想像自己向風元素的能量傳送光芒。

另一種冥想的方法

用肚子深深的吸氣與呼氣。吸氣時感覺空氣充滿了肺部，呼氣時感覺空氣從肺中完全的吐出來。就這樣做四個呼吸。當你再次呼氣與吸氣時，觀想身體的毛細孔都打開，感受空氣從毛細孔進入了身體。當你持續這樣做時，毛細孔變得越來越大，直到身體變成了一個充滿空氣的空間。在意識上你是清醒的，但身體卻慢慢的消失，變成了風的元素。感受變成風元素的你，已經沒有了身體的重量。你已超越空間所帶來的限制。你充滿了整個空間，因為你就是風元素。在結束冥想之前，向風元素的能量傳送自己的光。

祈請步驟三

用祭壇上的蠟燭將聖化的薰香點燃。

祈禱文：我以耶和華（YHVH, Yod Heh Vav Heh），以及風元素大天使拉菲爾（Raphael）的神聖之名，進入風元素的能量中合而為一。

吸一口聖化薰香的味道，感覺這香味滲透了身體。想像風的力量經由身體飄散。

祈禱文：聖化的風元素將成為自我更新與重生的媒介：包括身體、靈魂與靈性，讓我有資格成為聖神之光的載體。風元素將為我連結靈性世界，神聖啟發將藉由這個連結，從本源向下傳導，並透過我存在的本質層層顯化。讓聖化的風元素成為我內在的自省之心與對神聖理性的覺察；讓聖化的風元素成為心智的象徵，給予力量協助我靈性的重生。透過這樣的轉化，我將追隨光的道途，協助同類人性的提昇。

祈請儀式結束

走向東方，面向房間的中心。

祈禱文：現在釋放所有被此儀式吸引而來的靈體。請帶著耶和華（YHVH, Yod Heh Vav Heh）及拉菲爾（Raphael）的祝福，回到您的歸處並進入和平中。

如同開始的儀式一樣，用水和薰香淨化並聖化聖殿及身體。以驅散的五芒星在四個角落做完驅散的動作後，再回到東方。

祈禱文：現在宣告儀式完整地結束。誠如所願。

熄滅蠟燭。

火元素蠟燭的聖化儀式

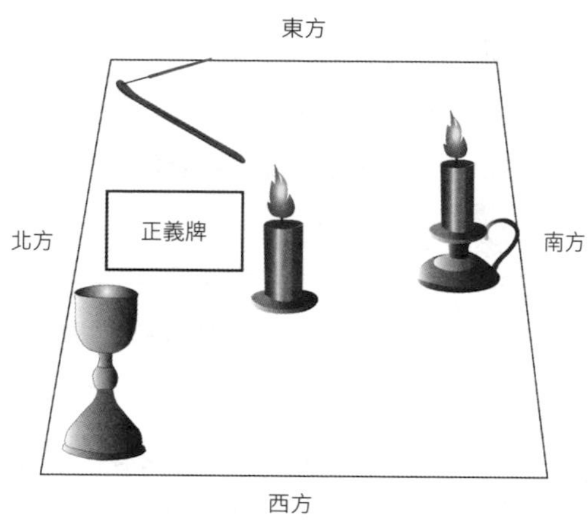

圖21：以火元素蠟燭作為祭品的祭壇擺設

‧聖殿的擺設：元素的聖殿（請見前面的儀式介紹）。

‧祭壇的桌布：紅色。

‧元素的象徵物：紅色的火元素蠟燭，放在祭壇的中間。

‧四正星座的象徵物：蠟燭、水以及火元素薰香，以三角形的方式擺放，頂點朝向南方。

‧塔羅牌：正義牌。

‧薰香、水：放置在東方，薰香須點燃。

‧音樂：適合的背景音樂。

祈請儀式的準備

儀式開始之前，先在祭壇旁邊靜坐片刻。摒除累積一天的雜念與憂慮。將意念放在頭頂，想像一道白色光芒從頭頂上方流入你的身體，並經由身體慢慢流至腳底。想像身體充滿了白光，並透過身體每個毛孔的吐納進入並將你包圍。想像白色光芒從身體開始擴展直到充滿了整個空間。觀想白光設了一道屏障，將此空間與外在世界區隔開來，彷彿在此時空以外，沒有其它的存在。

祈請儀式開始

走到聖殿的東方，面向東方。

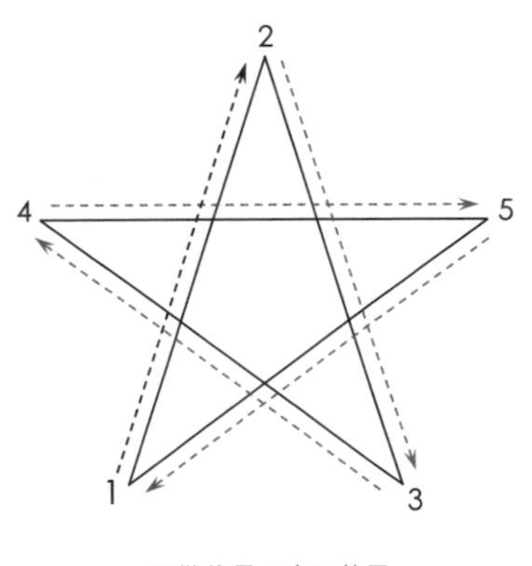

驅散能量元素五芒星

祈禱文：我來到了聖殿進行祈禱的儀式，桌上的蠟燭將成為火元素的神聖載體。我誠心聖化火元素，使之成為靈性世界與人類靈魂催化的連結，也祈求我能全然理解火元素的力量並與之交流。誠如所願。向東方畫出驅散的五芒星。

祈禱文：透過驅散五芒星的力量，我驅散了聖殿裡所有不應存在的影響。我對你說，散去吧，進入和平中。

分別向南方、西方以及北方畫出驅散的五芒星，然後再轉回東方。

將水杯拿起，沾一點水向東方灑水三次，然後以相同的動作向南方、西方及北方各作一次。在水杯中沾溼手指，以手指觸碰額頭，再用手指將水往腳邊輕灑，最後在右邊及左邊的肩膀觸碰一下。

祈禱文：我被淨化了；這個聖殿也被淨化了，所有的一切都被聖水淨化了。（放下聖杯）

拿起點燃的香，向東方揮動三次，然後以相同的動作向南方、西方和北方各作一次。回到東方，照著額頭、腳底、右肩與左肩的順序揮舞薰香。

祈禱文：我被聖化了；這個聖殿被聖化了；所有的一切都因為聖火而被聖化了。（放下薰香）

祈禱文：（面向聖殿的中心）傾聽我，四方世界，我呼喚您！請賜予我走向隱藏道路，尋找神秘知識的勇氣。請賜予我您的雙眼來看清所有，賜予我您的智慧來洞悉一切，並讓我像您一樣。請賜予我力量，令我得以祈請火元素的能量。

走向南方，面向南方。在空中畫出祈請火元素的紅色五芒星。

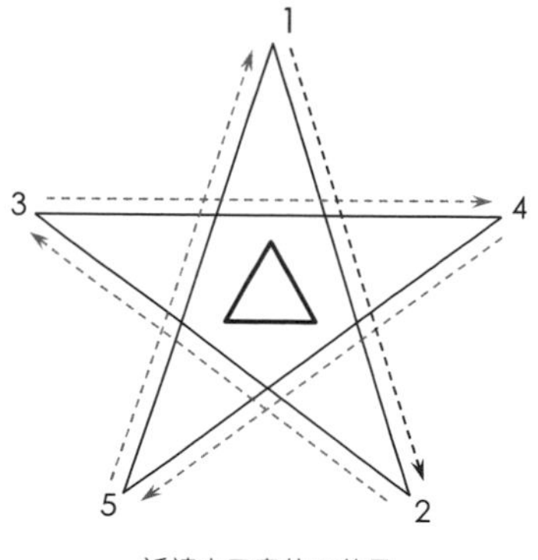

祈請火元素的五芒星

祈禱文：我以以羅欣（Elohim, El-oh-heem）以及大天使米迦勒（Michael）的神聖之名，祈請火元素的力量。是的，我尋求您，因為原始的火是我的來處，也是我的歸處，就像天堂聖火的火焰一般。願火元素賜福於我，讓內在的火給我熱情。願怒火摧毀無用之物，爐火的溫暖支持著我。噢，偉大的南方之靈，您是靈魂裡的靈性之光，請賜予我力量清理淨化所有黑暗之處，燃燒所有障礙讓我的努力得到勝利，讓我的潛力得以實現。我祈求與您合而為一，讓您的力量流經我並透過我而彰顯。誠如所願。

觀想火元素變成一道紅色光芒流經於你，將所有的不淨燒毀，並給予你力量。

祈請步驟一

站在祭壇的南方，面向南方。觀想自身氣場變成紅色。

祈禱文：我以火元素以羅欣（Elohim, El-oh-heem）和大天使米迦勒（Michael）的神聖之名，噢，偉大又神祕的火元素，給我您的手與神奇的力量，因為我就是由您而生，您也造就了我的靈魂。請用您不可抗拒的力量與意志來點燃我的靈性，驅動火元素的力量在這聖殿中顯化，並透過我的語言與祈禱文，讓我得以完整地將這個動力帶出，彰顯其力量。

在祭壇上方畫出祈請火元素的五芒星，觀想它以紅色光芒閃耀著。

祈禱文：火又稱為生命之火，或生命之源，因為生命就是隱藏在人性中的光芒。靈性之光存在於每件事物的中心，這光芒總在黑暗中閃耀，即使黑暗並不了解。火是活躍的、擴張的，代表著所有火性的特質，是火的熱情激勵了人生，是火的熱度激發了改變的欲望。火帶給了世界許多益處，它的能量帶來了花朵、藥草與樹木：火帶來了生命的誕生，復活與更新。轉化的動力也必須依賴火，因為火是靈魂的根本。我藉由火元素的力量，賜福予這個祭壇。

觀想五芒星的紅色光芒流向祭壇上的三角形以及蠟燭。

在啟動星座的蠟燭上畫一個圓。再畫牡羊座的符號，想像符號沉入蠟燭裡。再從啟動星座的蠟燭畫一條線連到火元素的蠟燭，想像火焰的能量流進蠟燭裡並充滿它。

祈禱文：進入蠟燭裡的是啟動型的火元素能量，也就是牡羊座，發動者的力量。這能量能將新生命所需要的火的衝動與推力融入蠟燭裡。新的開始、能量的釋放、個人主義、意志與主張將盈滿於此載體。

在杯子上畫一個圓。再畫獅子座的符號，想像符號沉入杯子裡。再從杯子畫一條線連到火元素的蠟燭，想像杯子裡的能量流進蠟燭裡並充滿它。

祈禱文：進入蠟燭裡的是固定型的火元素能量，也就是獅子座，內在榮耀的力量。這能量能將自我覺醒、自信以及愛的載體的特質融入蠟燭裡。慷慨、魅力與光輝將盈滿於此載體。

在薰香上畫一個圓。畫上射手座的符號，想像符號沉入薰香裡。再從薰香畫一條線連到火元素的蠟燭，想像的薰香裡的能量流進火元素的蠟燭裡並充滿它。

祈禱文：進入蠟燭裡的是雙元型的火元素能量，也就是射手座，探險家的力量。這能量能將對於未知的探索、回答終極的問題，以及不畏恐懼的特質融入蠟燭裡。渴望、探索欲、行動力與靈性的想法都將盈滿於此載體。

觀想三角形上祭品的所有能量都流入火元素的蠟燭，並將蠟燭高舉。

祈禱文：我以以羅欣（Elohim, El-oh-heem），以及大天使米迦勒（Michael）的神聖之名，看啊，所有火元素的力量現在都在這聖殿裡顯現，我已用火元素領域的所有力量將這蠟燭聖化。這蠟燭將為我，與您領域裡所有神聖意志與熱情之間，提供了堅固與具體、真實與完美的連結。請賜予受到祝福的蠟燭力量，並為了我靈魂的回復，使之成為神奇轉化的完美工具。藉由此工具，神聖意志得以降臨我心，並在此聖殿，以及這個物質世界裡充份展現。誠如所願。點燃火元素的蠟燭。

祈請步驟二

坐下來，並針對塔羅牌裡的正義牌進行冥想：

祈禱文：原始之火的靈魂，是喚醒我們面對內在神聖存在的神聖發動者：透過您帶來的是重生與更新。您的力量在靈性的影響下重新喚醒大地，也是死裡復活的祕密。火之洗禮是您的名字，噢，聖化之火，您永恆的神聖火焰能精煉所有的不純淨，只留下正確與良善，讓我進入您的道途。請試煉我，在靈性的重生中得到勝利。請將我從漫長的沉睡中喚醒，在您的光中獲得更新。我正找尋出路，也渴望知道路在何方。火的道途呼喚我說道：「將火升起，讓火燃盡，所有的殘渣將被燃燒殆盡。」我將跟隨火之道途，迎接即將降臨的靈性進入我心，讓聖火將我燃燒。

閉上雙眼，想像自己就在牌卡的圖像裡。注意隨之而來的念頭與感受。在結束冥想之前，想像自己向火元素的能量傳送自己的光芒。

另一種冥想的方法

觀想這火焰在你面前，看著火的光芒與明亮隨著火焰的升起越升越高。注視並感覺火焰的熱度。現在將火焰移到你的上方，觀想自己被火給圍繞，但並未被火給灼傷。當你坐在火的中心時，你也被明亮的白光給包圍，紅色的火焰則在身旁舞動著。你的皮膚正冒著煙，所有靈性的不純淨隨著煙的升起消失殆盡。當煙漸漸消散時，觀想身體變成了明亮的紅色，並像燒紅的煤炭般閃耀著紅光。然後觀想身體從紅光漸漸變成明亮的白光。你將光照射在你的周圍，每道光都是從身體裡射出來的，因為你也變成了最純淨的發光體。在結束冥想之前，向火元素的能量傳送自己的光。

祈請步驟三

把手掌微拱成杯狀，圍繞著蠟燭的火焰。

祈禱文：我以以羅欣（Elohim, El-oh-heem），以及火元素大天使米迦勒（Michael）的神聖之名，進入火元素的能量中合而為一。

感覺火焰的溫暖，想像這熱度點燃內在的神聖之火，火的能量流向你的手並經由手穿透了身體。

祈禱文：聖化的火元素將成為自我的更新與重生的媒介：包括身體、靈魂與靈性，讓我有資格成為神聖之光的載體。火元素將為我連結靈性世界，神聖力量將藉由這個連結，從本源向下傳導，並透過我存在的本質層層顯化。讓聖化的火元素成為我內在的勝利之心與對神聖意志的覺察；讓聖化的火元素成為聖化的象徵，給予力量協助我靈性的重生。透過這樣的轉化，我將追隨光的道途，協助我同類人性的提昇。

祈請儀式結束

走向東方，面向房間的中心。

祈禱文：現在釋放所有被此儀式吸引而來的靈體。請帶著以羅欣（Elohim）及米迦勒（Michael）的祝福，回到您的歸處並進入和平中。

如同開始的儀式一樣，用水及薰香淨化與聖化聖殿及身體。以驅散的五芒星在四個角落做完驅散的動作後，再回到東方。

祈禱文：現在宣告儀式完整地結束。誠如所願。

熄滅蠟燭。

靈性聖餐的儀式

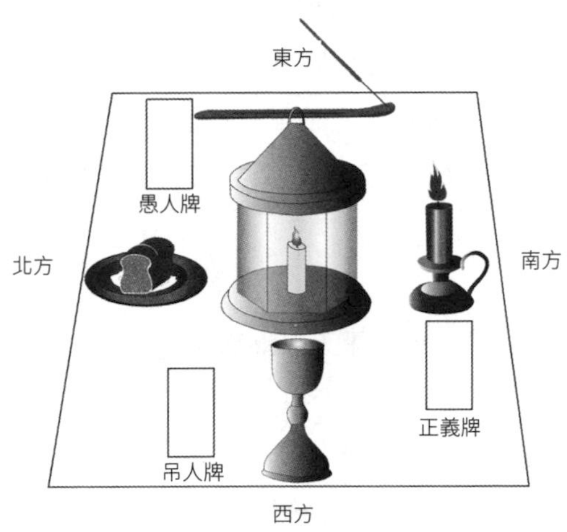

圖22：靈性聖餐的祭壇擺設

- 聖殿的擺設：元素的聖殿（請見前面的儀式介紹）。
- 祭壇的桌布：白色。
- 元素的象徵物：風元素的蠟燭，愚人牌（東方），火元素的蠟燭，正義牌（南方），一杯酒（或果汁）加上幾滴聖化的水，吊人牌（西方），麵包以及聖化的鹽（北方），內含白色蠟燭的靈性燈籠或小型的燈台（北方）。
- 薰香、水：放置在東方，薰香須點燃。
- 音樂：適合的背景音樂。

祈請儀式的準備

儀式開始之前，先在祭壇旁邊靜坐片刻。摒除累積了一天的雜念與憂慮。將意念放在頭頂，想像一道白色之光從頭頂上方流入你的身體，並經由身體慢慢流到腳底。想像身體充滿了白光，透過每個毛孔的吐納進入你並將你包圍。想像白色之光從身體開始擴展直到充滿了整個空間。觀想白光設了一道屏障，將這個空間與外面的世界區隔開來，彷彿在這個時空以外，沒有其它的存在。

祈請儀式開始

走到聖殿的東方，面向東方。然後說：

祈禱文：噢，您是真理與智慧的唯一來源，教導我們照亮自己，讓我如乘坐真理的馬車般升起，接近至高無上之光。請帶領我橫越所有海灣和深淵，跳出峽谷與深谷，並成為自由的港灣，讓我安住在光的懷抱裡。向東方畫出驅散的五芒星。

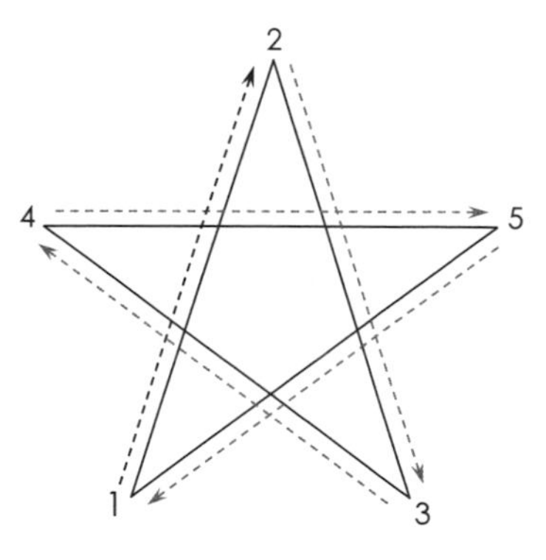

驅散能量元素五芒星

祈禱文：透過驅散五芒星的力量，我驅散了聖殿裡所有不應存在的影響。我對你說，散去吧，進入和平中。

分別向南方、西方以及北方畫出驅散的五芒星，然後再轉回東方。

將水杯拿起，沾一點水向東

方灑水三次，然後以相同的動作向南方、西方及北方各作一次。在水杯中沾溼手指，以手指觸碰額頭，再用手指將水往腳邊輕灑，最後在右邊及左邊的肩膀觸碰一下。

祈禱文：我被淨化了；這個聖殿也被淨化了，所有的一切都被聖水淨化了。（放下聖杯）

拿起點燃的香，向東方揮動三次，然後以相同的動作向南方、西方和北方各作一次。回到東方，照著額頭、腳底、右肩與左肩的順序揮舞薰香。

祈禱文：我被聖化了；這個聖殿被聖化了；所有的一切都因為聖火而被聖化了。（放下薰香）

祈禱文：（面向聖殿的中心）傾聽我，四方世界，我呼喚您！請賜予我勇氣走向隱藏道路尋找神祕的知識。請賜我您的雙眼來看清所有，賜我您的智慧來洞悉一切，並讓我像您一樣。請賜予我力量，令我得以祈請靈性的能量。

走向西方，面向東方。在空中畫出祈請靈性的五芒星，並觀想它以白色光芒閃耀著。

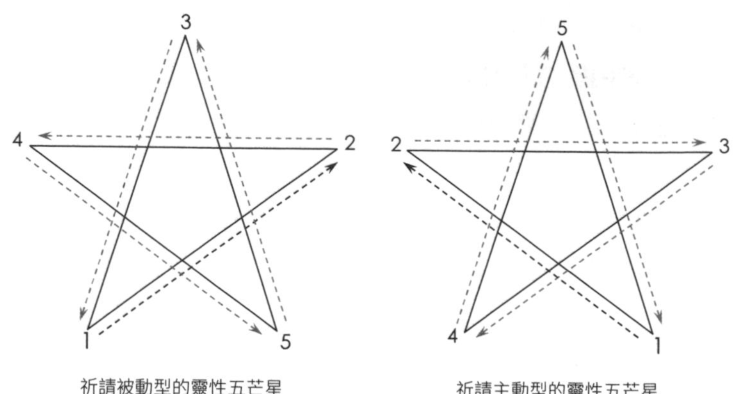

祈請被動型的靈性五芒星　　祈請主動型的靈性五芒星

祈禱文：我以依和葉（Eheieh, Eh-heh-yeh）與阿卡拉（Agla, Ah-gah-lah）的神聖之名，祈請靈性的力量。是的，我尋求您，因為您，我的來處也是我的歸處。你是我存在的火，靈魂的水，心智的風，身體的土。有了您的神聖存在，所有的未知將變成已知，恐懼將變成無畏。透過您，我收到了希望的恩賜並驅散所有陰影。噢，神聖的神祕力量，請用您隱藏的天堂之火，為我編織一個紗罩，罩著我免於外在世界的干擾，讓我在光之屋裡，除了來自上天，再也看不到也聽不到其它。請向前來，讓我成為您的代言者，我為了您已尋遍全世界。噢，偉大的靈性領域，給我您的手與神奇的力量，因為我就是由您而生，您也造就了我的靈魂。請將不可抗拒的力量與意志注入我的存在，以驅動靈性的神聖力量在這聖殿中顯化，並透過我的語言與祈禱文，讓我得以完整地將這個動力帶出，彰顯其力量。我祈求與您合而為一，讓您的力量流經我並透過我表達。誠如所願。

靜候片刻，想像靈性流進身體每個部份，並以神聖的白色光芒將整個身體照亮。

祈請步驟一

走到祭壇的西方面向東方。觀想氣場轉變為明亮的白光，並在祭壇上方畫出祈請靈性的五芒星，想像它以白色光芒閃耀著。

祈禱文：陳列在聖壇上，是聖化的所有元素，代表我的存在、整個宇宙與自然世界。麵包與鹽是我的身體，薰香是我的思想，杯子是我的情緒，火焰是我的意志。中間則是神聖靈性的燈籠：所有元素皆來自於唯一的神聖靈性，其光芒為所有的存在帶來了生命，包括眾神、天使、人類、地球上其它更低微的生物，乃至於我腳下行走的土地。這些存在無論在過去、現在甚至未來，都來自於唯一的本源（the One）。

噢，神聖之光，在一切的開始前，在所有的結束後，您就已注入我的存在，我讚美您。請為我打開尋找已久的內在道途，引領我朝向真實潛能的成就前進。請與我同生，也請帶著我最真誠的意志，共同在永恆之光的流動中成長，是永恆之光帶來了所有生命。

最後，為了揭露內在合一本源（the indwelling One），我必須將低階的自我拆毀。合一本源是在人心以及宇宙神祕靈魂裡的神祕之愛。

將麵包與鹽移到北方，並面向北方。

祈禱文：我放下易朽的肉體，以尋找神聖之光。

回到祭壇，將薰香移到東方，面向東方。

祈禱文：我放下低微的思想，以尋找神聖之光。

回到祭壇，將酒杯移到西方，面向西方。

祈禱文：我放下無謂的情感，以尋找神聖之光。

回到祭壇，將蠟燭移到南方，面向南方。

祈禱文：我放下低下的意志，以尋找神聖之光。

回到祭壇的西方，面向東方。沿著燈籠的周圍畫一個圈後，在圈內畫上祈請靈性的五芒星。

祈禱文：最完美純淨的靈性，您的光芒籠罩了所有人的臉，請淨化我的身體、心智、心靈與意志，讓我更了解您。神聖的靈性，請協助我輕盈走過人生所有道途，並點燃內在裡您不朽的光之火花。您是生命與愛的偉大泉源，願我走在您榮耀的花園裡持續繁榮與成長。當我不斷以讚美與愛祈請您時，願我的請求能像甜美的薰香上升到您面前，直到我的愛之光成為您的永恆之光。

祈請步驟二

靜坐片刻，讓身體沉浸在白色的光中。在白光中呼吸，直到整個身體向四周閃耀著光芒，最後你的身體消失了，只剩明亮的白色光芒。注意任何隨之而來的念頭與感受。當冥想結束時，請說：

祈禱文：神聖的靈性，您是被仰望的明燈、讓人覺察的鏡子、是所敲的門。您是旅人腳下的路，我正是生命路途上的旅人。願您的光能常駐我心並透過我而閃亮，讓我週遭的人感受到您的存在，了解您的愛。讓他們看著我時只看到神聖之光。誠如所願。

祈請步驟三

將燈籠移到南方，並用它在麵包和鹽上畫出祈請被動型靈性（Passive Spitit）的五芒星，以及祈請土元素的五芒星：

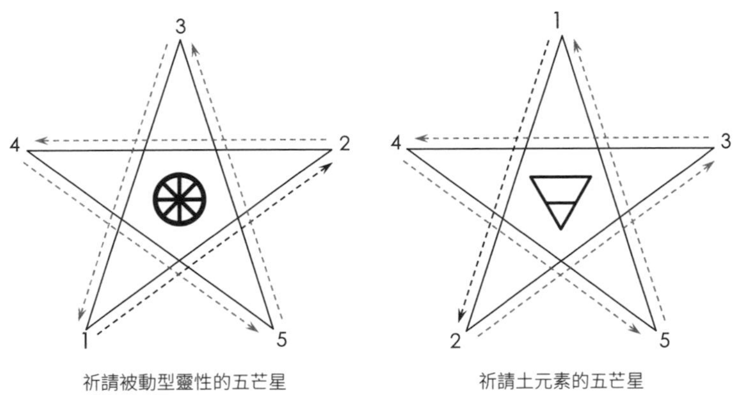

祈請被動型靈性的五芒星　　祈請土元素的五芒星

祈禱文：我以穿透土元素的靈性力量賜福給這麵包與鹽。將麵包和鹽再放回祭壇的北方。

將燈籠拿向西方，用它在酒杯上方畫出祈請被動型靈性的五芒星以及祈請水元素的五芒星：

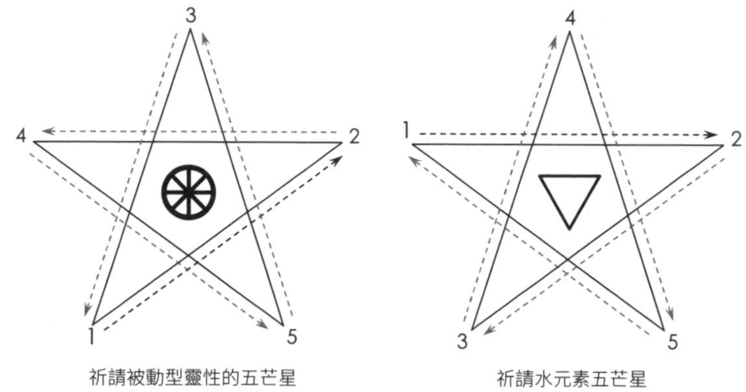

祈請被動型靈性的五芒星　　祈請水元素五芒星

祈禱文：我以穿透水元素的靈性力量賜福給這水杯。將水杯再放回祭壇的西方。

將燈籠拿向東方，用它在薰香的上方畫出祈請主動型靈性的五芒星以及祈請風元的五芒星：

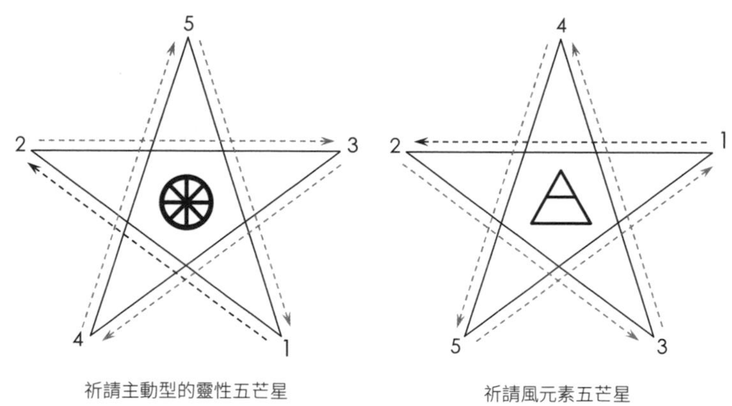

祈請主動型的靈性五芒星　　祈請風元素五芒星

祈禱文：我以穿透風元素的靈性力量賜福給這薰香。將薰香再放回祭壇的東方。

將燈籠拿向南方，用它在火元素的蠟燭上方畫出祈請主動型靈性的五芒星以及祈請火元素的五芒星：

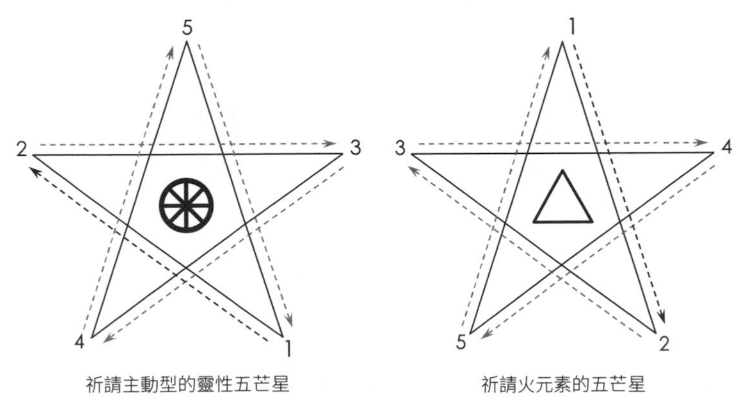

祈請主動型的靈性五芒星　　祈請火元素的五芒星

祈禱文：我以穿透火元素的靈性力量賜福給這火焰。將蠟燭再放回祭壇的南方，並將燈籠放回祭壇的中間。

祈請步驟四

站到祭壇的西方，面向東方。

祈禱文：我已將所有易朽的自我元素放下，只為尋找神聖的靈性。我以沉默來溝通，唯有透過沉默才能了解靈性。現在我必須將元素合而為一，以再次成為一個整體，並將這道光投向外在世界。

魔羯座　金牛座　處女座

在麵包及鹽的周圍畫一個圈，再將土象星座的符號畫入圈裡。

神聖的土元素，為我的世界帶來了繁榮與安全感。就像伸展的樹根向土壤深處紮根般，願我成為神聖之光的根基，讓其光芒照亮並療癒這個世界。

天秤座　水瓶座　雙子座

在薰香周圍畫一個圈，再將風象星座的符號畫入圈裡。

神聖的風元素，為我的世界帶來了想像力及創造力。就像無拘無束的風般，願我能吸取各種嶄新與啟發的機會，所帶來的新鮮氣息。

巨蟹座　天蠍座　雙魚座

在杯子的周圍畫一個圈，再將水象星座的符號畫入圈裡。

神聖的水元素，為我的世界帶來同情與愛。就像水對石頭所做的淨化侵蝕般，請將我靈魂成長中不必要的東西清理沖刷掉。

牡羊座　獅子座　射手座

在蠟燭的周圍畫一個圈，再將牡羊座、獅子座和射手座的符號畫入圈裡。

神聖的火元素，為我的世界帶來了清晰與熱情。就像陽光一樣，願我能看清前路並追隨光的道途。

在燈籠的周圍畫一個圈，將八道輪輻的靈性之輪畫入圈裡：先以順時針畫一個圓，然後再畫上十字，最後再畫一個叉。

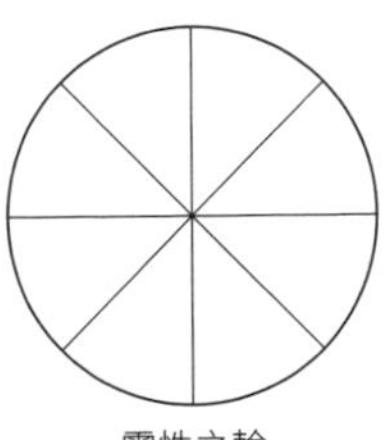
靈性之輪

神聖的靈性，您是我初始的起源，是我內在的第一個火元素、第一個水元素、第一個風元素和第一個土元素。平凡的我雖然生於平凡的子宮，今日卻能以不朽之眼看見您榮耀的奇蹟。我已與您聖化的形式合一。您的神聖之名賜予我力量。您的純善給予我影響。我感恩您，讚美您。觀想燈籠的光流向周圍的元素並給予祝福。

祈請步驟五

花一點時間觀想自己被明亮的白色光芒包圍且充滿。

祈禱文：所有在這聖殿裡的存在，我現在邀請您與我分享靈性的元素。與我吸取這薰香的芬芳，它是聖化的風元素象徵物（拿起薰香並聞聞它的味道）。與我一起感覺這火焰的溫暖，它是聖化的火元素象徵物（將雙手微拱起來靠近火焰）。

與我一起分食這麵包與鹽，它們是聖化的土元素象徵物（將麵包與鹽吃掉）。最後與我一起飲盡這杯酒，它是聖化的水元素象徵物（把酒喝掉）。

祈禱文：讚美您，微妙的靈性無邊無際，上至天頂，下至地底！讚美您，不可見的靈性，您進入了我，與我的良善緊緊依靠。讚美您，您是大自然的開始也是結束，是白天明亮的太陽，是夜晚皎潔的月亮。讚美您！我感激與讚揚您，願我現在與未來的永遠都能持續在您的光中前行。誠如所願。

祈請儀式結束

走向東方，面向房間的中心。

祈禱文：現在釋放所有被這儀式吸引而來的靈體。請帶著依和葉（Eheieh）與阿卡拉（Agla）的祝福，回到您的歸處並進入和平中。

如同開始的儀式一樣，用水及薰香淨化與聖化聖殿及身體。以驅散的五芒星在四個角落做完驅散的動作後，再回到東方。

祈禱文：現在宣告儀式完整地結束。誠如所願。

熄滅蠟燭。

PART 2

第二部 行星的儀式

介紹

在文章第一部分探討占星元素的力量，主要基於以下幾個原因。首先，它們是所有靈魂的力量展現型態。如果沒有這些元素的顯現，魔法無法在我們內在和周圍體現。其次，這些元素代表一個低階的具體世界——人類，它們被分配在五芒星裡，用來完整闡述這個微觀的世界，以及人類的具象世界。而祈禱文（Aspirant）成為這些能量體現的媒介，並將能量帶到物質世界：換句話說，魔法力量需藉由人類顯化。因此，首先要啟動、激發並淨化內在的元素，才能和宇宙間的更高階能量建立連結。因此，連結行星之前必須先瞭解這些元素。

當連結行星時，我們正與巨觀世界，或者說與更廣闊的宇宙建立聯繫。"cosmos"（希臘語kosmos）這個字根的意思是和諧有序的系統，也可當作"宇宙"（the universe）的同義詞。加上字首macro和micro，cosmos這個字延伸原意，變成巨觀宇宙（macrocosm）和微觀宇宙（microcosm）。正如序言所提，微觀宇宙是巨觀宇宙的一面鏡子，承載宇宙所有的能量並組成更廣大的巨觀世界。因為我們都來自宇宙神聖之源（Divine Origin），並由神聖世界（Divine World）的靈性物質所造就，我們能藉由微觀生活的體驗聯結巨觀宇宙，在此可透過行星和星座（zodiacal）魔法來達成此目的。

如同五芒星代表微觀世界，六芒星則代表巨觀世界，而成為行星的符號。六芒星有六個頂點，由兩個頂點分別朝上及朝下的等邊三角形交疊而成。在圖23中，你會看到太陽放置在六芒星的中間，其他行星被分配在六芒星的各個角上。有別于現代占星還加入“外行星”（天王星、海王星和冥王星），古人在儀式魔法中僅考慮七顆行星，同時注意，在上層的三顆行星是古典占星概念中較為高等的行星，下層的三顆行星則是較為低等的行星，而太陽則是在中間的位置。

圖23：巨觀宇宙六芒星圖

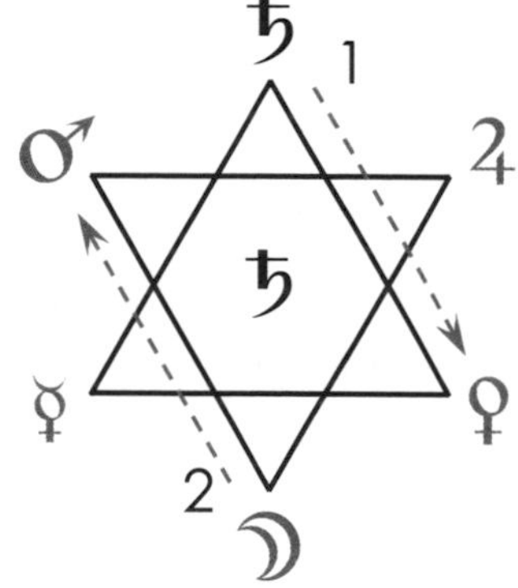

圖24：祈請土星能量的六芒星圖

當繪製六芒星圖時，按照順時針的筆順，分別畫出兩個三角形。先按照順時針的順序從祈請行星的所在角開始畫一個三角形，然後從對角開始畫另一個三角形。如圖24，若要祈請土星，從土星的所在角開始畫第一個三角形，然後再從月亮的所在角畫第二個三角形。

同樣的，繪製木星六芒星時，從木星的所在角開始畫第一個三角形，然後從水星開始畫第二個三角形；繪製火星六芒星從火星開始，之後再輪到金星；繪製金星六芒星先從金星開始，之後再輪到火星；繪製水星六芒星從水星開始，之後再輪到木星；繪製月亮六芒星先從月亮開始，之後再輪到土星。然而，因為太陽位於正中，是所有行星的統領者也是所有行星的媒介，畫太陽六芒星需使用所有六個行星的六芒星，依序為：先完成完整的土星六芒星，之後是完整的木星六芒星，接下來是火星、金星、水星和月亮。無須擔憂，這樣的儀式步驟在本書並不多見。

行星的本質

接下來將簡要敘述七大古典行星的個別意義。你可以在附錄二中獲得更多資訊。

月亮是陰性行星，通常代表女性的特點和女人。她代表直覺、情緒、潮汐、月相、感受力、波動、感覺、習慣模式和下意識行為。她波動且善變。其意涵包括個人的興趣、渴望、需求、吸引力、成長和孕育、敏感度和潛意識。

水星被視為中性。水星主管覺知和推理，溝通的能力、理解力、機敏度、理性、傳播和交換、教授與學習、數位、計數和計量、翻譯和哲思。他代表行動是快速且靈活易變的。

金星是陰性行星，被稱為次吉星。金星主掌文化、藝術和美、潔淨、關係和愛情、好的品味、友好的態度、有趣味和遊戲、典型的女性追求、珠寶、服裝、音樂和歌唱。她所代表的行動是溫和與和諧的。

太陽是陽性行星，通常代表男性的特質和男人。太陽象徵領導才能、成功、光輝和力量、權威、健康和重要原則、尊嚴以及靈魂深處的動力。

火星是陽性行星，被視為次凶星。火星代表勇氣、性欲、競爭、漫遊和探險。他主管外科手術和流血、武器、戰事和衝突、挑戰權威、火與燃燒、手工鍛造的金屬或藝品、狩獵。火星的行動特點是突然、自負果斷並常具破壞性，但有利於作出決定性的改變。

木星是陽性行星，被視為最大吉星。木星代表富有和財產、豐饒、教士、啟示、智慧和高等的教育（特別是在法律和信仰方面）、社交優勢和曝光度、品行、耐心。木星是法官、法律的制訂者、聯盟者、牧師。木星所代表的行動是井然有序且促進健康和成長的。

土星是陽性行星，被視為最大凶星。土星主要代表框架和組織、慣例和傳統、紀律、責任和承擔、悲傷和延遲。他暗指深思熟慮、孤獨於世、箴言、老者、寡言，以及單獨、困難或者低下的行動、海洋以及捕魚。他的行動緩慢且持久。

七大行星的儀式

本書讀者可能是占星師或占星學習者，也可能不是。因此，在建立祭壇時，有兩種建議。

在祈請儀式前，如果你懂得如何在天空定位所祈請行星，那麼祈請時可將東方作為上升位置。在祈請行星時，走到聖殿的東方並面向此方向，或站在祭壇的對面，並面向此方向。儀式將會引導你進行步驟的時機。例如，你正進行金星祈請儀式，若此時金星位於東北方，在進行儀式的恰當時機，你將走到室內的東北方並面向金星，或是站在祭壇的西南方面向東北方和金星（祭壇在你和金星之間）。

如果你不知如何定位行星，可在圖表標記行星座落祭壇的方位（將六芒星標示在圖表上），站在祭壇對面，並面向行星的方向。同樣，若你正進行金星儀式，但不知金星在天空的位置，便可走到祭壇的東北方，面向六芒星裡金星的代表方位──西南方（參見圖25）。

請注意，圖中的行星象徵方位，僅在你不知如何定位行星時使用。行星象徵方位也用於中天儀式中（見下文）。行星蠟燭並不放置於專屬位置，而是放在祭壇上。

行星祈請儀式的第一部分，會將聖化的四大元素放在房間主要位置。在我們生活的巨觀宇宙層面，方位和元素的屬性轉換成十二星座（zodiacal，黃道）形式。在元素祭壇中，把東方標記屬風、南方屬火、西方屬水、北方屬土，但在祈請行星及星座（Signs）時，已超越純粹的微觀宇宙層次，於是元素屬性可以與星座相對應。如此一來，祈請儀式多了一個部分，元素（如圖26所示）被移動到新的位置。因為不是每個人都熟悉它們的屬性，將其標註為選擇性使用（儘管我們建議全部使用）。

東方（上升）（Ascendant）：牡羊座，火象

南方（中天）（Midheaven）：摩羯座，土象

西方（下降）（Descendant）：天秤座，風象

北方（天底）（IC or the lower heaven）：巨蟹座，水象

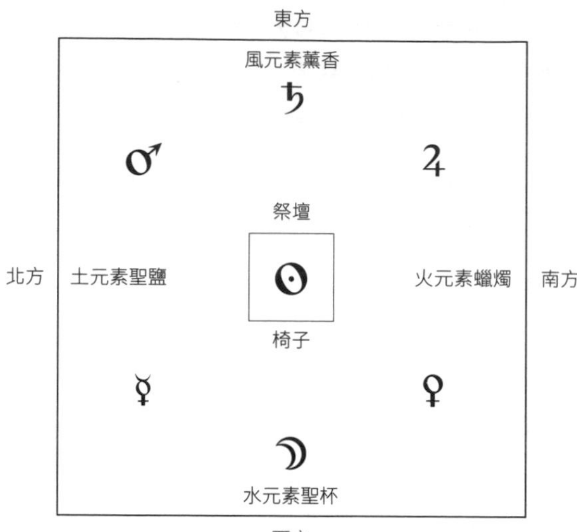

圖25：行星祈請祭壇，微觀世界／元素屬性以及行星的六芒星位置

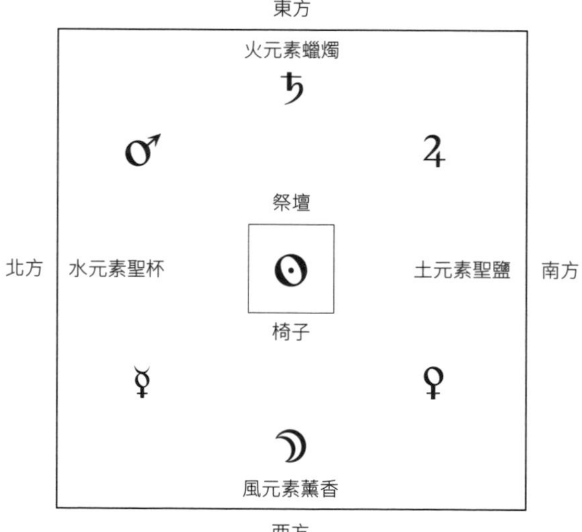

圖26：行星祭壇，新的巨觀世界／星座屬性以及行星的六芒星位置

以下是進行行星祈請儀式的特殊儀式用具，及其基本結構：

儀式用具

1. 讓元素象徵物皆位在恰當位置（參考圖25）。
2. 使用恰當顏色的祭壇桌布（共有七種顏色）：藍紫色（土星），紫色（木星），紅色（火星），橙色（太陽），綠色（金星），黃色（水星），藍色（月亮）。
3. 橙色太陽蠟燭（所有儀式適用）[註32]。
4. 使用恰當顏色的行星蠟燭（除太陽蠟燭以外的其它六種顏色），與祭壇桌布的顏色一致，按照儀式指示放置。如圖27所示。
5. 對應七顆行星的塔羅牌（全部七張）。

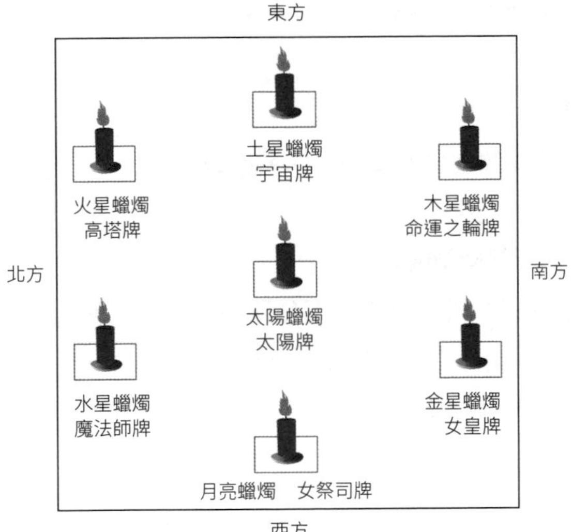

圖27：擺放蠟燭和塔羅牌的行星祈請祭壇

[32] 在儀式中，我們會以拉丁的名字Sol和Luna來稱呼太陽和月亮，這樣祂們就會像其它行星一樣有擬人化的名字。

記住，若你覺得儀式進行中拿著書有點麻煩，可以影印相關篇幅在儀式中閱讀。

祈請儀式的準備和開始

儀式的準備與開始和元素祈請儀式相同。

元素祈請儀式

通常會透過元素常在的五芒星位置來祈請元素，能讓行星能量在微觀世界裡得到充分的展現。但須注意，之後需以巨觀世界的秩序調整聖化元素在五芒星上的位置。於是，風元素（例如）將從原來的東方，移動到它在巨觀世界、星座位置上的西方。一樣的，這是選擇性的步驟，並非必須。

靈性祈請儀式

祈請元素之靈，因它是所有元素的極致。

祈請步驟一：行星祈請儀式

在祈請儀式的第一個主要部分開始之前，先確定行星在天空的位置［註33］，並面向它。使用未點燃的行星蠟燭［註34］，繪製祈請行星的六芒星符號並繞祭壇一周。（只有太陽祈請儀式不需繞祭壇的步驟。）回到六芒星，用蠟燭觸碰每一個行星符號。

然後，走到祭壇，面向行星，將蠟燭放置在祭壇上的適當位置，唸誦行星本質並召喚能量的祈請詞。繞著蠟燭畫一個圓圈，並在裡面用適當的顏色畫一個行星六芒星，看上去像與蠟燭融為一體。環繞蠟燭的圓圈讓六芒星的能量聚集在蠟燭裡。

下一步，拿著這支行星蠟燭到每個元素的位置畫出行星符號：透過與元素的連結建立行星的能量。回到祭壇的西邊，使用太陽蠟燭的火焰點燃每一個行星蠟燭。

祈請步驟二：行星冥想

祈請的第二部分，根據行星對應的塔羅牌進行沉思冥想。在瞭解牌卡代表意涵後，觀想自己置身於牌卡所描繪的情景之中，留意每一個起心動念。如果你沒有塔羅牌，我們提供占星場景作為冥想的方式，它們來自威廉・里利（William Lilly）的《基督徒占星學》。如果你喜歡，可先預錄你的塔羅冥想，然後在觀想時播放。

祈請儀式的結束

結束儀式與元素祈請的結束儀式一樣。

頂點（culmination）祈請儀式：創造魔法宇宙

祈請儀式開始

儀式的準備、開始以及元素與靈性的初始祈請儀式，和之前的行星儀式都一樣。

祈請步驟一：魔法宇宙的創造

祈請太陽成為宇宙的創造者。然後從土星到月亮，按照下行的

[33] 這適用太陽以外的其它行星。當然如果你知道天空中行星的具體位置，請面向那個方位；不然請根據行星的六芒星，面向象徵的方位。
[34] 太陽儀式以後的所有行星儀式，太陽的蠟燭將會持續燃燒直到儀式完成。

順序，在太陽的力量和威嚴下重建光明和富有生命的宇宙世界。（如圖28）

祈請步驟二：爬上光明的階梯並形成六芒星聖殿。

從月亮至土星，爬上光明的階梯，永遠從代表太陽的中心開始，直到行星的所在位置（如圖29）。行走的來回路線便形成六道星芒的六芒星行星祈請聖殿。每個行星點上，以該行星在自身所形成的負面特質作為獻祭，並立誓呈現正面特質。在心中觀想行星符號時，每個行星都向你敞開大門。在爬上最高的土星殿堂後，回到祭壇，並詠唱讚美行星能量的歌曲。

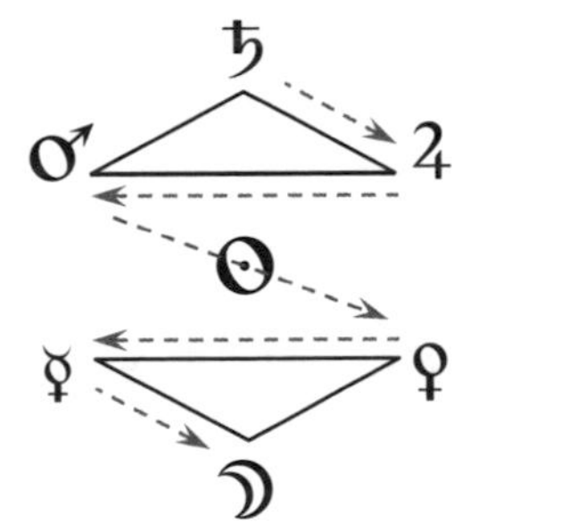

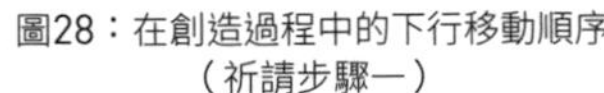

圖28：在創造過程中的下行移動順序
（祈請步驟一）

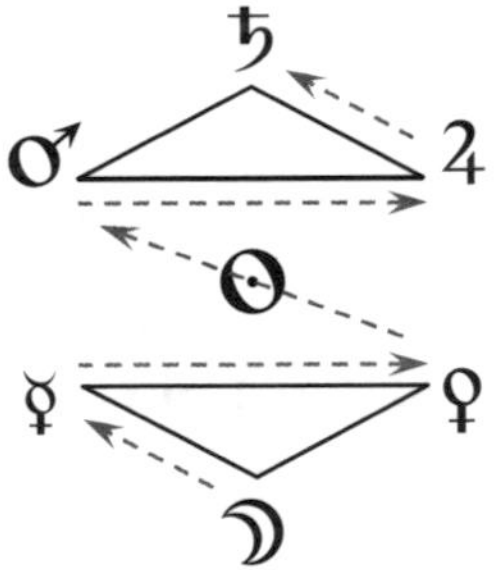

圖29：階梯的下行移動順序
（祈請步驟二）

祈請儀式結束

結束儀式與元素祈請儀式中的結束儀式一樣。

太陽蠟燭聖化儀式
太陽日的祈請儀式（星期天）

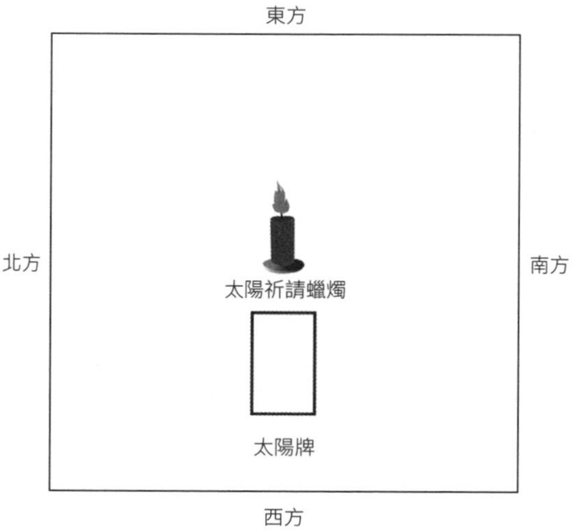

東方

北方

南方

太陽祈請蠟燭

太陽牌

西方

圖30：太陽祈請儀式的祭壇擺設

· 聖殿擺設：行星祈請聖殿第一部分（參見簡介部分），在風元素處點燃薰香，在火元素處點燃蠟燭。

· 祭壇桌布：橙色。

· 蠟燭：未點燃的橙色太陽蠟燭（放置祭壇中央），旁邊放一個打火機。

· 塔羅牌：太陽牌。

· 薰香，水：於東方薰香（乳香或其它太陽薰香）。

· 音樂：營造舒適氛圍的背景音樂。

祈請儀式的準備

儀式開始之前，先在祭壇旁邊靜坐片刻。摒除累積了一天的雜念與憂慮。將意念放在頭頂，觀想一道白光從頭頂上方流入你的身體，並經由身體慢慢流到腳底。想像身體充滿白光，透過每個毛孔的吐納，進入你並圍繞著你。想像白光從身體開始擴展直到充滿整個空間。觀想白光設了一道屏障，將這個空間與外面的世界隔絕，彷佛在這個時空以外，沒有其他的存在。

祈請儀式開始

站在祭壇的西方，面向東方，說：

祈禱文：我點燃代表五元素的蠟燭，驅散這殿堂裡所有的世俗影響。我對你說，散去吧！

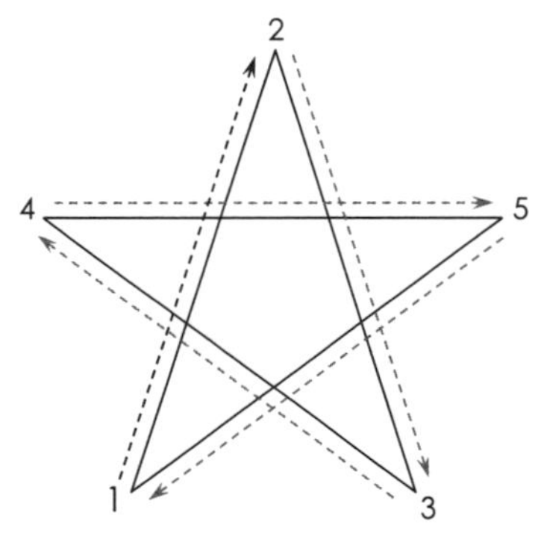

驅散能量元素五芒星

走到東方，對著東方畫出驅散能量的五芒星，然後在南方、西方和北方重複同樣動作。回到東方。

拿起聖杯，並向東方灑水三次，然後在南方、西方和北方都重複同樣動作。回到東方，在水杯中沾濕手指，並以手觸碰額頭，再用手指將水往腳邊輕灑，最後在右邊及左邊的肩膀各觸碰一下。

祈禱文：我被淨化了；聖殿也被淨化了，所有的一切都被聖水淨化了。（放下聖杯）

走到東方，對著東方畫出驅散能量的五芒星，然後在南方、西方和北方重複同樣動作。回到東方 。

拿起薰香，向東方揮動三次，然後在南方、西方和北方重複同樣動作。回到東方，照著額頭、腳底、右肩與左肩的順序揮舞薰香。

祈禱文：我被聖化了，聖殿也被聖化了，所有的一切都因聖火而被聖化了。（放下薰香）

祈禱文：（在東方，面向東方）為了太陽祈請儀式，我已淨化自己，且聖化殿堂，讓太陽的力量能在此停駐片刻。誠如所願。

來到東方，拿起被聖化的風元素薰香。朝向東方，在空中用香畫出祈請風元素的五芒星。

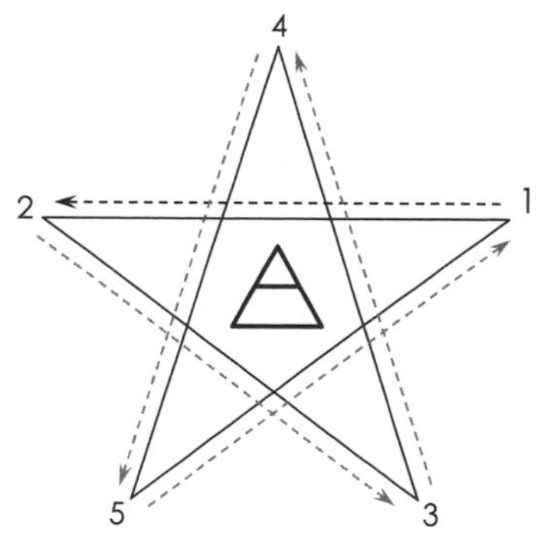

祈請風元素五芒星

祈禱文：透過五芒星的力量，我召喚風元素之靈！

放下薰香，用食指碰觸風元素五芒星的中心，在空中劃出一條線，並走向南方。抵達南方，朝向南方，拿起被聖化的火元素蠟燭，並用蠟燭畫出祈請火元素的五芒星。

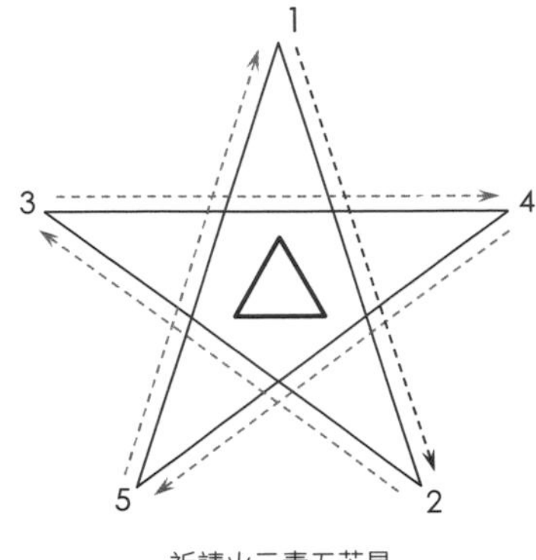

祈請火元素五芒星

祈禱文：透過五芒星的力量，我召喚火元素之靈！

放下蠟燭，觸碰火元素五芒星的中心，在空中朝西方劃一條線。

在西方，朝向西方，拿起被聖化的水元素聖杯。用聖杯畫出祈請水元素的五芒星。

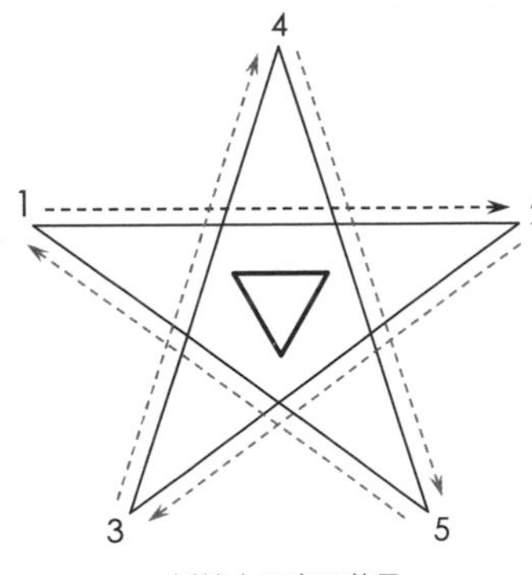

祈請水元素五芒星

祈禱文：透過五芒星的力量，我召喚水元素之靈！

放下聖杯。觸碰水元素五芒星的中心並在空中朝北方劃一條線。

站在北方，朝向北方，拿起被聖化的元素聖鹽。用聖鹽畫出土元素五芒星。

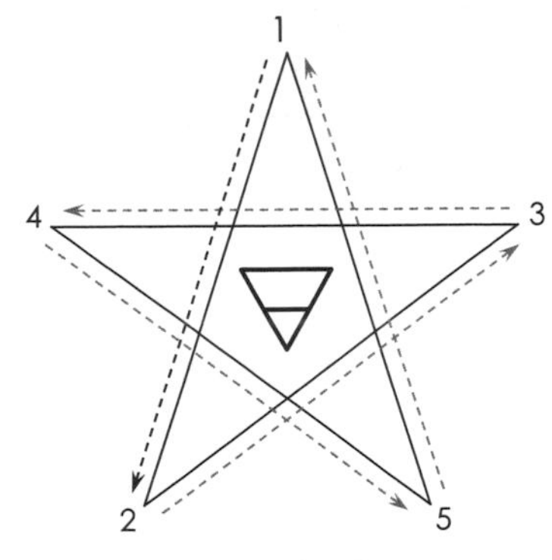

祈請土元素五芒星

祈禱文：透過五芒星的力量，我召喚土元素之靈！

放下聖鹽。觸碰土元素五芒星的中心，並在空氣中朝東方劃一條線。站在東方，轉身面向房間的中心。

祈禱文：傾聽我，四方世界，我呼喚您！請賜我走向隱藏道路，尋找神秘知識的勇氣。請賜我您的雙眼來看清所有，賜我您的智慧來洞悉一切，並讓我像您一樣。請賜予我力量，令我得以召喚太陽的能量。

靈性祈請儀式

走到聖殿的西方，面向東方。在面前的空中，畫出兩個靈性祈請五芒星：

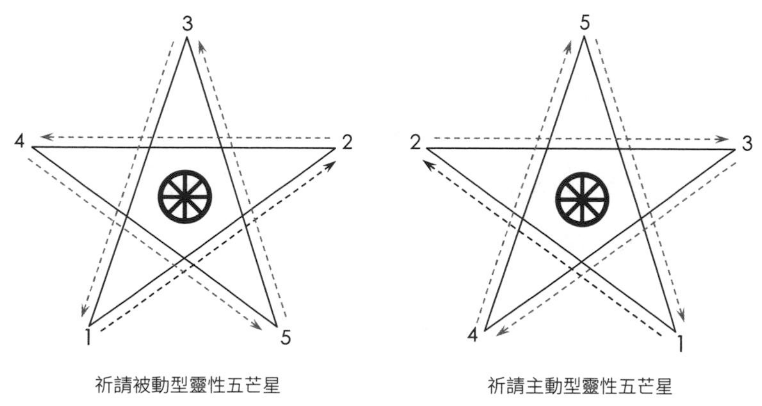

祈請被動型靈性五芒星　　祈請主動型靈性五芒星

祈禱文：噢，您是至高無上的生命之靈，萬事萬物的創造者，世間一切的根源，是所有靈魂的單一源頭。您是我唯一的起源，我隨您直至無限。噢，您是唯一的智慧與真理之源，讓我乘坐真理的馬車攀登更高的領域。帶領我橫越所有海灣和深淵，跳出峽谷與深壑，成為我自由的泉源。讓您無上的光明照亮我前方的道途。讓我如同乘坐光明之船抵達神聖天堂，使我能洞悉宇宙蒼穹。誠如所願。

稍微停頓。觀想白色的光芒籠罩著你。

或者可以想像（選擇性的）：讓聖殿慢慢升入天堂。

祈禱文：現在萬事俱備，準備升入行星力量的世界。我將離開世俗紅塵，通過將聖化的元素力量放置在他們的星座位置，以進入一個更高的領域。

以順時針的方向走到南方，拿起蠟燭，再以順時針的方向走向東方，面向東方。

祈禱文：在世俗世界，東方是風元素所在位置。然而，在更高層的世界，東方是牡羊座的所在，是啟動型的火元素（movable Sign of Fire）。（將蠟燭放置在東方）通過聖化的火元素的象徵的力量，四元素之一的火元素現在升入天堂。

拿起薰香，以順時針的方向走到西方，面向西方。

祈禱文：在世俗世界，西方是水元素所在位置。然而，在更高層的世界，西方是天秤座的所在，是啟動型的風元素（movable Sign of Air）。（將薰香放置在西方）通過聖化的風元素的象徵力量，四元素之一的風元素現在升入天堂。

拿起聖杯，以順時針的方向走到北方，面向北方。

祈禱文：在世俗世界，北方是土元素所在位置。然而，在更高層的世界，北方是巨蟹座的所在，是啟動型的水元素（movable Sign of Water）。（將聖杯放置在北方）通過聖化的水元素的象徵力量，四元素之一的水元素現在升入天堂。

拿起聖鹽，以順時針的方向走到南方，面向南方。

祈禱文：在世俗世界，南方是火元素所在位置。然而，在更高層的世界，南方是摩羯座的所在，是啟動型的土元素（movable Sign of Earth）。（將聖鹽放置在南方）通過聖化的土元素的象徵力量，四元素之一的土元素現在升入天堂。

走到祭壇的西方，面向東方。

祈請步驟一：祈請太陽能量

祈禱文：（走到祭壇西方，面向東方）我開啟聖殿來進行太陽蠟燭的聖化儀式。諸位神聖魔法界的守護者，請照看此神聖之光（Divine Light）的儀式。誠如所願。

拿起未點燃的橙色太陽蠟燭。隔著祭壇，朝向天空中太陽的方向（或者將注意力集中在祭壇的中央）。

祈禱文：以六芒星，所羅門王的神秘封印和生命的象徵所賦予的權力，我召喚太陽的力量！

用蠟燭在祭壇上畫出六個召喚太陽能量的六芒星，在最後一個的中心畫出太陽的象徵符號。

祈請太陽六芒星（從土星開始）

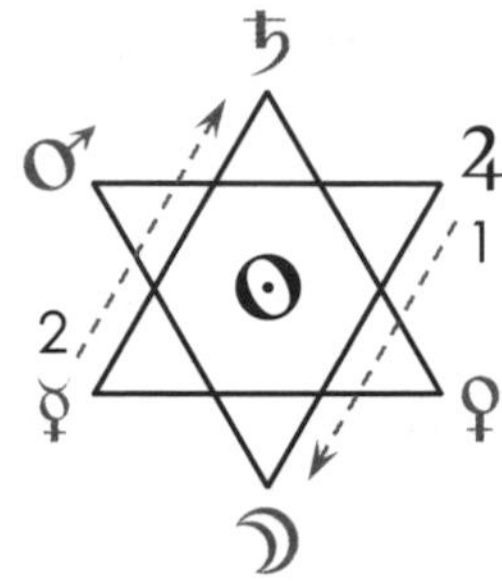

祈請太陽六芒星（從木星開始）

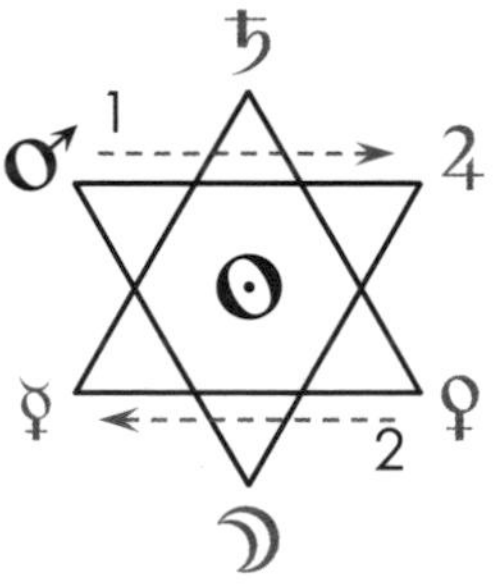

祈請太陽六芒星（從火星開始）

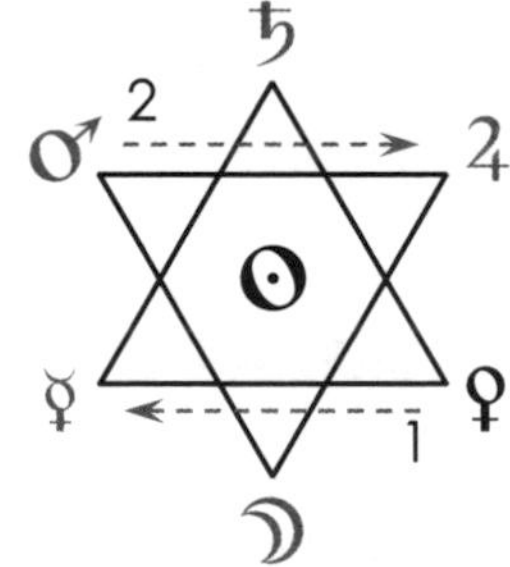

祈請太陽六芒星（從金星開始）

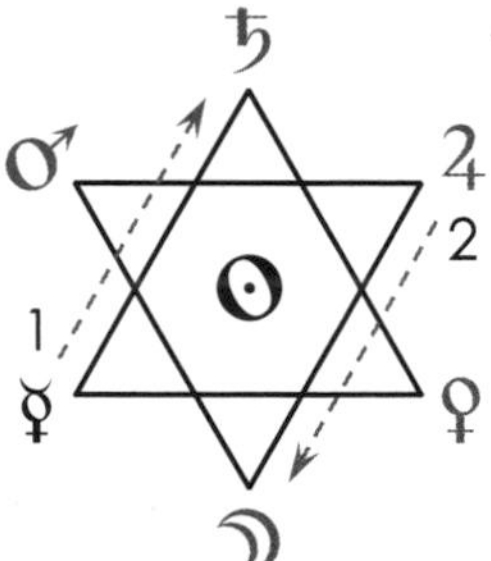

祈請太陽六芒星（從水星開始）

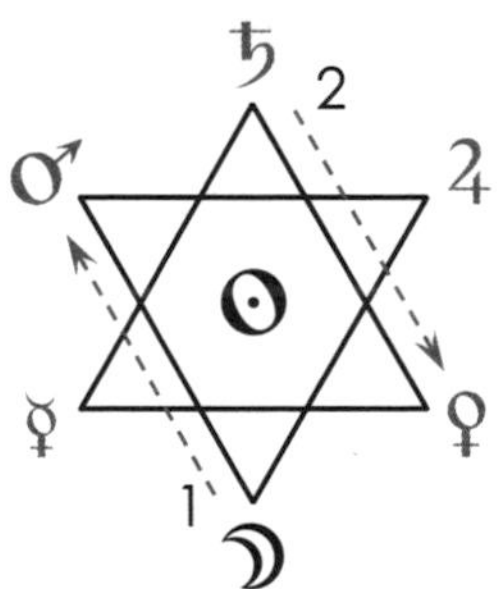

祈請太陽六芒星（從月亮開始）

祈禱文：（將太陽蠟燭高舉。）以依和葉（Yod Heh Vav Heh, El-oh-ah, Veh-Dah-ath）以及大天使米迦勒（Michael）的神聖之名，我向太陽呼喚，永遠仁慈長青的愛之主宰。您穿越陰間的暗夜，在黎明中重生。您仁慈善良，恆久忍耐。您是白天的主宰，是行星能量的調節者。通過您，魔法的神力和神秘的行動才得以彰顯，您的力量此刻透過此儀式展現。

以太陽蠟燭觸碰六芒星中間的太陽標誌。將太陽蠟燭放置在祭壇的中央。

祈禱文：我呼喚太陽，天空的主人，永恆的主宰。是您維護著完美，也是您讓金色火焰的光芒灑徹整個天堂。通過您的力量，內在本質找到完美的平衡、真正的滿足和神奇的自我。您是白天光榮的主宰，時間的度量，無盡地恩賜。您是生命的賜予者，也是重生的喜悅。您帶來的神聖療癒力和希望使全世界都充滿喜樂。您那燃燒著熊熊烈火的火炬照亮了無明的世界，您是居住著鳳凰的太陽城的主人。透過太陽展現的閃耀光芒，我聖化此太陽蠟燭。

圍繞蠟燭一圈，在圈內畫出祈請太陽的六芒星，在最後一個六芒星的中間放上太陽的符號。觀想橙色的六芒星融入蠟燭中。

太陽符號

拿著太陽蠟燭走到東方，面向東方。在空中用蠟燭朝向東方畫出橙色的太陽符號。

祈禱文：我站在東升的旭日之前。太陽的力量喚醒我的心靈，我呼吸著太陽魔法的神秘力量。（觀想太陽從黑暗中升起，明亮的橘光盈滿你的全身）我在東方建立太陽之力。

走到南方並面向南方，畫出太陽的橙色符號。

祈禱文：太陽運行至天頂，並在天際閃耀光芒。我透過神聖之光，展現太陽的力量。（觀想在明亮的光流中，你的身體散發出太陽的橘光）我在南方建立太陽之力。

走到西方並面向西方，畫出太陽的橙色符號。

祈禱文：夕陽正在西沉，並散發其內在之光。我納入太陽能量，存放在我的靈魂中。（觀想橙色的太陽符號在你的心中閃耀）我在西方建立太陽之力。

走到北方，並面向北方，畫出太陽的橙色符號。

祈禱文：太陽已日落西山，隱沒至神秘之地。我將在太陽光下探索世界的秘密。（觀想面前有一扇標記太陽符號的大門，大門即將開啟）我在北方建立太陽之力。

回到祭壇的西方並坐下，面向東方。點燃太陽蠟燭，觀想其火焰閃耀充滿活力的橙黃色。將太陽蠟燭放置在祭壇的適當位置。

祈請步驟二：以太陽塔羅牌冥想

觀想你的氣場成為橙色。拿起太陽塔羅牌，研讀牌卡的意象，說：

祈禱文：世界之火的主宰，堅實基礎的異彩。從您的光芒處，占星師推算出行星的軌跡以及天空的星圖。您是宇宙的中心，透過溫暖的光芒，賦予大地生命。每個白天，你在天際運行；每個夜晚，你穿過陰間。每天你都重生一次，黎明乍現時，你是新生兒，中午時分，你已成年；夕陽西下時，你垂垂老矣，即將逝去。每一次日出都是你重生的慶典，是凌駕死亡與黑暗的生命力量的勝利。通過你的力量，黎明出現在暗夜之後，純真重現，得以更新，為未來喚起希望。通過你的力量，圓滿得以達成。你是樂觀，是光明和活力。喜悅、熱情、歡樂是你的贈與。

閉上眼睛並觀想自己身處牌卡所描畫的意境。覺察所有的起心動念。在觀想結束之前，向太陽的能量獻上自己的光。

另一種冥想的方式

燠熱乾燥的日間。在陽光普照的果園裡，你坐在其中一棵柑橘樹下。盛開的柑橘花散發著濃郁的芳香，充滿了你的所有感官。遠處，在樹叢的陰影下，一頭巨大的雄獅端坐在一群母獅之間。幼獅在灼熱的光束下互相嬉戲。你站在草叢裡，看著四季的變換。首先，春天攜著潮潤的陣雨而來。然後夏天的熱力催生了焦灼和乾燥。炎夏退去，迷霧般的秋天登場，隨後，在冬日裡飄下款款的雪花。漫天的雪花漸漸又幻化成陣陣的春雨。

你漫步在充滿陽光的果園裡，來到有著紅寶石塔尖，閃閃發亮的黃金宮殿。黃金和紅寶石在陽光下熠熠生輝。在通往宮殿的路上，你看到五彩斑斕的孔雀驕傲地在精心修剪的花園漫步，裝飾著這巨大的宮殿入口。天鵝則安靜地在小池塘休憩。

你走到宮殿前，紅寶石大門敞開著，你看到裡面有一個巨大的餐廳，天花板懸掛著點滿蠟燭的大吊燈。寬闊的餐桌上擺放著金色的餐具、水晶杯裡盛滿金色的蜂蜜酒。桌上還擺放著散發著誘人香氣的各式佳餚。房間裡溫暖、寬敞又舒適。從旁邊的房間裡傳來音樂和歡聲笑語。你轉身離開這個宮殿，回到柑橘園。在觀想結束之前，向太陽的能量獻上自己的光

祈禱文：舉起承載太陽能量的聖化太陽蠟燭。借此力量，得以建造太陽聖殿。誠如所願。

祈請儀式結束

走到東方並面向房間的中央。

祈禱文：現在釋放所有被此儀式吸引而來的靈體。在太陽的祝福中，回到您的歸處並進入和平中。

如同開始的儀式那樣，用聖水和薰香，淨化及聖化聖殿和身體。以驅散的五芒星在四個角落做完驅散的動作後。回到東方。

祈禱文：現在宣告儀式完整的結束。誠如所願。

熄滅蠟燭。

月亮蠟燭聖化儀式
在月亮日（星期一）舉行的儀式

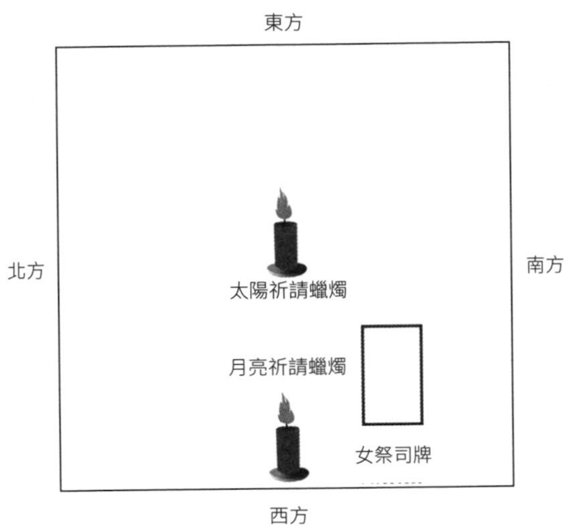

圖31：月亮儀式的祭壇擺設設

- 祭壇的擺設：行星祭壇擺設的第一部分（參見簡介部分），使用點燃的風元素薰香和火元素蠟燭。
- 祭壇桌布：藍色。
- 蠟燭：橙色太陽蠟燭（點燃），藍色月亮蠟燭（未點燃）。
- 塔羅牌：女祭司牌。
- 薰香、水：放置在東方，點燃薰香（茉莉或者其他月亮薰香）。
- 音樂：適當的背景音樂。

祈請儀式的準備

儀式開始之前，先在祭壇旁邊靜坐片刻。摒除累積了一天的雜念與憂慮。將意念放在頭頂，觀想一道白光從頭頂上方流入你的身體，並經由身體慢慢流到腳底。想像身體充滿白光，透過每個毛孔的吐納，進入你並圍繞著你。想像白光從身體開始擴展直到充滿整個空間。觀想白光設了一道屏障，將這個空間與外面的世界隔絕，彷彿在這個時空以外，沒有其他的存在。

祈請儀式開始

站在祭壇的西方，面向東方，說：

祈禱文：我用五芒星閃耀的星芒，驅散這殿堂裡所有的世俗影響。我對你說，散去吧！

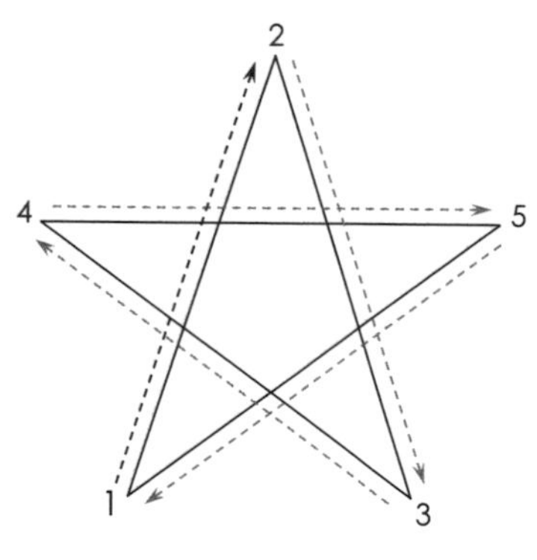

驅散能量元素五芒星

走到東方，對著東方畫出驅散能量的五芒星，然後在南方、西方和北方重複同樣動作。回到東方 。

拿起聖杯，並向東方灑水三次，然後在南方、西方和北方都重複同樣動作。回到東方，在水杯中沾濕手指，並以手觸碰額頭，再用手指將水往腳邊輕灑，並觸碰你的右肩和左肩。

祈禱文：我被淨化了，聖殿被淨化了，所有的一切都被聖水淨化了。（放下聖杯）

拿起薰香，向東方揮動三次，然後在南方、西方和北方重複同樣動作。回到東方，照著額頭、腳底、右肩與左肩的順序揮舞薰香。

祈禱文：我被聖化了，聖殿也被聖化了，所有的一切都因聖火而被聖化了。（放下薰香）

祈禱文：（站在東方，面向東方）為了月亮祈請儀式，我已淨化且聖化殿堂，讓月亮的力量能在此停駐片刻。誠如所願。

元素祈請儀式

走到東方，拿起被聖化的風元素薰香。面向東方，用薰香在空中畫出祈請風元素能量的五芒星。

祈禱文：透過五芒星的力量，我召喚風元素之靈！

放下薰香。用食指觸碰風元素五芒星的中央，在空中畫一條線，並走向南方。

站在南方，面向南方，拿起被聖化的火元素蠟燭。用蠟燭畫出祈請火元素的五芒星。

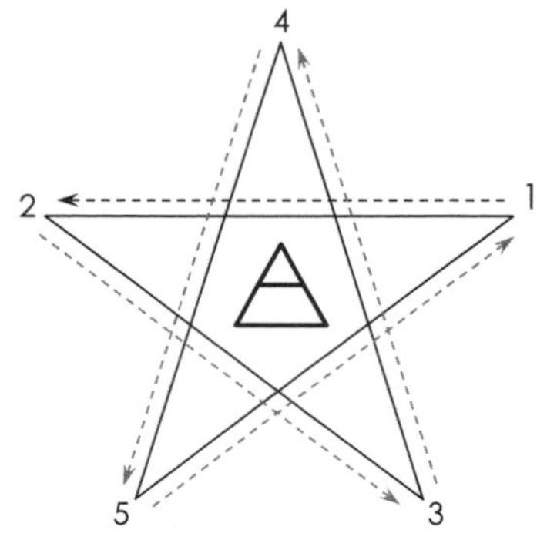

祈請風元素五芒星

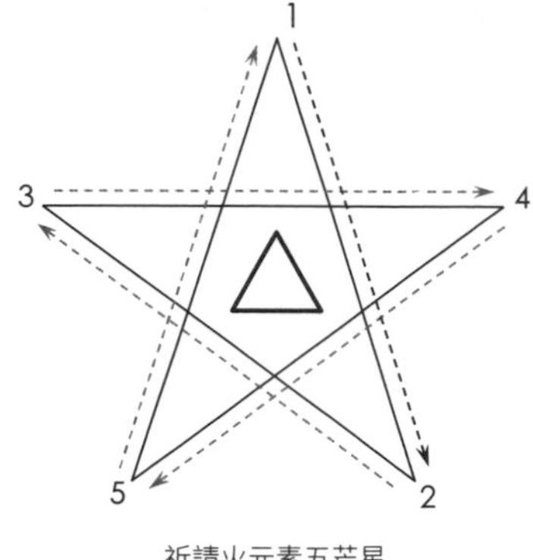

祈請火元素五芒星

祈禱文：透過五芒星的力量，我召喚火元素之靈！

放下蠟燭。觸碰火元素五芒星的中間，並在空中向西方畫一條線。

站在西方，面向西方，拿起聖化的水元素聖杯。用聖杯畫出祈請水元素能量的五芒星。

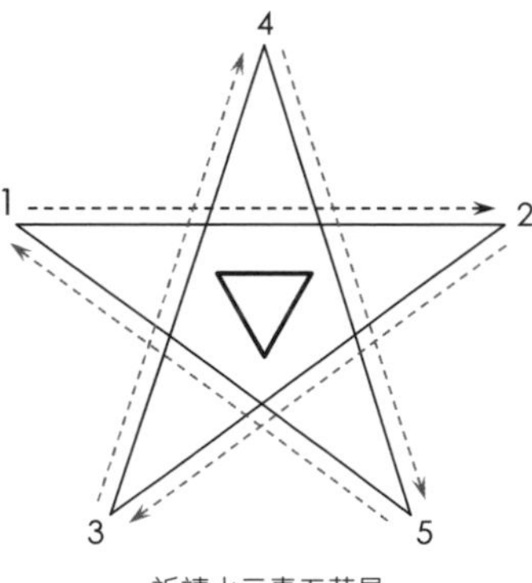

祈請水元素五芒星

祈禱文：透過五芒星的力量，我召喚水元素之靈！

放下聖杯。觸碰水元素五芒星的中央，在空中向北方畫出一條線。

站在北方，面向北方，拿起被聖化的元素聖鹽。用聖鹽畫出祈請土元素的五芒星。

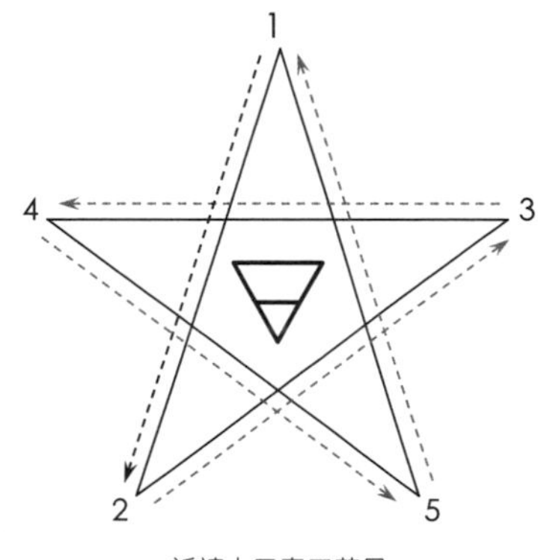

祈請土元素五芒星

祈禱文：透過五芒星的能量，我召喚土元素之靈！

放下聖鹽。觸碰土元素五芒星的中央，在空中向東方畫出一條線。

站在東方，面向房間的中央。

祈禱文：傾聽我，四方世界，我呼喚您！請賜予我勇氣走向隱藏的道路尋找神祕的知識。請賜予我您的雙眼來看清所有，賜予我您的智慧來洞悉一切，並讓我像您一樣。請賜予我力量，令我得以召喚月亮的能量。

祈請靈性儀式

走到祭壇西方，面向東方。在面前的空中，畫出兩個祈請靈性能量的五芒星：

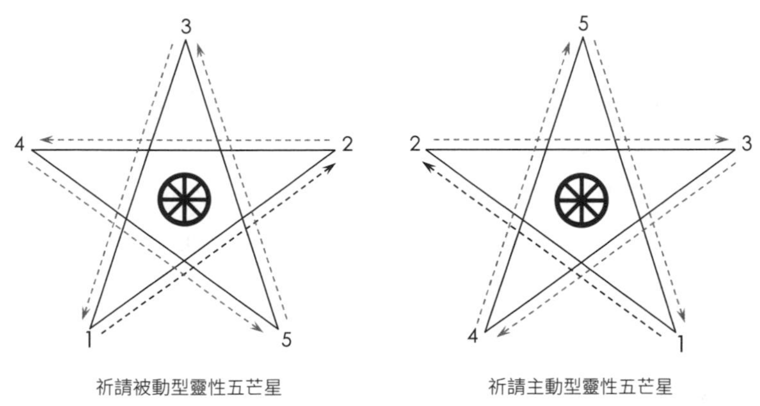

祈請被動型靈性五芒星　祈請主動型靈性五芒星

祈禱文：噢，您是至高無上的生命之靈，萬事萬物的創造者，世間一切的根源，是所有靈魂的單一源頭。您是我唯一的起源，我隨您直至無限。噢，您是唯一的智慧與真理之源，讓我乘坐真理的馬車攀登更高的領域。帶領我橫越所有海灣和深淵，跳出峽谷與深壑，成為我自由的泉源。讓您無上的光明照亮我前方的道途。讓我如同乘坐光明之船抵達神聖天堂，使我能洞悉宇宙蒼穹。誠如所願。

稍微停頓。觀想白色的光芒籠罩著你。

或者可以想像（選擇性的）：讓聖殿慢慢升入天堂。

祈禱文：現在萬事俱備，準備升入行星力量的世界。我將離開世俗紅塵，通過將聖化的元素力量放置在他們的星座位置，以進入一個更高的領域。

順時針走到南方，拿起蠟燭，並順時針走到東方。

面向東方。

祈禱文：在世俗世界，東方是風元素所在位置。然而，在更高層的世界，東方是牡羊座的所在，是啟動型的火元素（movable Sign of Fire）。（將蠟燭放置在東方）通過聖化的火元素的象徵力量，四元素之一的火元素現在升入天堂。（拿起薰香，以順時針的方向走到西方，面向西方）

祈禱文：在世俗世界，西方是水元素所在位置。然而，在更高層的世界，西方是天秤座的所在，是啟動型的風元素（movable Sign of Air）。（將薰香放置在西方）通過聖化的風元素的象徵力量，四元素之一的風元素現在升入天堂。（拿起聖杯，以順時針的方向走到北方，面向北方）

祈禱文：在世俗世界，北方是土元素所在位置。然而，在更高層的世界，北方是巨蟹座的所在，是啟動型的水元素（movable Sign of Water）。（將聖杯放置在北方）通過聖化的水元素的象徵力量，四元

素之一的水元素現在升入天堂。（拿起聖鹽，以順時針的方向走到南方，面向南方）

祈禱文：在世俗世界，南方是火元素所在位置。然而，在更高層的世界，南方是摩羯座的所在，是啟動型的土元素（movable Sign of Earth）。（將聖鹽放置在南方）通過聖化的土元素的象徵力量，四元素之一的土元素現在升入天堂。（走到祭壇的西方，面向東方）

祈請步驟一：祈請月亮能量

祈禱文：（站在祭壇西方，面向東方）我開啟聖殿來進行月亮蠟燭的聖化儀式。諸位神聖魔法界的守護者，請照看此神聖之光（Divine Light）的儀式。誠如所願。

拿起未點燃的藍色月亮蠟燭。朝向月亮在聖殿的位置（或是在她六芒星的位置）

祈禱文：以六芒星，所羅門王的神秘封印和生命的象徵所賦予的權力，我召喚月亮的力量！

用蠟燭畫出祈請月亮能量的六芒星，在中心畫出月亮的象徵符號。

拿著藍色月亮蠟燭，順時針慢慢繞著房間走，同時說出：

祈請月亮能量六芒星

祈禱文：我以沙代伊（Shaddai el chai）及偉大的大天使加百列（Gabriel）的神聖之名，祈請月亮的能量，那將銀色光芒灑遍世界的力量。穿越您途經的天堂，漫步在夜色的幽暗中，星星在您的光芒中起舞，您是夜晚神聖的魔力，您那主宰海洋潮汐消長和萬物生長的能量，得以在此儀式中展現。

回到月亮六芒星，用蠟燭觸碰中間的月亮符號，並順時針走回祭壇。將蠟燭放置在祭壇合適的位置上，仍然面向月亮。

祈禱文：我呼喚月亮，她通過夢境給予光明的指引，是那隱藏的世界的親切開啟者。噢，月亮，您是夢境的給予者，魔法的創造者。是您讓萬物誕生、成長直至最徹底的圓滿。您是神聖光亮的主宰，在您之處所印證的都是最初的美滿。您變幻莫測，是女性的生活，更是綠色的農作物。通過月亮聖潔光輝的展現，我將此月亮蠟燭聖化。

月亮符號

在月亮蠟燭周圍畫一個圈，在圈內畫出月亮祈請六芒星，將月亮印記放置在中央。觀想藍色的六芒星融入蠟燭中。將月亮蠟燭拿到東方，面向東方。用月亮蠟燭向東方畫出藍色月亮符號。

祈禱文：我站在正在升起的月亮前。初升月光的能量喚醒我的心靈，我呼吸著月亮魔法的神秘力量。（觀想月亮符號在黑暗中冉冉升起，明亮的藍光盈滿你的全身）我在東方建立月亮之力。（走到南方，面向南方。畫出藍色月亮符號）

祈禱文：月亮運行至天頂，在天空中熠熠生輝。我通過月光的魔力，感受月亮的能量。（觀想藍色的月亮在你的身體裡散發出耀眼的光芒）我在南方建立月亮之力。（走到西方，面向西方。畫出月亮的藍色符號）

祈禱文：月亮正在西沉，散發著她內在的光輝。我納入月亮的能量，融入我的靈魂。（觀想藍色的月亮符號在心中閃耀）我在西方建立月亮之力。（走到北方，面向北方。畫出月亮的藍色符號）

祈禱文：月亮沉入天底，在隱秘處深藏。我將在月光中探索神秘的世界。（觀想面前有一扇標記月亮符號的大門，大門即將開啟）我在北方建立月亮之力。（回到祭壇西方並坐下，面向東方）

用太陽蠟燭點燃月亮蠟燭。觀想月亮蠟燭閃耀著生機勃勃的藍色光芒。將月亮蠟燭放置在祭壇合適的位置。

祈請步驟二：以女祭司塔羅牌冥想

觀想你的氣場充滿藍光。拿起女祭司塔羅牌，一邊研讀其意象，一邊說：

祈禱文：銀色星辰的女祭司，美麗的王冠，是意識的初始，也是潛意識的守護者。您戴著面紗，接收創造的力量，並由此催生成形。您是戴安娜，將弓箭放在一邊的寧靜的狩獵女神。您是神蹟的顯現，靈性的新娘和母親，女性內在神聖的展現。與您同在的是死後復活的主。您是直覺，是內省，是神秘的視覺，也是內在世界的經驗，只有通過您才能獲得以上種種的知識。您是智慧、是寧靜、是靈性之輝，也是內在之光。您是寫有神聖知識和智慧卷軸的持有者。在您驅邪的聖水中，世界得以淨化。

閉上你的眼，觀想你自己在牌卡的意象中。覺知每一個起心動念。在你結束觀想之前，將自身的光奉獻給月亮的能量。

另一種冥想方式

夜晚時分，空氣涼爽濕潤。你坐在一棵枝繁葉茂的大樹下。周圍的土地上，許多的蘑菇正從又濕又涼的土壤裡破土而出。在你上方的樹枝上，一隻貓頭鷹正發出輕聲的問候。一隻青蛙跳到你的腿上，讓你一驚，但你只是輕輕將它拂開。你聽到鵝的鳴叫，抬頭望去，頭頂的月亮有一圈月暈。夜晚安靜又祥和，你得以從白天的思慮中解脫。

你走入月光下的小徑，來到一個安靜的港口小鎮，海灣裡停放著散發著金色光輝，燈光閃閃的小船，桅杆在夜空的襯托下整齊地挺立著。所有人都回家了。你聽到海浪拍打海岸碼頭的聲音，看著小船被浪潮輕推。涼爽的風輕拂你的面龐與身體。你沿著碼頭行走，看到裝有從遠方不知何處舶來的新奇物品的板箱壘在一起。

一個箱子裡裝著一堆瓜果，你停下來，吃了一個，享受著汁多柔軟的果肉。你吃瓜果的時候，注意到另一個箱子裡裝滿了銀制的首飾、燭臺和酒杯。遠處傳來風兒清脆的聲音，月光籠罩著你，照亮了碼頭上一顆小小的晶瑩水晶般的石頭。你撿起來，看到石頭晶瑩的外表映照海中瑩瑩的月光。你靜立片刻，享受這夜晚的平和與寧靜。

你離開這小鎮，回到大樹下。在你結束這個觀想前，向月亮的能量奉獻自身光芒。

祈禱文：被聖化的月亮蠟燭承載著月亮的力量。以這樣的力量，建立月亮聖殿。誠如所願。

祈請儀式結束

走到東方，面向聖殿的中央。

祈禱文：現在釋放所有被此儀式吸引而來的靈體。在月亮的祝福中，回到您的歸處並進入和平中。

如同開始的儀式那樣，用聖水和薰香，淨化及聖化聖殿和身體。以驅散的五芒星在四個角落做完驅散的動作後。回到東方。

祈禱文：現在宣告儀式完整的結束。誠如所願。

熄滅蠟燭。

火星蠟燭聖化儀式
在火星日（星期二）舉行儀式

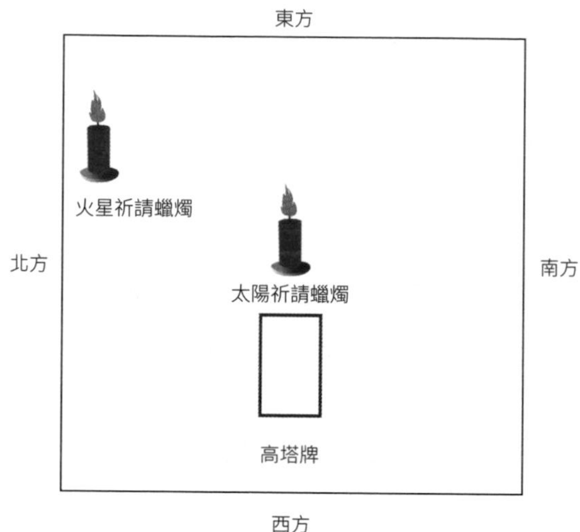

圖32：火星祭壇的擺設

- 祭壇擺設：行星祭壇的第一部分（請看簡介部分），點燃的風元素薰香和火元素蠟燭。
- 祭壇桌布：紅色。
- 蠟燭：橙色太陽蠟燭（點燃），紅色火星蠟燭（未點燃）。
- 塔羅牌：高塔牌。
- 薰香、水：放置在東方，薰香需點燃（辛香或者其他火星薰香）。
- 音樂：適當地背景音樂。

祈請儀式的準備

儀式開始之前，先在祭壇旁邊靜坐片刻。摒除累積了一天的雜念與憂慮。將意念放在頭頂，觀想一道白光從頭頂上方流入你的身體，並經由身體慢慢流到腳底。想像身體充滿白光，透過每個毛孔的吐納，進入你並圍繞著你。想像白光從身體開始擴展直到充滿整個空間。觀想白光設了一道屏障，將這個空間與外面的世界隔絕，彷彿在這個時空以外，沒有其他的存在。

祈請儀式開始

站在祭壇的西方，面向東方，說出：

祈禱文：我用五芒星閃耀的星芒，驅散這殿堂裡所有的世俗影響。我對你說，散去吧！

走到東方，對著東方畫出驅散能量的五芒星，然後在南方、西方和北方重複同樣動作。回到東方。

拿起聖杯，並向東方灑水三次，然後在南方、西方和北方都重複同樣動作。回到東方，在水杯中沾濕手指，並以手觸碰額頭，再用手指將水往腳邊輕灑，並觸碰你的右肩和左肩。

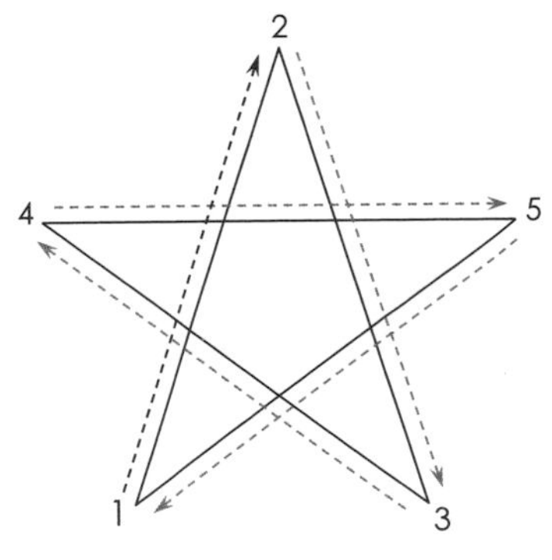

驅散能量元素五芒星

祈禱文：我被淨化了；聖殿被淨化了；所有的一切都被聖水所淨化。（放下聖杯）

拿起薰香，向東方揮動三次，然後在南方、西方和北方重複同樣動作。回到東方，照著額頭、腳底、右肩與左肩的順序揮舞薰香。

祈禱文：我被聖化了，聖殿被聖化了，所有的一切都被聖火所聖化。（放下薰香）

祈禱文：（在東方，面向東方）為了火星祈請儀式，我已淨化自己，且聖化殿堂，讓火星的力量能在此停駐片刻。誠如所願。

元素祈請儀式

走到東方，拿起聖化的風元素薰香。面向東方，用薰香在空中畫出祈請風元素的五芒星。

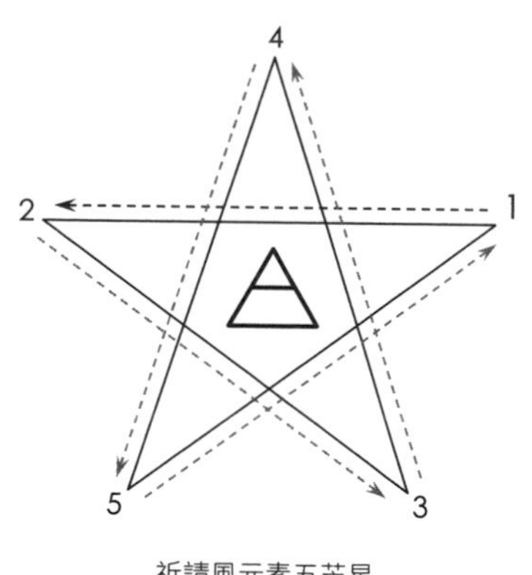

祈請風元素五芒星

祈禱文：通過五芒星的力量，我召喚風元素之靈！

放下薰香。用食指在風元素五芒星的中央劃一條線，走向南方。

站在南方，面向南方，拿起聖化的火元素蠟燭。用蠟燭畫出祈請火元素的五芒星。

祈禱文：通過五芒星的力量，我召喚火元素之靈！

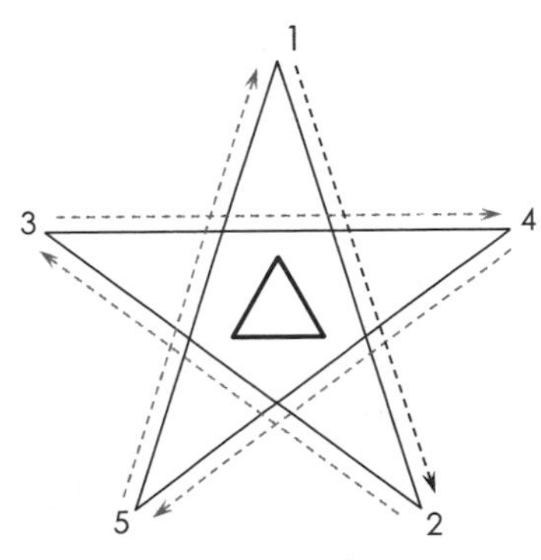

祈請火元素五芒星

放下蠟燭。在火元素五芒星的中央向西方劃一條線。

站在西方，面向西方，拿起水元素聖杯。用聖杯畫出祈請水元素的五芒星。

祈禱文：通過五芒星的力量，我召喚水元素之靈！

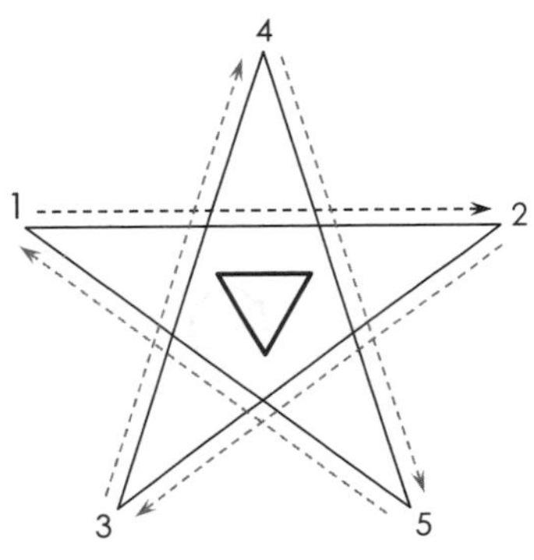

祈請水元素五芒星

放下聖杯。輕觸水元素五芒星的中央，並向北劃一條線。

站在北方，面向北方，拿起聖化過的元素聖鹽。用聖鹽畫出祈請土元素的五芒星。

祈禱文：通過五芒星的力量，我召喚土元素之靈！

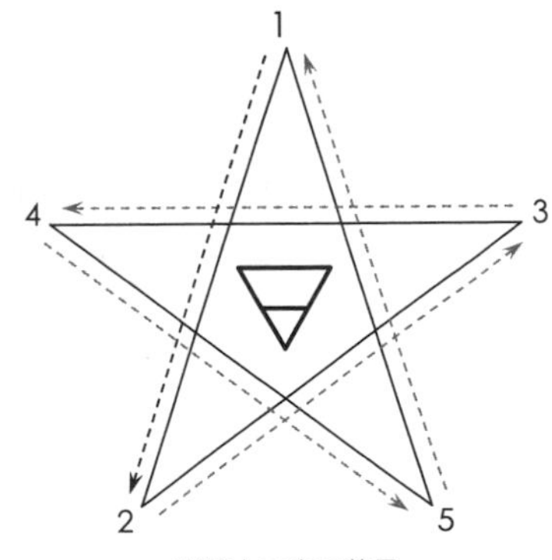

祈請土元素五芒星

放下聖鹽。輕觸五芒星的中央，並向東劃一條線。

站在東方，轉身面向房間中央。

祈禱文：傾聽我，四方世界，我呼喚您！請賜予我走向隱藏道路，尋找神秘知識的勇氣。請賜我您的雙眼來看清所有，賜我您的智慧來洞悉一切，並讓我像您一樣。請賜予我力量，令我得以召喚火星的能量。

靈性祈請儀式

走到祭壇西方，面向東方。在面前的空中畫出兩個靈性祈請儀式的五芒星。

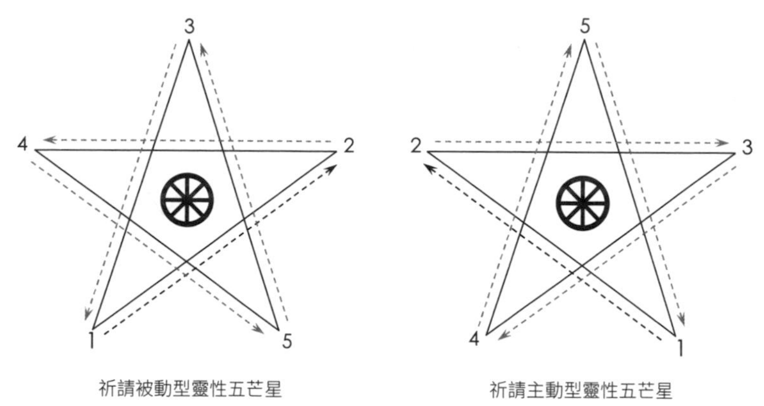

祈請被動型靈性五芒星　　祈請主動型靈性五芒星

祈禱文：噢，您是至高無上的生命之靈，萬事萬物的創造者，世間一切的根源，是所有靈魂的單一源頭。您是我唯一的起源，我隨您直至無限。噢，您是唯一的智慧與真理之源，讓我乘坐真理的馬車攀登更高的領域。帶領我橫越所有海灣和深淵，跳出峽谷與深壑，成為我自由的泉源。讓您無上的光明照亮我前方的道途。讓我如同乘坐光明之船抵達神聖天堂，使我能洞悉宇宙蒼穹。誠如所願。

稍微停頓。觀想白色的光芒籠罩著你。

或者可以想像（選擇性的）：讓聖殿慢慢升入天堂。

祈禱文：現在萬事俱備，準備升入行星力量的世界。我將離開世俗紅塵，通過將聖化的元素力量放置在他們的星座位置，以進入一個更高的領域。

順時針走到南方，拿起蠟燭，並順時針走到東方。面向東方。

祈禱文：在世俗世界，東方是風元素所在位置。然而，在更高層的世界，東方是牡羊座的所在，是啟動型的火元素（movable Sign of Fire）。（將蠟燭放置在東方）通過聖化的火元素的象徵力量，四元素之一的火元素現在升入天堂。（拿起薰香，以順時針的方向走到西方，面向西方）

祈禱文：在世俗世界，西方是水元素所在位置。然而，在更高層的世界，西方是天秤座的所在，是啟動型的風元素（movable Sign of Air）。（將薰香放置在西方）通過聖化的風元素的象徵力量，四元素之一的風元素現在升入天堂。（拿起聖杯，以順時針的方向走到北方，面向北方）

祈禱文：

在世俗世界，北方是土元素所在位置。然而，在更高層的世界，北方是巨蟹座的所在，是啟動型的水元素（movable Sign of Water）。（將聖杯放置在北方）通過聖化的水元素的象徵力量，四元

素之一的水元素現在升入天堂。（拿起聖鹽，以順時針的方向走到南方，面向南方）

祈禱文：在世俗世界，南方是火元素所在位置。然而，在更高層的世界，南方是摩羯座的所在，是啟動型的土元素（movable Sign of Earth）。（將聖鹽放置在南方）通過聖化的土元素的象徵力量，四元素之一的土元素現在升入天堂。（走到祭壇的西方，面向東方）

祈請步驟一：祈請火星能量

祈禱文：（站在祭壇西方，面向東方）我開啟聖殿來進行火星蠟燭的聖化儀式。諸位神聖魔法界的守護者，請照看此神聖之光的儀式。誠如所願。

拿起未點燃的火星蠟燭。移步到聖殿中火星所在位置（或者它的象徵符號，六芒星的位置）面向它。

祈禱文：以六芒星，所羅門王的神秘封印和生命的象徵所賦予的權力，我召喚火星的力量！

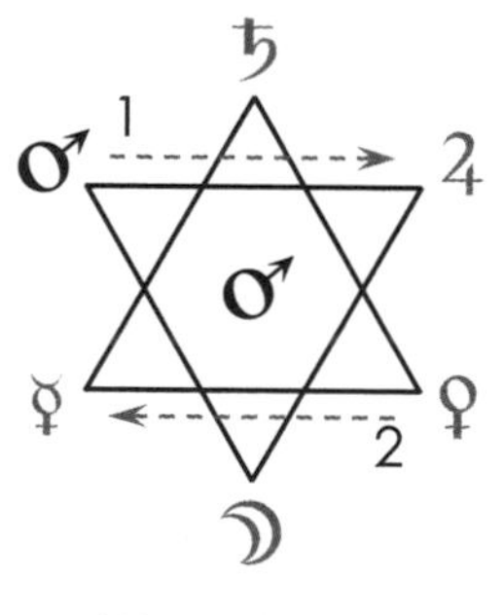

祈請火星能量六芒星

用蠟燭畫出祈請火星能量的六芒星，在中心畫出火星的象徵符號。

拿著紅色火星蠟燭，一邊順時針緩慢地繞行房間，一邊說：

祈禱文：以以羅欣（Elohim Gibor）及偉大的大天使薩麥爾（Zamael）的神聖之名，我呼喚全能的守護者，以束縛黑暗的力量。您是全能的正義與真理的捍衛者，是勇氣、忍耐和大膽決定的崇高激勵者。您鼓勵忠誠，鞏固堅定的心和堅決的手。您是所有惡勢力強而有力的對手，不論他們是人類與否，在此儀式中，您的力量得以展現。

回到火星六芒星，用蠟燭觸碰中間的火星符號，順時針方向回到祭壇。將蠟燭放置到祭壇合適的位置，依然面向火星。

祈禱文：您讓毒蛇敬畏；您的壯麗讓敵人消融。您在戰場中氣勢磅礴，因為您就是勝利一方。您是勇猛的真火，將決心注入眾所渴望的血液中。您無所畏懼，因無畏是您的居所，保護著所有的善。您的光芒賦予勇氣，因您是公正的守護者。您的手臂為我遮擋，您的盾牌在我的前方護衛，您的寶劍掃除所有的障礙。通過戰神顯現的偉大的光芒，我將這火星蠟燭聖化。

在火星蠟燭周圍畫一個圈，在祈請火星能量的的六芒星內畫一個圈，將火星印記放入中央。觀想紅色的六芒星融入蠟燭中。

火星符號

將火星蠟燭放置在東方，面向東方。在空中用蠟燭畫出紅色火星符號。

祈禱文：我站在冉冉升起的火星前。內在火星的能量開始覺醒，我呼吸著火星的魔法秘密。（觀想火星符號從黑暗中慢慢浮現，明亮

的紅光充盈你的全身）我在東方建立火星之力。（走到南方，面向南方。畫出紅色火星符號）

祈禱文：火星升入中天，在天空熠熠生輝。我通過火星的魔法之光投射著火星的能量。（觀想在閃耀的光芒中，火星明亮的紅光從你的身體裡發散出來）我在南方建立了火星之力。（走到西方，面向西方。畫出紅色的火星符號）

祈禱文：火星正在西沉，散發他的內在之光。我納入火星的能量，融入我的靈魂。（觀想紅色的火星符號在心中閃耀。）我在西方建立火星之力。（走到北方，面向北方。畫出紅色的火星符號。）

祈禱文：火星沉入天底，在隱秘處深藏。我將在火星的光芒中探索神秘世界。（觀想面前有一扇標記火星符號的紅色大門，大門即將開啟）我在北方建立火星之力。（回到祭壇的西方並坐下，面向東方）

用太陽蠟燭點燃火星蠟燭。觀想火星蠟燭燃起紅色跳躍的火焰。將火星蠟燭放置在祭壇適合的位置。

祈請步驟二：以高塔塔羅牌冥想

觀想你的氣場充滿紅色光芒。拿起高塔塔羅牌，一邊研讀牌面意象，一邊說：

祈禱文：力量之主，您是復仇的力量。您的力量可以瞬間粉碎錯誤的想法和習慣，緊接著透過自我的重建和重塑向後來的人展示更高層的自我。對一些人來說，您是失敗、毀滅和災難的力量，但對另一些人來說，您卻是被閃電擊中的高塔，這讓事實改變缺乏真相基礎的信念。通過您，生活裡的謊言得以被摧毀，剩下的只有真理的基石。您賜予了清晰的洞見而抗拒改變的執念終將破碎。建立在錯誤原則上的盲目野心此刻被最初的真相和滿滿的正念擊碎。您的能量讓真相剎那啟動，為塵世帶來天堂的訊息，為靈性帶來物質的消息，改變就在此刻。

閉上眼睛並觀想自己身處牌卡的意象中。覺知所有的起心動念。在結束觀想前，向火星能量奉獻你自身的光。

另一種冥想方式

這是夜間時分，空氣燠熱且乾燥。你站在貧瘠的荊棘之地上。當你伸手觸碰樹上的荊棘，感受到荊棘的銳利。你的手指被尖刺扎傷，開始微微流血。抬頭仰望蒼穹，看見有著閃電紋路的紅雲。老鷹的輪廓在閃電的閃光中歷歷在目。遠方傳來隆隆聲響，你無法辨別究竟是雷聲抑或大砲的聲音。在你的左方有一匹狼潛伏獵食，且聽見近旁叢林中熊的咆哮。

你漫步在滿布赭紅塵土的小徑上，最後到達一棟紅磚建築。磚塊如火般熾熱，且在暗沉如墨的夜空中熠熠生輝。當你走近門邊，大門敞開，裡面一覽無遺。一陣熾熱的風輕拂你的髮絲，鼻尖闖入一股刺鼻氣味。紅磚建築中有一座巨大的鍛鐵工坊，熔爐中燃燒著紅色熊熊火焰。融化的金屬液流淌如閃耀的紅色溪流，流入殘酷戰爭武器，寶劍、矛尖、短斧和狼牙棒的模具中。你轉身離開這棟建築，回到荊棘樹旁。在結束觀想之前，對火星的能量奉獻你自身光芒。

祈禱文：舉起承載火星能量的聖化火星蠟燭。借此力量，得以建造火星聖殿。誠如所願。

祈請儀式結束

走到東方，並面向房間的中央。

祈禱文：現在釋放所有被此儀式吸引而來的靈體。在火星的祝福中，回到您的歸處並進入和平中。

如同開始的儀式那樣，用聖水和薰香，淨化及聖化聖殿和身體。以驅散的五芒星在四個角落做完驅散的動作後。回到東方。

祈禱文：現在宣告儀式完整結束，誠如所願。

熄滅蠟燭。

水星蠟燭聖化儀式
在水星日進行（星期三）

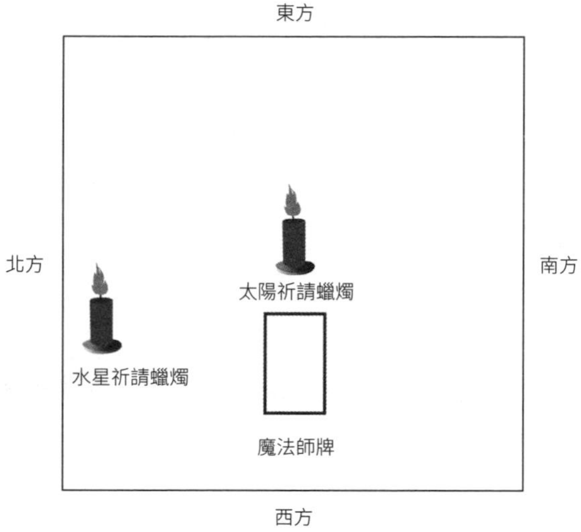

東方

北方

南方

太陽祈請蠟燭

水星祈請蠟燭

魔法師牌

西方

圖33：水星祭壇的擺設

· 祭壇擺設：行星祭壇第一部分（見簡介），點燃的風元素薰香和蠟燭。

· 祭壇桌布：黃色。

· 蠟燭：橙色太陽蠟燭（點燃），黃色水星蠟燭（未點燃）。

· 塔羅牌：魔法師牌。

· 薰香、水：放置在東方，薰香（薰衣草或者其他水星薰香）。

· 音樂：適當的背景音樂。

祈請儀式的準備

儀式開始之前，先在祭壇旁邊靜坐片刻。摒除累積了一天的雜念與憂慮。將意念放在頭頂，觀想一道白光從頭頂上方流入你的身體，並經由身體慢慢的流到腳底。想像身體充滿白光，透過身體每個毛孔的吐納，進入你並圍繞著你。想像白光從身體開始擴展直到充滿整個空間。觀想白光設了一道屏障，將這個空間與外面的世界隔絕，彷彿在這個時空以外，沒有其他的存在。

祈請儀式開始

站在祭壇的西方，面向東方，說：

祈禱文：我用五芒星閃耀的星芒，驅散這殿堂裡所有的世俗影響。我對你說，散去吧！

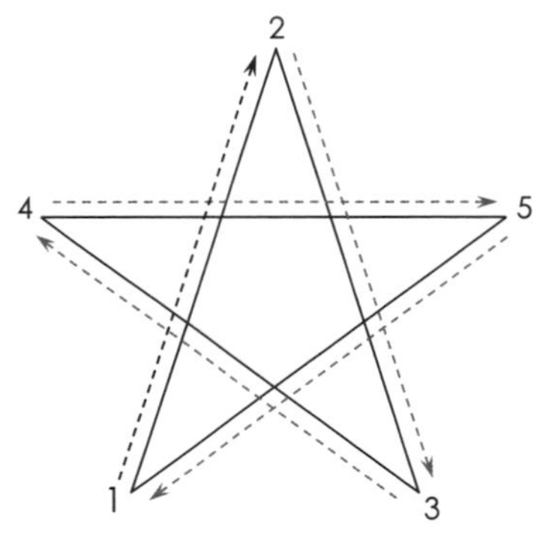

驅散能量元素五芒星

走到東方，對著東方畫出驅散能量的五芒星，然後在南方、西方和北方重複同樣動作。回到東方 。

拿起聖杯，並向東方灑水三次，然後在南方、西方和北方都重複同樣動作。回到東方，在水杯中沾濕手指，並以手觸碰額頭，再用手指將水往腳邊輕灑，並觸碰你的右肩和左肩。

祈禱文：我被淨化了；聖殿被淨化了；所有一切都被聖水所淨化。（放下聖杯）

拿起薰香，向東方揮動三次，然後在南方、西方和北方重複同樣動作。回到東方，照著額頭、腳底、右肩與左肩的順序揮舞薰香。

祈禱文：我被聖化了，聖殿被聖化了，所有一切都被聖火所聖化。（放下薰香）

祈禱文：（站在東方，面向東方）為了水星祈請儀式，我已淨化自己，且聖化殿堂，以此能量建立聖殿。讓水星的力量能在此停駐片刻。誠如所願。

元素祈請儀式

走到東方，拿起聖化的風元素薰香。面向東方，用薰香在空氣中畫出召喚風元素的五芒星。

祈禱文：通過五芒星的力量，我召喚風元素之靈！

放下薰香。用食指在風元素五芒星的中央劃一條線，走向南方。

站在南方，面向南方，拿起聖化的火元素蠟燭。用蠟燭畫出祈請火能量的五芒星。

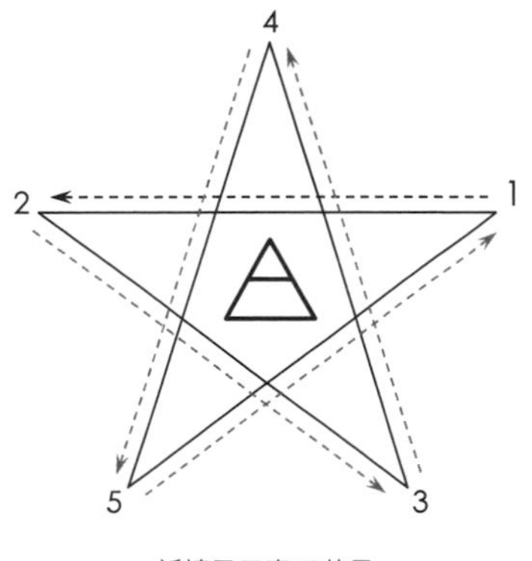

祈請風元素五芒星

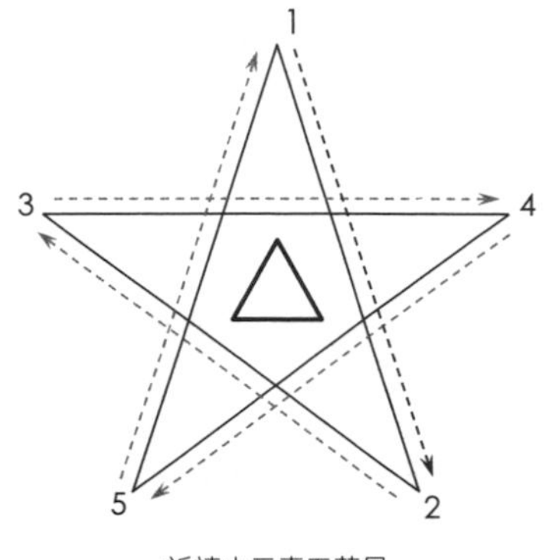

祈請火元素五芒星

祈禱文：通過五芒星的力量，我召喚火元素之靈！

放下蠟燭。在火元素五芒星的中央向西方劃一條線。

站在西方，面向西方，拿起水元素聖杯。用聖杯畫出祈請水元素的五芒星。

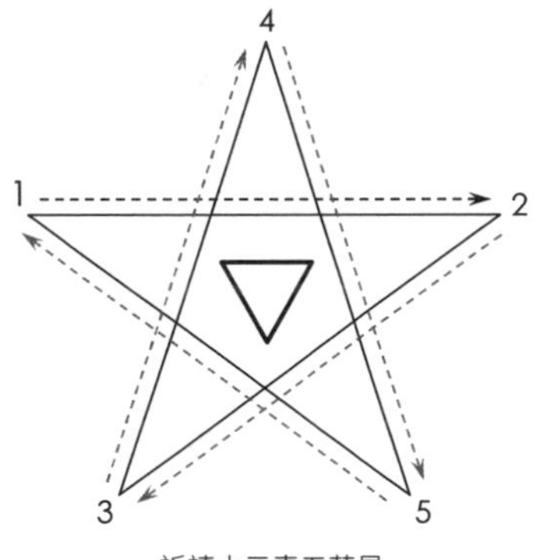

祈請水元素五芒星

祈禱文：通過五芒星的力量，我召喚水元素之靈！

放下聖杯。輕觸水元素五芒星的中央並向北劃一條線。

站在北方，面向北方，拿起淨化過的元素聖鹽。用聖鹽畫出祈請土元素的五芒星。

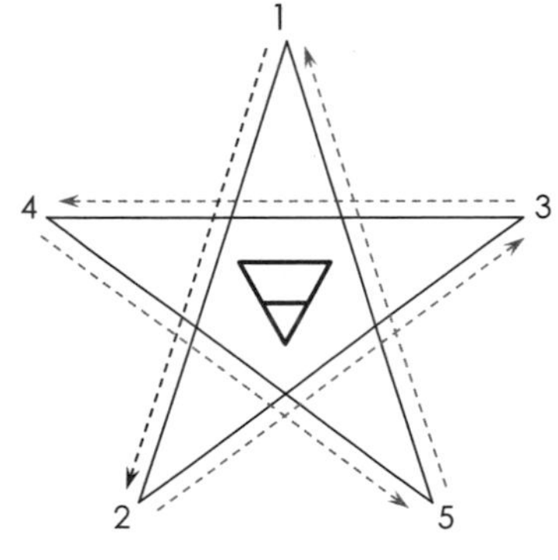

祈請土元素五芒星

祈禱文：通過五芒星的力量，我召喚土元素之靈！

放下聖鹽。輕觸五芒星的中央並向東劃一條線。

站在東方，轉身面朝房間中央。

祈禱文：傾聽我，四方世界，我呼喚您！請賜予我走向隱藏道路，尋找神秘知識的勇氣。請賜予我您的雙眼來看清所有，賜予我您的智慧來洞悉一切，並讓我像您一樣。請賜予我力量，令我得以召喚水星的能量。

靈性祈請儀式

走到祭壇西方，面向東方。在面前的空中畫出兩個靈性祈請儀式的五芒星：

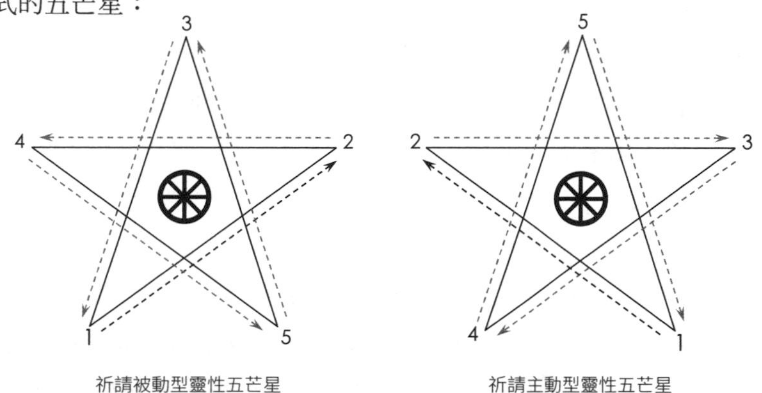

祈請被動型靈性五芒星　　祈請主動型靈性五芒星

祈禱文：噢，您是至高無上的生命之靈，萬事萬物的創造者，世間一切的根源，是所有靈魂的單一源頭。您是我唯一的起源，我隨您直至無限。噢，您是唯一的智慧與真理之源，讓我乘坐真理的馬車攀登更高的領域。帶領我橫越所有海灣和深淵，跳出峽谷與深壑，成為我自由的泉源。讓您無上的光明照亮我前方的道途。讓我如同乘坐光明之船抵達神聖天堂，使我能洞悉宇宙蒼穹。誠如所願。

稍微停頓觀想白色的光芒籠罩著你。

或者可以想像（選擇性的）：讓聖殿慢慢升入天堂。

祈禱文：現在萬事俱備，準備升入行星力量的世界。我將離開世俗紅塵，通過將聖化的元素力量放置在他們的星座位置，以進入一個更高的領域。

順時針走到南邊，拿起蠟燭，順時針走到東方。

面向東方。

祈禱文：在世俗世界，東方是風元素所在位置。然而，在更高層的世界，東方是牡羊座的所在，是啟動型的火元素（movable Sign of Fire）。（將蠟燭放置在東方）通過聖化的火元素的象徵力量，四元素之一的火元素現在升入天堂。（拿起薰香，以順時針的方向走到西方，面向西方）

祈禱文：在世俗世界，西方是水元素所在位置。然而，在更高層的世界，西方是天秤座的所在，是啟動型的風元素（movable Sign of Air）。（將薰香放置在西方）通過聖化的風元素的象徵力量，四元素之一的風元素現在升入天堂。（拿起聖杯，以順時針的方向走到北方，面向北方）

祈禱文：在世俗世界，北方是土元素所在位置。然而，在更高層的世界，北方是巨蟹座的所在，是啟動型的水元素（movable Sign of Water）。（將聖杯放置在北方）通過聖化的水元素的象徵力量，四元素之一的水元素現在升入天堂。（拿起聖鹽，以順時針的方向走到南方，面向南方）

祈禱文：在世俗世界，南方是火元素所在位置。然而，在更高層的世界，南方是摩羯座的所在，是啟動型的土元素（movable Sign of Earth）。（將聖鹽放置在南方）通過聖化的土元素的象徵力量，四元素之一的土元素現在升入天堂。（走到祭壇的西方，面向東方）

祈請步驟一：祈請水星能量

祈禱文：（站在祭壇西方，面向東方）我開啟聖殿來進行水星蠟燭的聖化儀式。諸位神聖魔法界的守護者，請照看此神聖之光的儀式。誠如所願。

拿起未點燃的黃色水星蠟燭。移步到聖殿中水星所在位置（或者它的象徵符號，六芒星的位置）面向它。

祈禱文：以六芒星，所羅門王的神秘封印和生命的象徵所賦予的權力，我祈請水星的力量！

用蠟燭畫出祈請水星能量的六芒星，在中心畫出水星的象徵符號。

拿著黃色水星蠟燭，一邊以順時針慢慢繞行房間，一邊說：

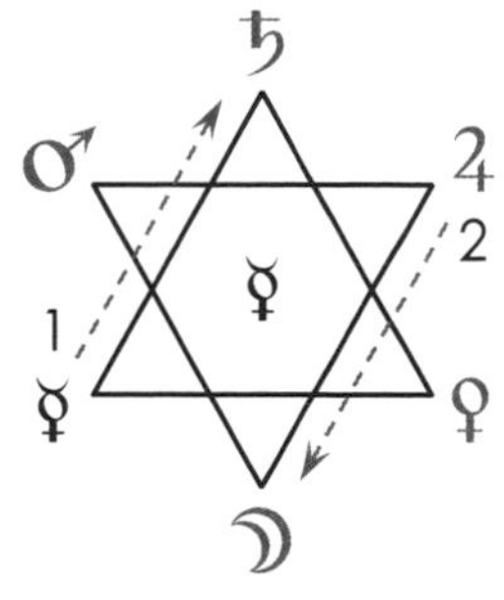

祈請水星能量六芒星

祈禱文：以以羅欣（El-oh-heem Tzah-bah-oth）和偉大的大天使拉斐爾（Raphael）的神聖之名，我祈請水星能量，在不同塵世間的穿梭者。您維繫眾神與人類間秘密訊息的傳遞。您是神奇藝術的偉大魔法師，您將知識與技術傳授給探求者。您是符號、印記和神祕名字的持有者。您是偉大的作家，此刻您的能量在此儀式的運作下得以展現。

回到水星六芒星，用蠟燭觸碰中間的水星符號，順時針方向回到祭壇。將蠟燭放置到祭壇合適的位置，依然面向水星。

祈禱文：您是神聖言語的主宰。我能聽見您傳授的詞彙，讓我從黑暗升入光明。您高瞻遠矚，是靈魂的可靠嚮導，是魔法藝術的顧問。您守護文字與數字的力量。在修習高級魔法的孩童中，我們可以覓見您的行蹤，因您掌握所有的秘密以及生死的神秘道途，您是知識與力量的給予者。透過水星展現的啟蒙之光，我聖化此水星蠟燭。

在水星蠟燭周圍畫一個圈，在祈請水星能量的六芒星內畫一個圈，將水星印記放入中央。觀想黃色的六芒星融入蠟燭中。

水星符號

將水星蠟燭放置在東方，面向東方。在東方的空中用蠟燭畫出水星黃色符號。

祈禱文：我站在冉冉升起的水星前。內在水星的能量慢慢被喚醒，我呼吸著水星魔法的秘密。（觀想水星符號從黑暗中慢慢浮現，明亮的黃光充盈你的全身）我在東方建立水星之力。（走到南方，面向南方。畫出黃色水星符號）

祈禱文：水星升入中天，在天空熠熠生輝。我通過水星的魔法之光投射水星的能量。（觀想在閃耀的光芒中，水星明亮的黃光從你的身體裡發散出來）我在南方建立水星之力。（走到西方，面向西方。畫出黃色的水星符號 ）

祈禱文：水星正在西沉，散發他的內在之光。我納入水星的能量，融入我的靈魂。（觀想黃色的水星符號在心中閃耀）我在西方建立水星之力。（走到北方，面向北方。畫出黃色的水星符號）

祈禱文：水星沉入天底，在隱秘處深藏。我將在水星的光芒中探索神秘世界。（觀想面前有一扇標記水星符號的黃色大門，大門即將開啟）我在北方建立水星之力。（回到祭壇的西方並坐下，面向東方）

用太陽蠟燭點燃水星蠟燭。觀想水星蠟燭燃起黃色跳躍的火焰。將水星蠟燭放置在祭壇適當的地方。

祈請步驟二：以魔法師塔羅牌冥想

觀想你的氣場充滿明亮的黃光，拿起魔法師塔羅牌，一邊研讀其意象，一邊說：

祈禱文：偉大的能量魔法師，您是神聖的靈魂居所的建築師和木匠。是您指引了魔法能量的方向，同時您也是被指引的能量。您是赫密斯（Hermes），是神的信使，智慧、魔法和溝通的主宰。所有的魔法行動透過您得以展現。您超越了二元世界，掌握著宇宙的要素。您是人類神聖的動力，是萬千獨特的個體的總和。您的頭上是生命永恆的標誌，生命不息。您所教導的是："天上如此，地上亦然。"，將一個領域的呈現投射到另一個領域。開展新的冒險是您的潛力，並在白天展開行程，因為您將秘密從黑暗帶進光明。

閉上你的眼睛，並觀想自己身處牌卡所描畫的意境。覺知內在所有起心動念。在結束觀想之前，向水星的能量獻上自身的光。

另一種冥想方式

黃昏時分，正是日夜交替的時刻。你靠在一棵巨大的核桃樹下，它的枝幹像是眾多的蕨類植物從樹木中長出。一顆核桃從樹上掉落在你的身邊。你彎身撿起它，打開硬殼，咬了一口，仔細地咀嚼，想辨識它的味道。正當你享受這美味的時候，一隻狐狸迅捷的從你面前跑過，身後緊跟著一隻全力衝刺的灰狗。身形消逝在微暗的光線中。

你沿著長徑漫步好一會兒。一陣猛烈的風刮起，將你推向前方，讓你更迅速且輕盈地移動；你幾乎在空中飛了起來。這條路通向一個市場。市場裡沒有人，但所有的攤位都已經為了明日的集市搭建好了。

你走近一個攤位，看到很多男人和女人的服裝。當你試穿上男人的服裝時，你感受到了陽剛的力量；然而，當你穿上女人的服裝時，你的內心擁有更多陰柔的特質。你走向其他的攤位，看到塔羅牌和占卜鐘，還有各種神秘學的書籍。在一個櫃檯上放著一個星盤，屋頂上懸掛著一個星空圖。在另一個攤位，你看到詩集和哲學書，以及各種其他書籍。國外的地圖在牆上排列著。

你離開市場，回到核桃樹下。在你結束這次觀想之前，將你自身的光奉獻給水星的能量。

祈禱文：舉起承載水星力量的聖化水星蠟燭。藉此力量來建立水星聖殿。誠如所願。

祈請儀式結束

走到東方，面向房間的中間。

祈禱文：

現在釋放所有被此儀式吸引而來的靈體。在水星的祝福中，回到您的歸處並進入和平中。

如同開始的儀式那樣，用聖水和薰香，淨化及聖化聖殿和身體。以驅散的五芒星在四個角落做完驅散的動作後。回到東方。

祈禱文：現在宣告儀式完整的結束。誠如所願。

熄滅蠟燭。

木星蠟燭聖化儀式
在木星日（星期四）舉行的儀式

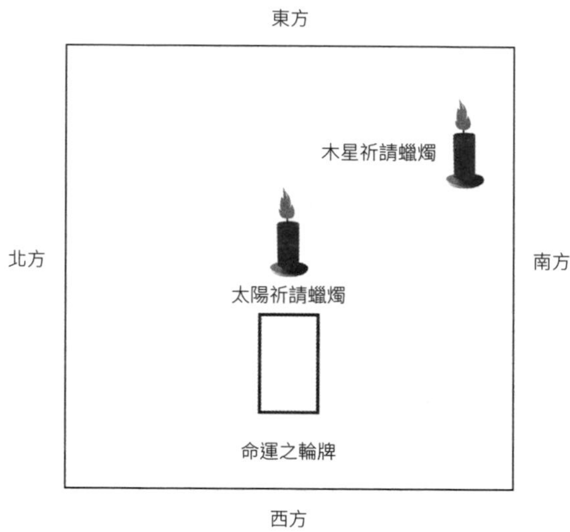

圖34：木星儀式的祭壇擺設

- 祭壇的擺設：行星祭壇設置的第一部分（參見簡介部分），點燃的風元素薰香和火元素蠟燭。
- 祭壇桌布：紫色。
- 蠟燭：橙色太陽蠟燭（點燃），紫色木星蠟燭（未點燃）。
- 塔羅牌：命運之輪牌。
- 薰香、水：放置在東方，點燃薰香（香柏或者其他木星薰香）。
- 音樂：適當的背景音樂。

祈請儀式的準備

儀式開始之前，先在祭壇旁邊靜坐片刻。摒除累積了一天的雜念與憂慮。將意念放在頭頂，觀想一道白光從頭頂上方流入你的身體，並經由身體慢慢流到腳底。想像身體充滿白光，透過每個毛孔的吐納，進入你並圍繞著你。想像白光從身體開始擴展直到充滿整個空間。觀想白光設了一道屏障，將這個空間與外面的世界隔絕，彷彿在這個時空以外，沒有其他的存在。

祈請儀式開始

站在祭壇的西方，面向東方，說：

祈禱文：我用五芒星閃耀的星芒，驅散這殿堂裡所有的世俗影響。我對你說，散去吧！

走到東方，對著東方畫出驅散能量的五芒星，然後在南方、西方和北方重複同樣動作。回到東方 。

拿起聖杯，並向東方灑水三次，然後在南方、西方和北方都重複同樣動作。回到東方，在水杯中沾濕手指，並以手觸碰額頭，再用手指將水往腳邊輕灑，最後在右邊及左邊的肩膀各觸碰一下。

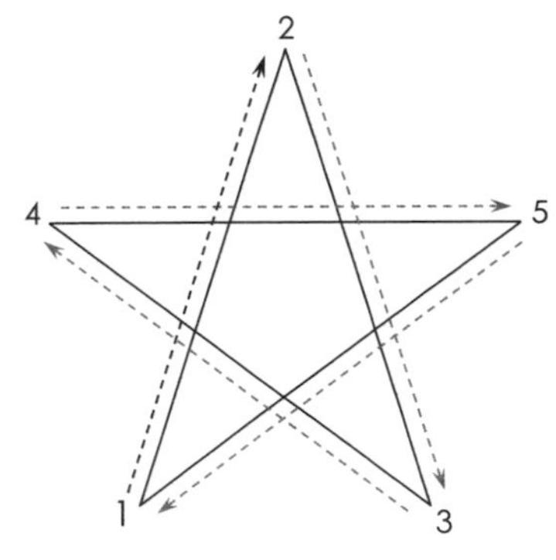

驅散能量元素五芒星

祈禱文：我被淨化了；聖殿也被淨化了，所有的一切都被聖水淨化了。（放下聖杯）

拿起薰香，向東方揮動三次，然後在南方、西方和北方重複同樣動作。回到東方，照著額頭、腳底、右肩與左肩的順序揮舞薰香。

祈禱文：我被聖化了，聖殿也被聖化了，所有的一切都因聖火而被聖化了。（放下薰香）

祈禱文：（站在東方，面向東方）為了木星祈請儀式，我已淨化且聖化殿堂，讓木星的力量能在此停駐片刻。誠如所願。

元素祈請儀式

走到東方，拿起被聖化的風元素薰香。面向東方，用薰香在空中畫出祈請風元素能量的五芒星。

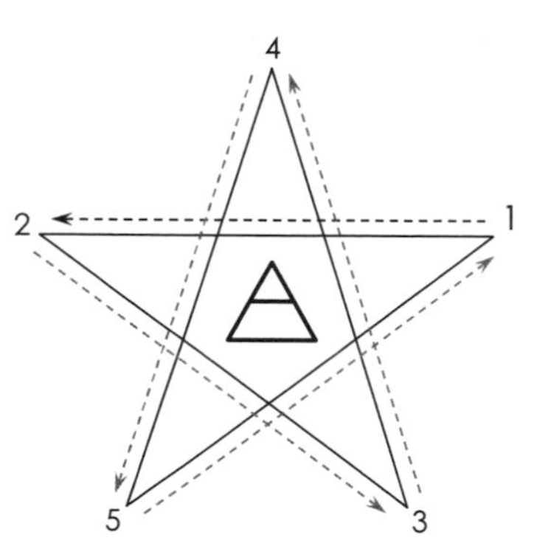

祈請風元素五芒星

祈禱文：通過五芒星的力量，我召喚風元素之靈！

放下薰香。用食指觸碰風元素五芒星的中央，在空中畫一條線，走向南方。

站在南方，面向南方，拿起被聖化的火元素蠟燭。用蠟燭畫出祈請火元素能量的五芒星。

祈禱文：通過五芒星的力量，我召喚火元素之靈！

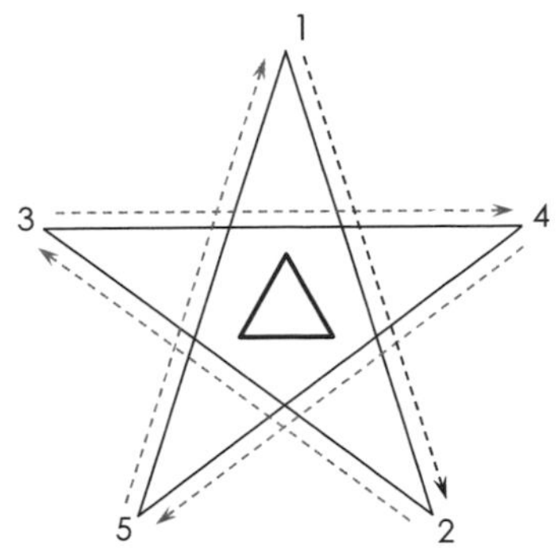

祈請火元素五芒星

放下蠟燭。觸碰火元素五芒星的中間並在空中向西方劃一條線。

站在西方，面向西方，拿起聖化的水元素聖杯。用聖杯畫出水元素能量祈請五芒星。

祈禱文：通過五芒星的力量，我召喚水元素之靈！

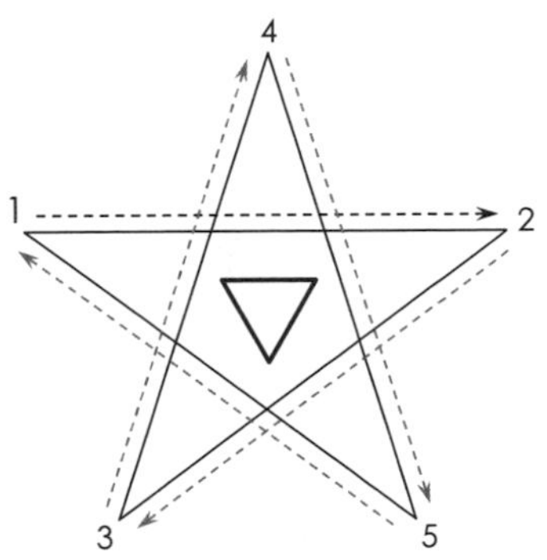

祈請水元素五芒星

放下聖杯。觸碰水元素五芒星的中央，向北方劃出一條線。

站在北方，面向北方，拿起被聖化的元素聖鹽。用聖鹽畫出祈請土元素能量的五芒星。

祈禱文：通過五芒星能量，我召喚土元素之靈！

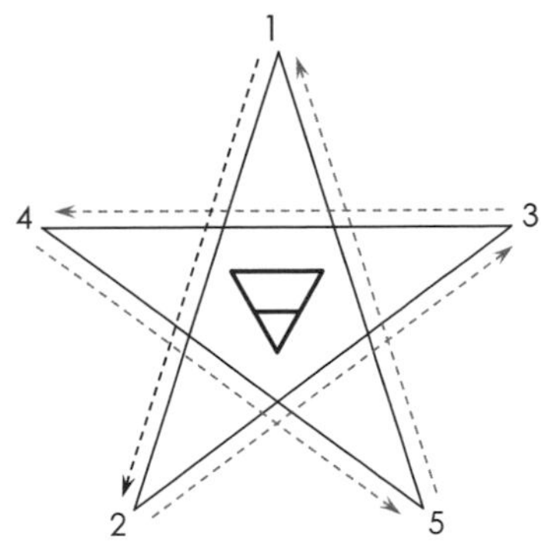

祈請土元素五芒星

放下聖鹽。觸碰土元素五芒星的中央，在空中向東方劃出一條線。

站在東邊，轉身面向房間的中央。

祈禱文：傾聽我，四方世界，我呼喚您！請賜予我走向隱藏道路，尋找神秘知識的勇氣。請賜我您的雙眼來看清所有，賜我您的智慧來洞悉一切，並讓我像您一樣。請賜予我力量，令我得以召喚木星的能量。

靈性祈請儀式

走到祭壇西方，面向東方。在面前的空中，畫出兩個靈性祈請的五芒星：

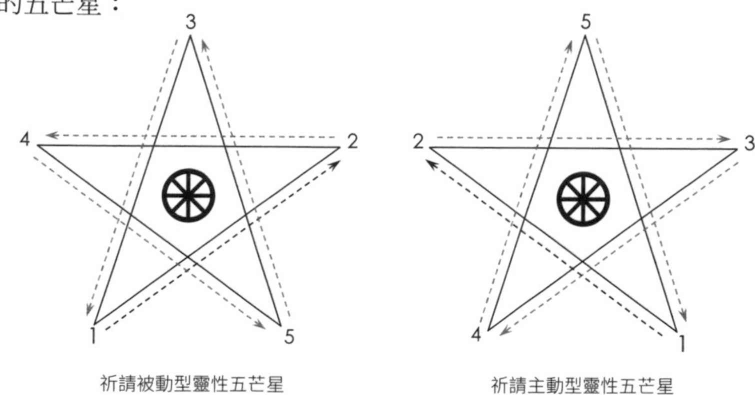

祈請被動型靈性五芒星　　祈請主動型靈性五芒星

祈禱文：噢，您是至高無上的生命之靈，萬事萬物的創造者，世間一切的根源，是所有靈魂的單一源頭。您是我唯一的起源，我隨您直至無限。噢，您是唯一的智慧與真理之源，讓我乘坐真理的馬車攀登更高的領域。帶領我橫越所有海灣和深淵，跳出峽谷與深壑，成為我自由的泉源。讓您無上的光明照亮我前方的道途。讓我如同乘坐光明之船抵達神聖天堂，使我能洞悉宇宙蒼穹。誠如所願。

稍微停頓。觀想有白色光芒籠罩著你。

或者想像：聖殿慢慢升入天堂。

祈禱文：現在萬事俱備，準備升入行星力量的世界。我將離開世俗紅塵，通過將聖化的元素力量放置在他們的星座位置，來進入一個更高的領域。

順時針走到南方，拿起蠟燭，並順時針走到東方。

面向東方。

祈禱文：在世俗世界，東方是風元素所在位置。然而，在更高層的世界，東方是牡羊座的所在，是啟動型的火元素（movable Sign of Fire）。（將蠟燭放置在東方）通過聖化的火元素的象徵力量，四元素之一的火元素現在升入天堂。（拿起薰香，以順時針的方向走到西方，面向西方）

祈禱文：在世俗世界，西方是水元素所在位置。然而，在更高層的世界，西方是天秤座的所在，是啟動型的風元素（movable Sign of Air）。（將薰香放置在西方）通過聖化的風元素的象徵力量，四元素之一的風元素現在升入天堂。（拿起聖杯，以順時針的方向走到北方，面向北方）

祈禱文：在世俗世界，北方是土元素所在位置。然而，在更高層的世界，北方是巨蟹座的所在，是啟動型的水元素（movable Sign of Water）。（將聖杯放置在北方）通過聖化的水元素的象徵力量，四元素之一的水元素現在升入天堂。（拿起聖鹽，以順時針的方向走到南方，面向南方）

祈禱文：在世俗世界，南方是火元素所在位置。然而，在更高層的世界，南方是摩羯座的所在，是啟動型的土元素（movable Sign of Earth）。（將聖鹽放置在南方）通過聖化的土元素的象徵力量，四元素之一的土元素現在升入天堂。（走到祭壇的西方，面向東方）

祈請步驟一：祈請木星能量

祈禱文：（站在祭壇西方，面向東方）我開啟聖殿來進行木星蠟燭的聖化儀式。諸位神聖魔法界的守護者，請照看此神聖之光的儀式。誠如所願。

拿起未點燃的紫色木星蠟燭。走到聖殿中木星的位置（或者是她的符號，六芒星的位置），面向他。

祈禱文：以六芒星，所羅門王的神秘封印和生命的象徵所賦予的權力，我祈請木星的力量！

用蠟燭畫出祈請木星能量的六芒星。在中間畫出木星符號。

拿著紫色木星蠟燭，順時針慢慢繞著房間走，同時說出：

祈禱文：以埃爾（El）及最偉大的大天使薩基爾（Sachiel）的神聖之名，我呼喚榮耀的慷慨施予者，手足情誼的神聖保

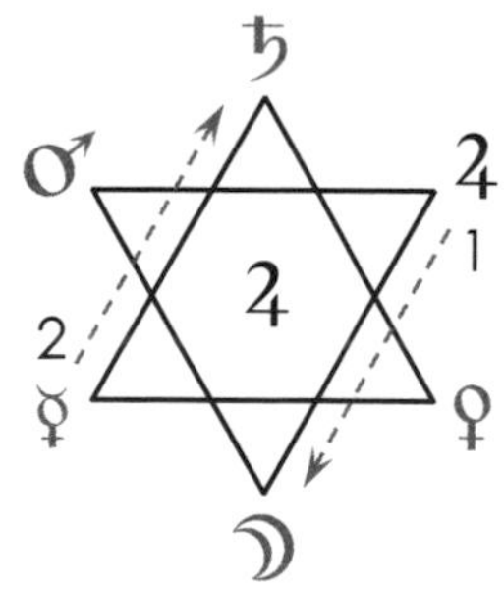

祈請木星能量六芒星

護者。他將友好與和平的祝福賜予所有萬物。他被賦予神聖的權利，是仁慈法則和光明智慧的主人。將秩序帶入混亂是他的名字，他的能量將在此儀式中展現。

回到木星六芒星，用蠟燭觸碰中間的木星符號，並順時針走回祭壇。將蠟燭放置在祭壇合適的位置上，仍然面向木星。

祈禱文：您是和諧、正直和真理。您用智慧來處理和判斷，因您掌握著律法和公正。您擁有遠見，是創世紀時崇高的秩序。沒有什麼可以如同您一樣的光明磊落，除非他們的心如同您一樣正直。您是仁慈的君主，因為您為饑渴難耐和衣不蔽體的人提供麵包和衣物，您是寡婦的丈夫，孤兒的父親。通過您呈現的仁慈的光輝，我在這裡聖化木星蠟燭。

在木星蠟燭周圍劃一個圈，在圈內畫上木星祈請六芒星，將木星印記放置在中央。觀想紫色的六芒星融入蠟燭中。

♃

木星符號

拿著木星蠟燭走到東方，面向東方。用蠟燭在空中向東方畫出紫色的木星符號。

祈禱文：我站在冉冉升起的木星前。內在木星的能量慢慢被喚醒，我呼吸著木星魔法的秘密。（觀想木星符號從黑暗中慢慢浮現，明亮的紫光充盈你的全身）我在東方建立木星之力。（走到南方，面向南方。畫出紫色木星符號）

祈禱文：木星升入中天，在天空熠熠生輝。我通過木星的魔法之光投射木星的能量。（觀想在閃耀的光芒中，木星明亮的紫光從你的身體裡發散出來）我在南方建立木星之力。（走到西方，面向西方。畫出紫色的木星符號）

祈禱文：木星正在西沉，散發他的內在之光。我納入木星的能量，融入我的靈魂。（觀想紫色的木星符號在心中閃耀）我在西方建立木星之力。（走到北方，面向北方。畫出紫色的木星符號）

祈禱文：木星沉入天底，在隱秘處深藏。我將在木星的光芒中探索神秘世界。（觀想面前有一扇標記木星符號的紫色大門，大門即將開啟）我在北方建立木星之力。（回到祭壇的西方並坐下，面向東方）

用太陽蠟燭點燃木星蠟燭。觀想木星蠟燭燃放著生機勃勃的紫色光芒。將木星蠟燭放置在祭壇合適的位置。

祈請步驟二：以命運之輪塔羅牌冥想

觀想你的氣場充滿紫色光芒，拿起命運之輪塔羅牌，一邊研讀其意象，一邊說：

祈禱文：生命力的主宰，您是偉大仁慈的君主，明智的說服者。您是命運之輪，是幸運女神之輪，幸運和命運之女神，宇宙中命定的不變的自然秩序。您是希臘的摩伊拉（Moirai，命運三女神），是羅馬的芭契（Parcae，命運三女神），是挪威的諾倫（Norns，命運三女神），是以交織人類的命運來主宰世間事物的神。對於命運中輪迴的人來說，您有著不同的轉化角色。根據命運的高層秩序，對一些人來說，您是苦難，對另一些人來說，您是祝福。您是時間的象徵，將過去種下的因結成現在的果，乃至到未來。您是生命的輪迴、死亡和重生，光明和黑暗的兩極，這些都在命運之輪中輪迴著。

閉上眼睛，觀想自己身處牌卡的意象中。覺知所有的起心動念。在結束觀想前，將自身之光奉獻給木星的能量。

另一種冥想方式

正是白日時分，甜美的空氣溫熱而潮濕。你在一個美好的庭院裡，四周有修剪整齊的灌木和樹籬。坐在一棵可愛的櫻桃樹下的長凳上，陽光穿過樹葉灑在你的臉龐。你的右邊，一頭大型的牡鹿正領著鹿群越過山崗。一頭獨角獸迅捷奔跑，一頭蒼鷹掠過頭頂。

你從長凳上站起，走在一條通往一個高大建築群的鵝卵石小路上。其中有一間廟宇，一間法院，其他區域構成一間大學。你走向廟宇，從對開的門往內看。廟宇裡，你看到許多僧人圍繞在一個巨大的石頭祭壇旁奉獻薰香。你走下樓梯，來到法院門口，門應聲而開。你看到法官高坐在法庭上。你聽見關於法律的爭執與辯論。你離開法庭，回到庭院中。看向大學城的時候，你看到許多教授和學生在建築中穿梭來回。

你回到櫻桃樹，並坐在樹下。在你結束這個觀想前，向木星的能量奉獻自身的光。

祈禱文：木星蠟燭被聖化，並承載著木星的力量。以此力量建立木星的聖殿。誠如所願。

祈請儀式結束

走到東方，面向聖殿的中央。

祈禱文：現在釋放所有被此儀式吸引而來的靈體。在木星的祝福中，回到您的歸處並進入和平中。

如同開始的儀式那樣，用聖水和薰香，淨化及聖化聖殿和身體。以驅散的五芒星在四個角落做完驅散的動作後。回到東方。

祈禱文：現在宣告儀式完整的結束。誠如所願。

熄滅蠟燭。

金星蠟燭聖化儀式
在金星日（週五）進行

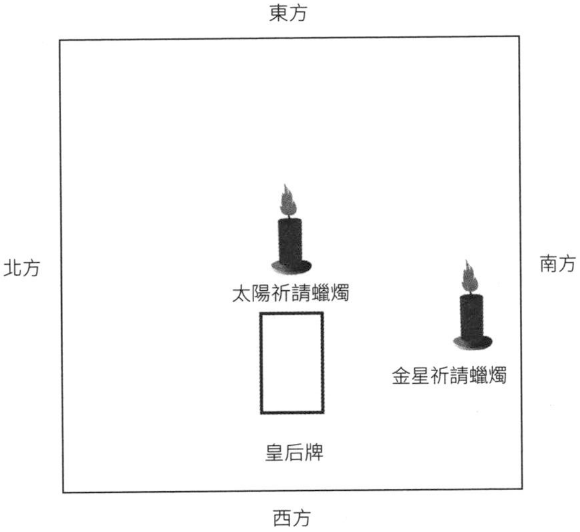

東方

北方

南方

太陽祈請蠟燭

金星祈請蠟燭

皇后牌

西方

圖 35：金星儀式的祭壇擺設

· 祭壇的擺設：行星祭壇擺設的第一部分（參見簡介部分），使用點燃的風元素薰香和火元素蠟燭。

· 祭壇桌布：綠色 。

· 蠟燭：橙色太陽蠟燭（點燃），綠色金星蠟燭（未點燃）。

· 塔羅牌：皇后牌。

· 薰香、水：放置在東方，點燃薰香（玫瑰或者其他金星薰香）。

· 音樂：適當的背景音樂。

祈請儀式的準備

儀式開始之前，先在祭壇旁邊靜坐片刻。摒除累積了一天的雜念與憂慮。將意念放在頭頂，觀想一道白光從頭頂上方流入你的身體，並經由身體慢慢的流到腳底。想像身體充滿白光，透過每個毛孔的吐納，進入你並圍繞著你。想像白光從身體開始擴展直到充滿整個空間。觀想白光設了一道屏障，將這個空間與外面的世界隔絕，彷彿在這個時空以外，沒有其他的存在。

祈請儀式開始

站在祭壇的西方，面向東方，說：

祈禱文：我用五芒星閃耀的星芒，驅散這殿堂裡所有的世俗影響。我對你說，散去吧！

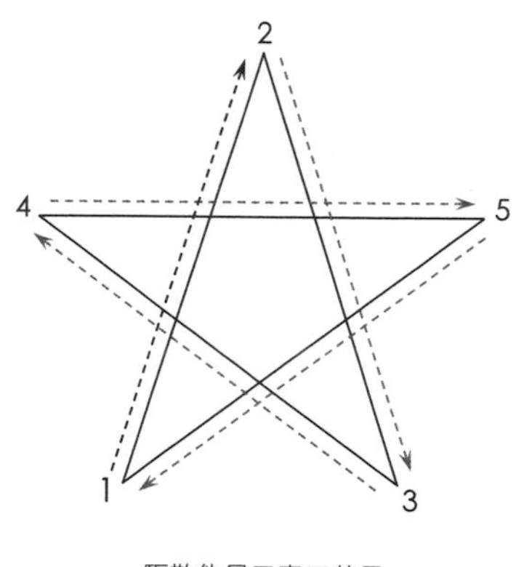

驅散能量元素五芒星

走到東方，對著東方畫出驅散能量的五芒星，然後在南方、西方和北方重複同樣動作。回到東方 。

拿起聖杯，並向東方灑水三次，然後在南方、西方和北方都重複同樣動作。回到東方，在水杯中沾濕手指，並以手觸碰額頭，再用手指將水往腳邊輕灑，最後在右邊及左邊的肩膀各觸碰一下。

祈禱文：我被淨化了；聖殿也被淨化了，所有的一切都被聖水淨化了。（放下聖杯）

拿起薰香，向東方揮動三次，然後在南方、西方和北方重複同樣動作。回到東方，照著額頭、腳底、右肩與左肩的順序揮舞薰香。

祈禱文：我被聖化了，聖殿也被聖化了，所有的一切都因聖火而被聖化了。（放下薰香）

祈禱文：（站在東方，面向東方）為了金星祈請儀式，我已淨化且聖化殿堂，讓金星的力量能在此停駐片刻。誠如所願。

元素祈請儀式

走到東方，拿起被聖化的風元素薰香。面向東方，用薰香在空中畫出祈請風元素的五芒星。

祈禱文：通過五芒星的力量，我召喚風元素之靈！

放下薰香。用食指觸碰風元素五芒星的中央，在空中劃一條線，走向南方。

在南方面向南方，拿起被聖化的火元素蠟燭。用蠟燭畫出祈請火元素的五芒星。

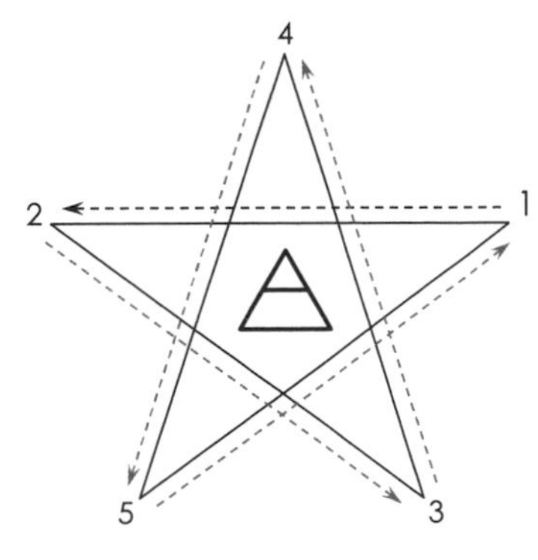

祈請風元素五芒星

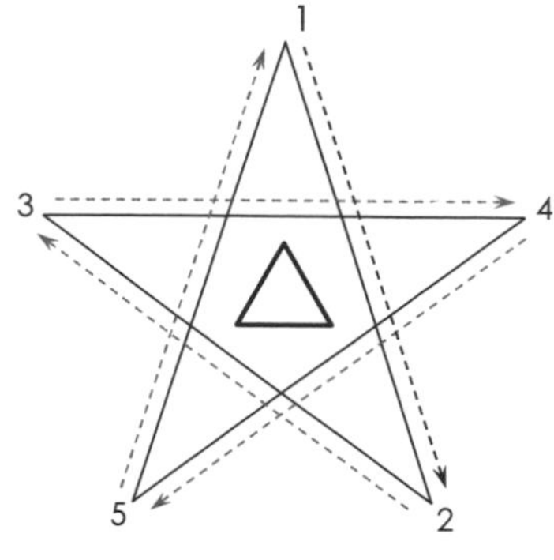

祈請火元素五芒星

祈禱文：通過五芒星的力量，我召喚火元素之靈！

放下蠟燭。觸碰火元素五芒星的中間，並在空中向西方劃一條線。

站在西方，面向西方，拿起聖化的水元素聖杯。用聖杯畫出祈請水元素五芒星。

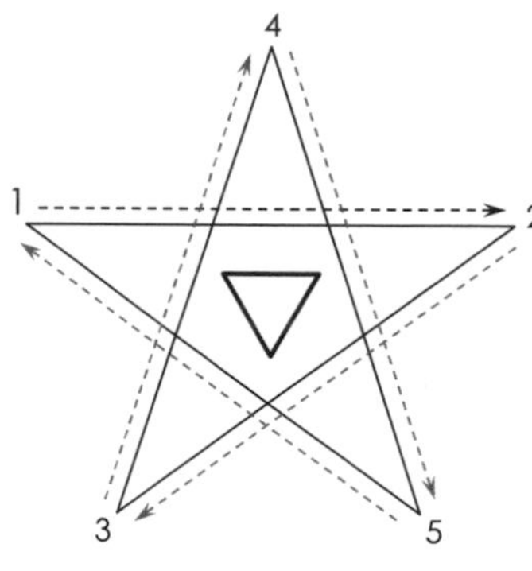

祈請水元素五芒星

祈禱文：通過五芒星的力量，我召喚水元素之靈！

放下聖杯。觸碰水元素五芒星的中央，向北方劃出一條線。

站在北方，面向北方，拿起被淨化的元素聖鹽。用聖鹽畫出祈請土元素的五芒星。

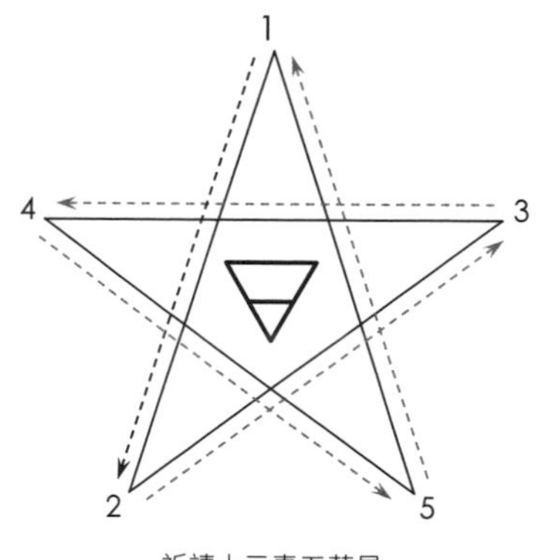

祈請土元素五芒星

祈禱文：通過五芒星的力量，我召喚土元素之靈！

放下聖鹽。觸碰土元素五芒星的中央，向東方劃出一條線。

站在東方，面向房間的中央。

祈禱文：傾聽我，四方世界，我呼喚您！請賜予我走向隱藏道路，尋找神秘知識的勇氣。請賜予我您的雙眼來看清所有，賜予我您的智慧來洞悉一切，並讓我像您一樣。請賜予我力量，令我得以召喚金星的能量。

靈性祈請儀式

走到祭壇西方，面向東方。在面前的空中，畫出兩個靈性祈請的五芒星：

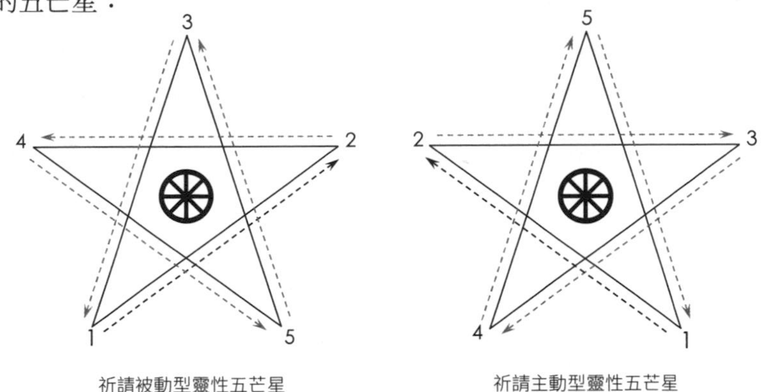

祈請被動型靈性五芒星　　祈請主動型靈性五芒星

祈禱文：噢，您是至高無上的生命之靈，萬事萬物的創造者，世間一切的根源，是所有靈魂的單一源頭。您是我唯一的起源，我隨您直至無限。噢，您是唯一的智慧與真理之源，讓我乘坐真理的馬車攀登更高的領域。帶領我橫越所有海灣和深淵，跳出峽谷與深壑，成為我自由的泉源。讓您無上的光明照亮我前方的道途。讓我如同乘坐光明之船抵達神聖天堂，使我能洞悉宇宙蒼穹。誠如所願。

稍微停頓。觀想有白色光芒籠罩著你。

或者想像：聖殿慢慢升入天堂。

祈禱文：現在萬事俱備，準備升入行星力量的世界。我將離開世俗紅塵，通過將聖化的元素力量放置在他們的星座位置，來進入一個更高的領域。

順時針走到南方，拿起蠟燭，並順時針走到東方。

面向東方。

祈禱文：在世俗世界，東方是風元素所在位置。然而，在更高層的世界，東方是牡羊座的所在，是啟動型的火元素（movable Sign of Fire）。（將蠟燭放置在東方）通過聖化的火元素的象徵力量，四元素之一的火元素現在升入天堂。（拿起薰香，以順時針的方向走到西方，面向西方）

祈禱文：在世俗世界，西方是水元素所在位置。然而，在更高層的世界，西方是天秤座的所在，是啟動型的風元素（movable Sign of Air）。（將薰香放置在西方）通過聖化的風元素的象徵力量，四元素之一的風元素現在升入天堂。（拿起聖杯，以順時針的方向走到北方，面向北方）

祈禱文：在世俗世界，北方是土元素所在位置。然而，在更高層的世界，北方是巨蟹座的所在，是啟動型的水元素（movable Sign of Water）。（將聖杯放置在北方）通過聖化的水元素的象徵力量，四元素之一的水元素現在升入天堂。（拿起聖鹽，以順時針的方向走到南方，面向南方）

祈禱文：在世俗世界，南方是火元素所在位置。然而，在更高層的世界，南方是摩羯座的所在，是啟動型的土元素（movable Sign of Earth）。（將聖鹽放置在南方）通過聖化的土元素的象徵力量，四元素之一的土元素現在升入天堂。（走到祭壇的西方，面向東方）

祈請步驟一：祈請金星能量

祈禱文：（站在祭壇西方，面向東方）我開啟聖殿來進行金星蠟燭的聖化儀式。諸位神聖魔法界的守護者，請照看此神聖之光的儀式。誠如所願。

拿起未點燃的綠色金星蠟燭。走到聖殿中金星的位置（或者是她的符號，六芒星的位置），面向她。

祈禱文：以六芒星，所羅門王的神秘封印和生命的象徵所賦予的權力，我祈請金星的力量！

用蠟燭，畫出金星祈請儀式的六芒星。在中間畫出金星符號。

拿著綠色金星蠟燭，順時針慢慢繞著房間走，同時說出：

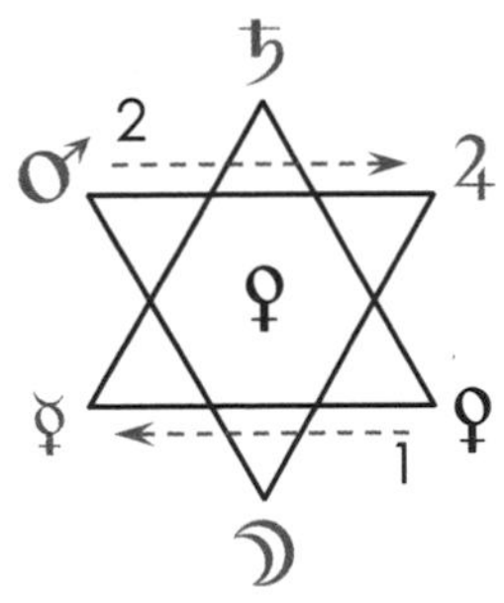

祈請金星能量六芒星

祈禱文：以耶和華（Yod Heh Vav Heh Tzah-bah-oth）及最偉大的大天使安尼爾（Aniel）的神聖之名，我呼喚金星，您是愛的播散者，生命繁衍的主宰。我召喚您的力量，您在光芒中披著聖袍，優雅無以倫比。無暇的和諧與均衡是您的香氣，因為您是歡慶之廈的女神，您用歡樂來提供避難之所。您是喜樂女王，是繁衍的主宰，您的力量在此祈請儀式中展現。

回到金星六芒星，用蠟燭觸碰中間的金星符號，並順時針走回祭壇。將蠟燭放置在祭壇合適的位置上，仍然面向金星。

祈禱文：您是快樂的施予者，您用您充滿愛意的目光沐浴著人們。您是歡歌笑語，愛與樂與您同在。天堂裡慵懶的星是您的居所，您用愛與和平敞開您的大門。您為生命注入歡樂、和諧與美的力量。您的笑容隨著閃爍的光、花朵的芳香四處彌漫。藉您充滿鼓舞力量的光芒，我將金星蠟燭聖化。

金星符號

在金星蠟燭周圍畫一個圈，在圈內畫上金星祈請六芒星，將金星印記放置在中央。觀想綠色的六芒星融入蠟燭中。

拿著金星蠟燭走到東方，面向東方。用蠟燭在空中向東方畫出金星的綠色符號。

祈禱文：我站在冉冉升起的金星前。內在金星的能量慢慢被喚醒，我呼吸著金星魔法的秘密。（觀想金星符號從黑暗中慢慢浮現，明亮的綠光充盈你的全身）我在東方建立金星之力。（走到南方，面向南方。畫出綠色金星符號）

祈禱文：金星升入中天，在天空熠熠生輝。我通過金星的魔法之光投射金星的能量。（觀想在閃耀的光芒中，金星明亮的綠光從你的身體裡發散出來）我在南方建立金星之力。（走到西方，面向西方。畫出綠色的金星符號）

祈禱文：金星正在西沉，散發他的內在之光。我納入金星的能量，融入我的靈魂。（觀想綠色的金星符號在心中閃耀）我在西方建立金星之力。（走到北方，面向北方。畫出綠色的金星符號）

祈禱文：金星沉入天底，在隱秘處深藏。我將在金星的光芒中探索神秘世界。（觀想面前有一扇標記金星符號的綠色大門，大門即將開啟）我在北方建立金星之力。（回到祭壇的西方並坐下，面向東方）

用太陽蠟燭點燃金星蠟燭。觀想金星蠟燭燃放著生機勃勃的綠色光芒。將金星蠟燭放置在祭壇合適的位置。

祈請步驟二：以女皇塔羅牌冥想

觀想你的氣場充滿綠色光芒，拿起女皇塔羅牌，一邊研讀其意象，一邊說：

祈禱文：您是大能（Mighty One）之女，洞悉智慧、能量和形式的結合。您是宇宙的母親，大愛的化身。您是大地生命的養育者和創造者。您是流光溢彩的發源地，您掌管著萬物生長。您是愛神（Venus），美的主宰。您是豐饒之女神（Demeter），豐盛的主宰，世間寶藏的賜予者。對目標的渴望是您的名字。美、藝術、愉悅以及愛是您的賜予。您是人間的天堂，萬事萬物繁衍之母。您是所有生命的滋養，是所有美和快樂的不息源泉。

閉上你的眼睛並觀想自己身處牌卡所描畫的意境。覺知所有的起心動念。在結束觀想之前，向金星的能量獻上自己的光。

另一種冥想的方式

夜晚時分，恰好在黎明破曉之前，空氣清涼濕潤。你坐在蘋果園中，一棵掛滿累累碩果的蘋果樹下。柔軟綠色的草地上和樹葉上都掛著晶瑩剔透的露珠。你坐在樹下，發現在你的右邊，一隻幼小的兔子正在咀嚼甜美的三葉草。你還聽到遠處傳來夜鶯婉轉的歌聲。

你步入一條芳草茵茵的小徑，盡頭是一幢被白色玫瑰花園環繞著的小屋。深藍色刻有金色花紋的青金石噴泉向玫瑰園溫柔地噴灑，而小叢的百合則沿著小徑一直延伸到入口。空氣裡彌漫著淡淡的花香。

你走近小屋時，大門向兩側打開，你看到一個點著蠟燭的美麗臥室，似乎在等待一對愛侶的到來。一張巨大，有四根帷柱的床上覆蓋著柔軟的天鵝絨，絨面天藍色嵌有金黃色條紋。柔軟的鴨絨枕頭脹鼓鼓靠在床邊背靠上。床邊的小桌子上放著許多誘人的甜點、高腳杯裡盛滿美酒。陶瓷浴缸裡已經準備好芳香的沐浴水，四周鋪著淺綠色的布。舒緩柔和的音樂在房間流動。你輕輕關上身後的門，然後回到蘋果園。在結束觀想之前，向金星的能量獻上自身的光。

祈禱文：金星蠟燭被聖化，並承載著金星的力量。以此力量建立金星的聖殿。誠如所願。

祈請儀式結束

走到東方，面向房間的中間。

祈禱文：現在釋放所有被此儀式吸引而來的靈體。在金星的祝福中，回到您的歸處並進入和平中。

如同開始的儀式那樣，用聖水和薰香，淨化及聖化聖殿和身體。以驅散的五芒星在四個角落做完驅散的動作後。回到東方。

祈禱文：現在宣告儀式完整的結束。誠如所願。

熄滅蠟燭。

土星蠟燭聖化儀式
在土星日（星期六）舉行的儀式

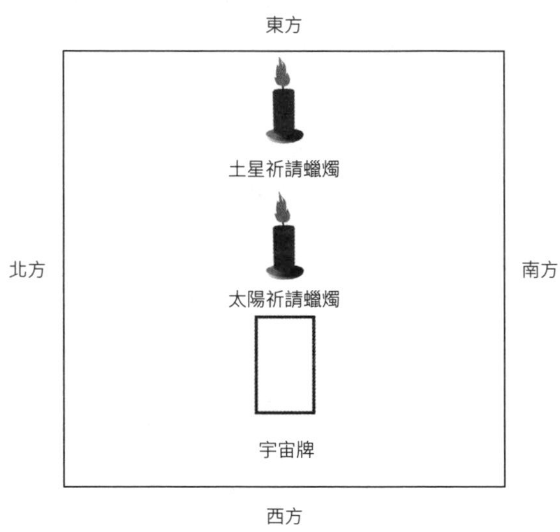

圖36：土星儀式的祭壇擺設

- 祭壇的擺設：行星祭壇擺設的第一部分（參見簡介部分），使用點燃的風元素的薰香，火元素的蠟燭。
- 祭壇桌布：藍紫色。
- 蠟燭：橙色太陽蠟燭（點燃），藍紫色土星蠟燭（未點燃）。
- 對應塔羅牌：世界／宇宙牌。
- 薰香、水：放置在東方，點燃薰香（沒藥或者其他土星薰香）。
- 音樂：適當的背景音樂。

祈請儀式的準備

儀式開始之前，先在祭壇旁邊靜坐片刻。摒除累積了一天的雜念與憂慮。將意念放在頭頂，觀想一道白光從頭頂上方流入你的身體，並經由身體慢慢流到腳底。想像身體充滿白光，透過每個毛孔的吐納，進入你並圍繞著你。想像白光從身體開始擴展直到充滿整個空間。觀想白光設了一道屏障，將這個空間與外面的世界隔絕，彷彿在這個時空以外，沒有其他的存在。

祈請儀式開始

站在祭壇的西方，面向東方，說：

祈禱文：我用五芒星閃耀的星芒，驅散這殿堂裡所有的世俗影響。我對你說，散去吧！

走到東方，對著東方畫出驅散能量的五芒星，然後在南方、西方和北方重複同樣動作。回到東方 。

拿起聖杯，並向東方灑水三次，然後在南方、西方和北方都重複同樣動作。回到東方，在水杯中沾濕手指，並以手觸碰額頭，再用手指將水往腳邊輕灑，最後在右邊及左邊的肩膀各觸碰一下。

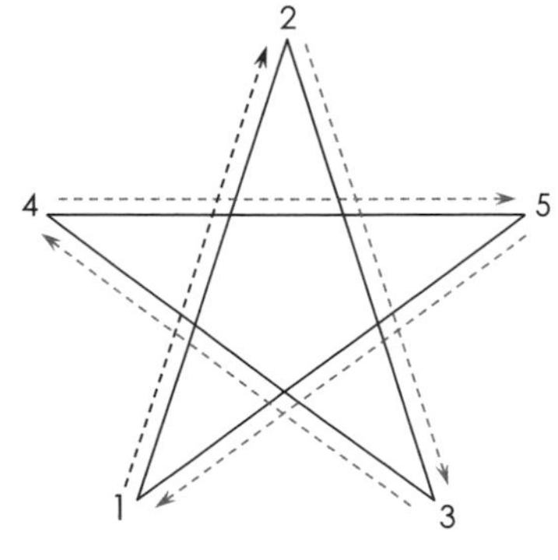

驅散能量元素五芒星

祈禱文：我被淨化了；聖殿也被淨化了，所有的一切都被聖水淨化了。（放下聖杯）

拿起薰香，向東方揮動三次，然後在南方、西方和北方重複同樣動作。回到東方，照著額頭、腳底、右肩與左肩的順序揮舞薰香。

祈禱文：我被聖化了，聖殿也被聖化了，所有的一切都因聖火而被聖化了。（放下薰香）

祈禱文：（站在東方，面向東方）為了土星祈請儀式，我已淨化且聖化殿堂，讓土星的力量能在此停駐片刻。誠如所願。

元素祈請儀式

走到東方，拿起被聖化的風元素薰香。面向東方，用薰香在空中畫出祈請風元素能量的五芒星。

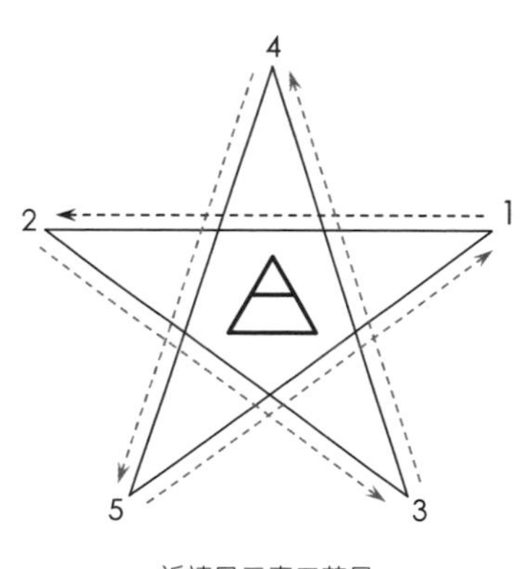

祈請風元素五芒星

祈禱文：通過五芒星的力量，我召喚風元素之靈！

放下薰香。用食指觸碰風元素五芒星的中央，在空中劃一條線，走向南方。

在南方面向南方，拿起被聖化的火元素蠟燭。用蠟燭畫出祈請火元素能量的五芒星。

祈禱文：通過五芒星的力量，我召喚火元素之靈！

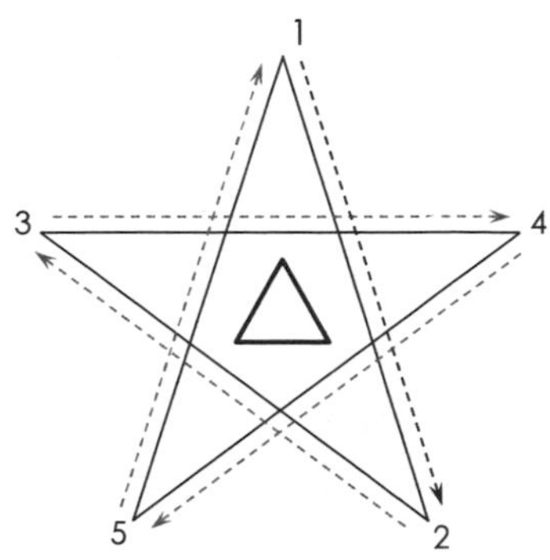

祈請火元素五芒星

放下蠟燭。 觸碰火元素五芒星的中間，並在空中向西方劃一條線。

站在西方，面向西方，拿起聖化的水元素聖杯。用聖杯畫出水元素祈請五芒星。

祈禱文：通過五芒星的力量，我召喚水元素之靈！

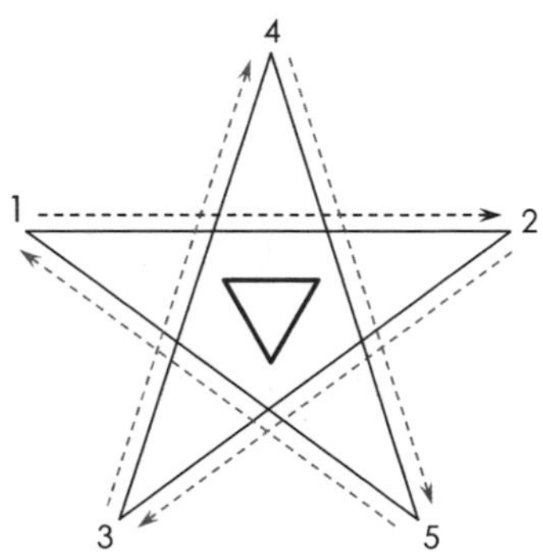

祈請水元素五芒星

放下聖杯。觸碰水元素五芒星的中央，向北方劃出一條線。

站在北方，面向北方，拿起被淨化的元素聖鹽。用聖鹽畫出祈請土元素的五芒星。

祈禱文：通過五芒星能量，我召喚土元素之靈！

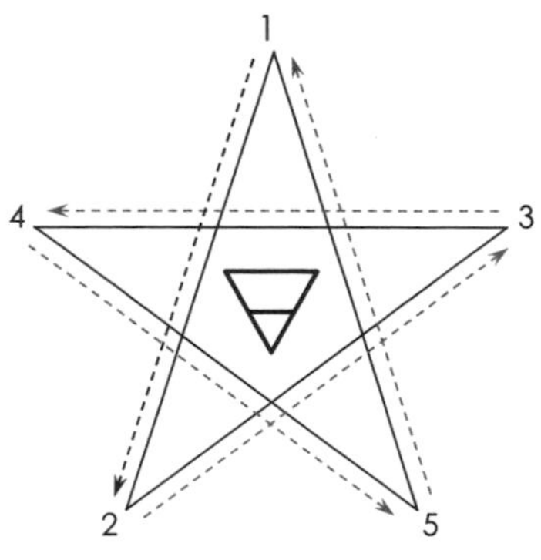

祈請土元素五芒星

放下聖鹽。觸碰土元素五芒星的中央，向東方劃出一條線。

站在東邊，面向房間的中央。

祈禱文：傾聽我，四方世界，我呼喚您！請賜予我走向隱藏道路，尋找神秘知識的勇氣。請賜我您的雙眼來看清所有，賜我您的智慧來洞悉一切，並讓我像您一樣。請賜予我力量，令我得以召喚土星的能量。

靈性祈請儀式

走到祭壇西方，面向東方。在面前的空中，畫出兩個祈請靈性能量的五芒星：

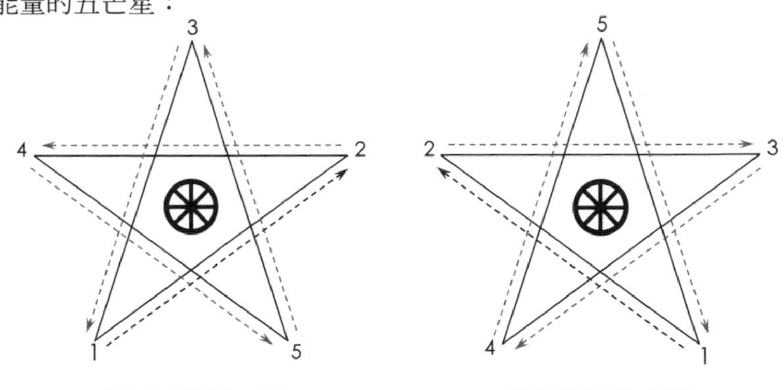

祈請被動型靈性五芒星

祈請主動型靈性五芒星

祈禱文：噢，您是至高無上的生命之靈，萬事萬物的創造者，世間一切的根源，是所有靈魂的單一源頭。您是我唯一的起源，我隨您直至無限。噢，您是唯一的智慧與真理之源，讓我乘坐真理的馬車攀登更高的領域。帶領我橫越所有海灣和深淵，跳出峽谷與深壑，成為我自由的泉源。讓您無上的光明照亮我前方的道途。讓我如同乘坐光明之船抵達神聖天堂，使我能洞悉宇宙蒼穹。誠如所願。

稍微停頓。觀想白色光芒籠罩著你。

或者想像：聖殿慢慢升入天堂。

祈禱文：現在萬事俱備，準備升入行星力量的世界。我將離開世俗紅塵，通過將聖化的元素力量放置在他們的星座位置，來進入一個更高的領域。

順時針走到南方，拿起蠟燭，並順時針走到東方。

面向東方。

祈禱文：在世俗世界，東方是風元素所在位置。然而，在更高層的世界，東方是牡羊座的所在，是啟動型的火元素（movable Sign of Fire）。（將蠟燭放置在東方）通過聖化的火元素的象徵力量，四元素之一的火元素現在升入天堂。（拿起薰香，以順時針的方向走到西方，面向西方）

祈禱文：在世俗世界，西方是水元素所在位置。然而，在更高層的世界，西方是天秤座的所在，是啟動型的風元素（movable Sign of Air）。（將薰香放置在西方）通過聖化的風元素的象徵力量，四元素之一的風元素現在升入天堂。（拿起聖杯，以順時針的方向走到北方，面向北方）

祈禱文：在世俗世界，北方是土元素所在位置。然而，在更高層的世界，北方是巨蟹座的所在，是啟動型的水元素（movable Sign of Water）。（將聖杯放置在北方）通過聖化的水元素的象徵力量，四元素之一的水元素現在升入天堂。（拿起聖鹽，以順時針的方向走到南方，面向南方）

祈禱文：在世俗世界，南方是火元素所在位置。然而，在更高層的世界，南方是摩羯座的所在，是啟動型的土元素（movable Sign of Earth）。（將聖鹽放置在南方）通過聖化的土元素的象徵力量，四元素之一的土元素現在升入天堂。（走到祭壇的西方，面向東方）

祈請步驟一：祈請土星能量

祈禱文：（站在祭壇西方，面向東方）我開啟此聖殿來進行土星蠟燭的淨化儀式。諸位神聖魔法界的守護者，請照看此神聖之光的儀式。誠如所願。

拿起未點燃的藍紫色土星蠟燭。走到聖殿中土星的位置（或者是他的符號，六芒星的位置），面向他。

祈禱文：以六芒星，所羅門王的神秘封印和生命的象徵所賦予的權力，我祈請土星的力量！

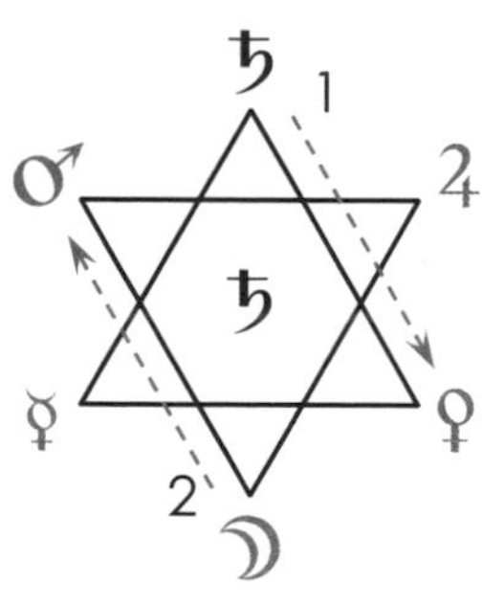

祈請土星能量六芒星

用蠟燭畫出祈請土星能量的六芒星。在中間畫出土星符號。

拿著藍紫色土星蠟燭，順時針慢慢繞著房間走，同時說出：

祈禱文：以耶和華（Yod Heh Vav Heh El-oh-heem）以及最偉大的大天使卡賽爾（Kassiel）的神聖之名。我呼喚土星能量。您代表神秘，是最崇高的理解以及死亡的守護者。您是古老和智慧的化身，是播種者，也是收割者，您承接了長者之夜的權杖。您通過時間和需求來制定規則。您是所有的過往，當下和未來，您的力量在此儀式獲得展現。

回到土星六芒星，用蠟燭觸碰中間的月亮符號，並順時針走回祭壇。將蠟燭放置在祭壇合適的位置上，仍然面向土星。

祈禱文：您是隱蔽和古老的，是天堂的父母。您通過神秘和秘密的種子來推動生命。您承接了長者之夜的權杖，廣袤而流動的時間之洋是您的領地。那些創造和鑄型者瞭解您，對他們而言，時間並不是敵人，而永恆也並不陌生。您總是無聲無息，默默在黑暗中運作。 通過您堅持不懈的忠誠，您為世間的工匠帶來豐厚的收穫。通過您呈現的隱秘的光輝，我將土星蠟燭聖化。

在土星蠟燭周圍畫一個圈，在圈內畫出祈請土星的六芒星，將土星印記放置在中央。觀想藍紫色的六芒星融入蠟燭中。

♄

土星符號

將土星蠟燭拿到東邊，面向東方。用蠟燭在空中向東方畫出藍紫色的土星符號。

祈禱文：我站在冉冉升起的土星前。內在土星的能量慢慢被喚醒，我呼吸著土星魔法的秘密。（觀想土星符號從黑暗中慢慢浮現，明亮的藍紫色光充盈你的全身）我在東方建立土星之力。（走到南方，面向南方。畫出藍紫色土星符號）

祈禱文：土星升入中天，在天空熠熠生輝。我通過土星的魔法之光投射土星的能量。（觀想在閃耀的光芒中，土星明亮的藍紫色從你的身體裡發散出來）我在南方建立土星之力。（走到西方，面向西方。畫出黃色的土星符號）

祈禱文：土星正在西沉，散發他的內在之光。我納入土星的能量，融入我的靈魂。（觀想藍紫色的土星符號在心中閃耀）我在西方建立土星之力。（走到北方，面向北方。畫出藍紫色的土星符號）

祈禱文：土星沉入天底，在隱秘處深藏。我將在土星的光芒中探索神秘世界。（觀想面前有一扇標記土星符號的藍紫色大門，大門即將開啟）我在北方建立土星之力。（回到祭壇的西方並坐下，面向東方）

用太陽蠟燭點燃土星蠟燭。觀想土星蠟燭燃放著生機勃勃的藍紫色光芒。將土星蠟燭放置在祭壇合適的位置。

祈請步驟二：以宇宙塔羅牌冥想

觀想你的氣場充盈著藍紫色的光。拿起宇宙塔羅牌，一邊研讀其意象，一邊說：

祈禱文：您是夜晚時分的偉人，宇宙元素和物質世界的基礎。您構建了所有的元素。您是生命和死亡的門，也是通往更高層領域的入口。您是蓋亞（Gaia），大地、海洋和天空的母親。您是德米特（Demeter）女神和席爾瑞斯（Ceres）女神，掌管著土地的豐饒。您是當奴（Danu）女神，所有生靈的母親。您是伊希斯（Isis）女神，大地女皇。您是生命輪迴的終點，是走入下一世輪迴時的驛站。您代表完整，宇宙的感知和宇宙力量潛在的完美統一。四個智慧小天使（Kerubim）是組成物質世界的四種結構基礎，也構建了神聖靈魂的中心，在那裡聖潔得以展現。這是發展的極致，是永恆的圓滿，是靈魂和身體的和諧。

閉上你的眼，觀想你自己在牌卡的意象中。覺知內在所有的起心動念。在你結束觀想之前，對土星的能量奉獻自身的光。

另一種冥想的方式

這是多雲且陰暗的白天。空氣既冷又乾。一個黝暗洞穴的洞口，隱密的長著一顆低垂著枝條的柳樹，而你坐在樹底冰冷的地上。遠處是一片的水域灰色岸邊。你孑然一身：四處看不到其他人。你頭頂的柳樹枝上傳來一聲尖叫，你向上看去，見到一隻巨大的黑色烏鴉正在拍打它的翅膀。你感覺到腿下的震動，原來是一隻鼴鼠正在地下挖掘。一隻老鼠快速地竄過你，以逃避一條蛇的追趕。

你站起來，望向洞內。入口處有一條小徑深入其中，深入神秘的黑暗裡。然而在洞穴深處，你看到從岩石間散發出來的藍紫色光，似乎是經歷了長時間的壓力後，慢慢形成的未來的寶藏。

你離開洞穴，穿過幽暗朦朧、枯萎的老樹林，來到一塊神聖的墓園。彎彎曲曲的金屬柵欄圍繞著灰色的園地。墓地裡有許多各式各樣的舊石碑和散佈在各處的地窖。你聽到乾冷的風在其間迴旋咆哮。你駐足觀看這些古老的石塊：有些是圓形的，有些是方形的，有些很高。你伸手去摸，感到他們的冰冷和石頭的紋理。你開始想像鬼魂在這墓園遊走。他們若即若離，還和你說話。你回到柳樹席地而坐。在你結束這個觀想前，向土星的能量奉獻自身的光。

祈禱文：被聖化的土星蠟燭承載著土星的力量。以此力量建立土星的聖殿，誠如所願。

祈請儀式結束

走到東方，面向聖殿的中央。

祈禱文：現在釋放所有被此儀式吸引而來的靈體。在土星的祝福中，回到您的歸處並進入和平中。

如同開始的儀式那樣，用聖水和薰香，淨化及聖化聖殿和身體。以驅散的五芒星在四個角落做完驅散的動作後。回到東方。

祈禱文：現在宣告儀式完整的結束。誠如所願。

熄滅蠟燭。

創造神奇的宇宙：行星儀式
在太陽日（星期日）舉行的儀式

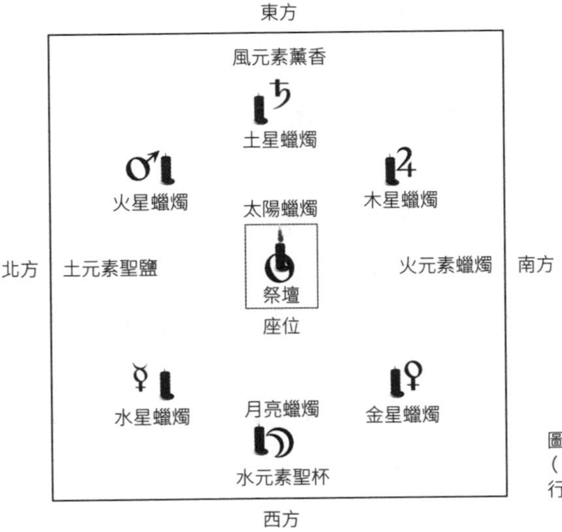

東方
風元素薰香
土星蠟燭
火星蠟燭
木星蠟燭
太陽蠟燭
北方
土元素聖鹽
祭壇
火元素蠟燭
南方
座位
水星蠟燭
月亮蠟燭
金星蠟燭
水元素聖杯
西方

圖37：聖殿擺設（第一部分），行星頂點儀式

東方
宇宙牌
高塔牌
命運之輪牌
北方
南方
太陽蠟燭
太陽牌
魔法師牌
女祭司牌
女皇牌
西方

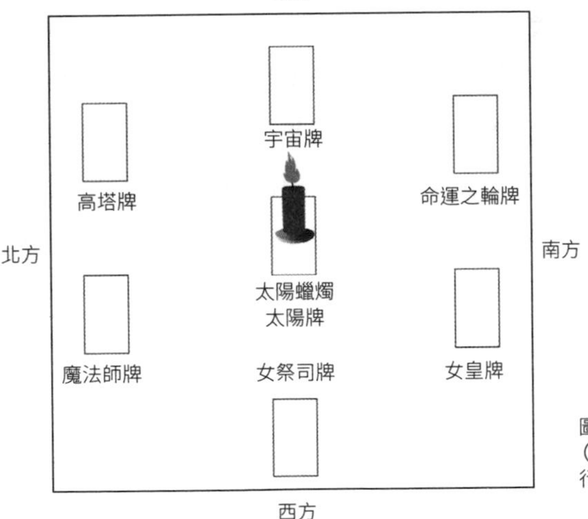

圖38：祭壇擺設（第一部分），行星頂點儀式

- 祭壇擺設：行星祭壇擺設的第一部分（參見簡介部分），使用點燃的風元素的薰香和火元素的蠟燭。
- 祭壇桌布：橙色。
- 祭壇擺設：如圖，將燈光放在一旁。
- 放置元素符號：

  火元素蠟燭：東方（代表牡羊座，上升）

  土元素聖鹽：南方（摩羯座，中天）

  風元素薰香：西方（天秤，下降）

  水元素聖杯：北方（巨蟹，天底）
- 行星蠟燭（聖化的）：未點燃，並放置在小盤子上，或者放置在六芒星中的行星位置上（見上圖）。
- 薰香、水：放置在東方，點燃薰香。（乳香／太陽薰香）。
- 音樂：適當的背景音樂。

祈請儀式的準備

儀式開始之前，先在祭壇旁邊靜坐片刻。摒除累積了一天的雜念與憂慮。將意念放在頭頂，觀想一道白光從頭頂上方流入你的身體，並經由身體慢慢流到腳底。想像身體充滿白光，透過每個毛孔的吐納，進入你並圍繞著你。想像白光從身體開始擴展直到充滿整個空間。觀想白光設了一道屏障，將這個空間與外面的世界隔絕，彷彿在這個時空以外，沒有其他的存在。

祈請儀式開始

站在祭壇的西方，面向東方，說：

祈禱文：我用五芒星閃耀的星芒，驅散這殿堂裡所有的世俗影響。我對你說，散去吧！

走到東方，對著東方畫出驅散能量的五芒星，然後在南方、西方和北方重複同樣動作。回到東方 。

拿起聖杯，並向東方灑水三次，然後在南方、西方和北方都重複同樣動作。回到東方，在水杯中沾濕手指，並以手觸碰額頭，再用手指將水往腳邊輕灑，最後在右邊及左邊的肩膀各觸碰一下。

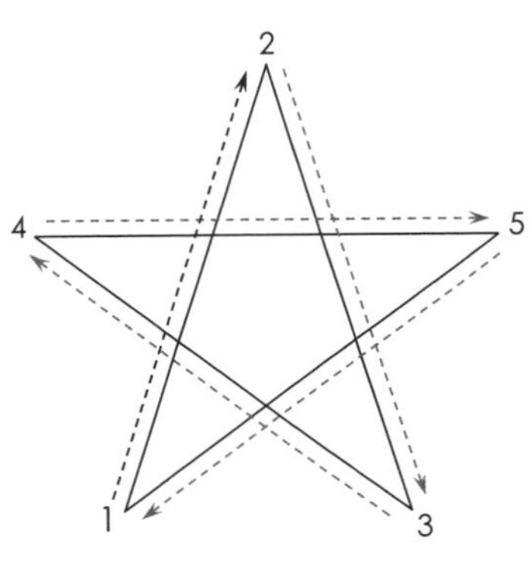

驅散能量元素五芒星

祈禱文：我被淨化了；聖殿也被淨化了，所有的一切都被聖水淨化了。（放下聖杯）

拿起薰香，向東方揮動三次，然後在南方、西方和北方重複同樣動作。回到東方，照著額頭、腳底、右肩與左肩的順序揮舞薰香。

祈禱文：我被聖化了，聖殿也被聖化了，所有的一切都因聖火而被聖化了。（放下薰香）

祈禱文：（站在東方，面向東方）為了行星頂點祈請儀式，我已淨化且聖化殿堂，讓行星的力量能在此停駐片刻。誠如所願。

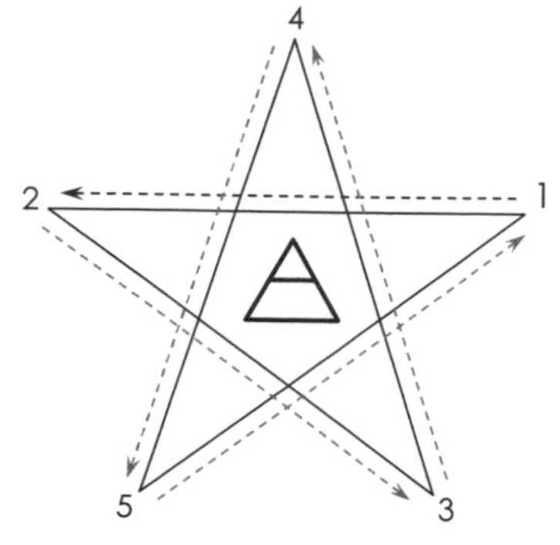

祈請風元素五芒星

元素祈請儀式

走到東方，拿起被聖化的風元素薰香。面向東方，用薰香在空中畫出祈請風元素能量的五芒星。

祈禱文：通過五芒星的力量，我召喚風元素之靈！

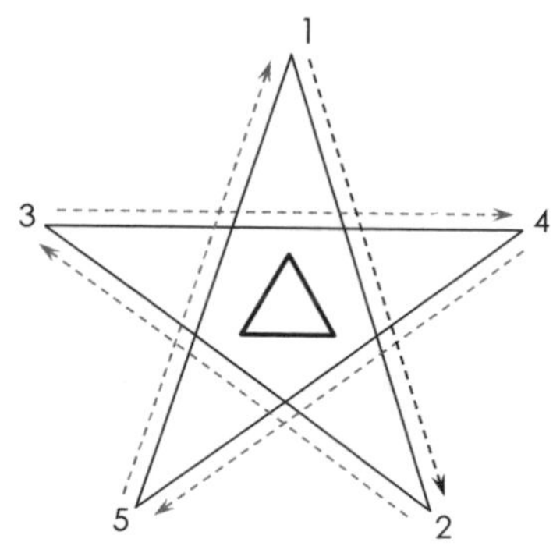

祈請火元素五芒星

放下薰香。用食指觸碰風元素五芒星的中央，劃一條線，走向南方。

在南方面向南方，拿起被聖化的火元素蠟燭。用蠟燭畫出祈請火元素能量的五芒星。

祈禱文：通過五芒星的力量，我召喚火元素之靈！

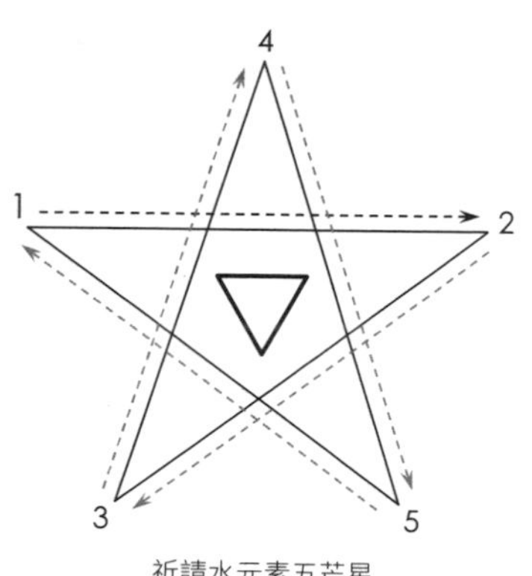

祈請水元素五芒星

放下蠟燭。 觸碰火元素五芒星的中間，並在空中向西方劃一條線。

站在西方，面向西方，拿起水元素聖杯。用聖杯畫出祈請水元素能量的五芒星。

祈禱文：通過五芒星的力量，我召喚水元素之靈！

放下聖杯。觸碰水元素五芒星的中央，向北方劃出一條線。

站在北方，面向北方，拿起被聖化的元素聖鹽。用聖鹽畫出祈請土元素能量的五芒星。

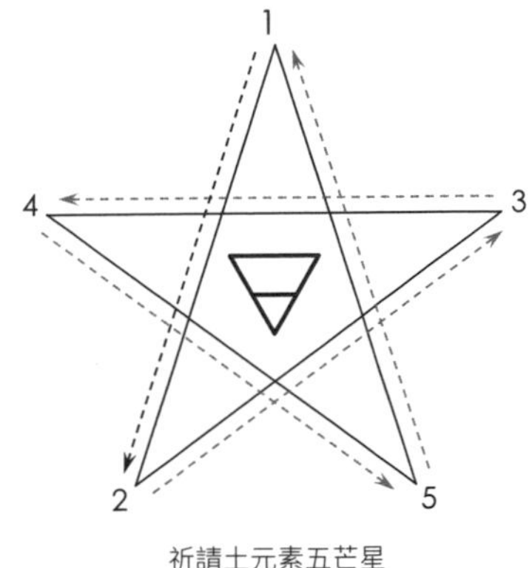

祈請土元素五芒星

祈禱文：通過五芒星的能量，我召喚土元素之靈！

放下聖鹽。觸碰土元素五芒星的中央，在空中向東方劃出一條線。

站在東方，面向房間的中央。

祈禱文：傾聽我，四方世界，我呼喚您！請賜予我走向隱藏道路，尋找神秘知識的勇氣。請賜予我您的雙眼來看清所有，賜予我您的智慧來洞悉一切，並讓我像您一樣。請賜予我力量，令我得以召喚行星天體的能量。

靈性祈請儀式

走到祭壇西方，面向東方。在面前的空中，畫出兩個靈性祈請五芒星：

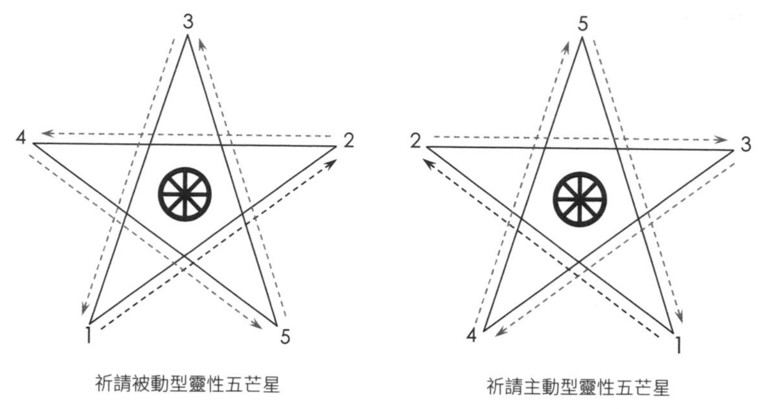

祈請被動型靈性五芒星　　祈請主動型靈性五芒星

祈禱文：噢，您是至高無上的生命之靈，萬事萬物的創造者，世間一切的根源，是所有靈魂的單一源頭。您是我唯一的起源，我隨您直至無限。噢，您是唯一的智慧與真理之源，讓我乘坐真理的馬車攀登更高的領域。帶領我橫越所有海灣和深淵，跳出峽谷與深壑，成為我自由的泉源。讓您無上的光明照亮我前方的道途。讓我如同乘坐光明之船抵達神聖天堂，使我能洞悉宇宙蒼穹。誠如所願。

稍微停頓。觀想有白色光芒籠罩著你。

或者想像：聖殿慢慢升入天堂。

祈禱文：現在萬事俱備，準備升入行星力量的世界。我將離開世俗紅塵，通過將聖化的元素力量放置在他們的星座位置，以進入一個更高的領域。

順時針走到南方，拿起蠟燭，並順時針走到東方。面向東方。

祈禱文：在世俗世界，東方是風元素所在位置。然而，在更高層的世界，東方是牡羊座的所在，是啟動型的火元素（movable Sign of Fire）。（將蠟燭放置在東方）通過聖化的火元素的象徵力量，四元素之一的火元素現在升入天堂。（拿起薰香，以順時針的方向走到西方，面向西方）

祈禱文：在世俗世界，西方是水元素所在位置。然而，在更高層的世界，西方是天秤座的所在，是啟動型的風元素（movable Sign of Air）。（將薰香放置在西方）通過聖化的風元素的象徵力量，四元素之一的風元素現在升入天堂。（拿起聖杯，以順時針的方向走到北方，面向北方）

祈禱文：在世俗世界，北方是土元素所在位置。然而，在更高層的世界，北方是巨蟹座的所在，是啟動型的水元素（movable Sign of Water）。（將聖杯放置在北方）通過聖化的水元素的象徵力量，四元素之一的水元素現在升入天堂。（拿起聖鹽，以順時針的方向走到南方，面向南方）

祈禱文：在世俗世界，南方是火元素所在位置。然而，在更高層的世界，南方是摩羯座的所在，是啟動型的土元素（movable Sign of Earth）。（將聖鹽放置在南方）通過聖化的土元素的象徵力量，四元素之一的土元素現在升入天堂。（走到祭壇的西方，面向東方）

祈請步驟一：創造一個魔法宇宙

站在祭壇的西方，面向東方。靜默片刻。由靈性祈請儀式而產生的明亮白光逐漸消散。觀想四周陷入全然的黑暗，什麼都不存在。

祈禱文：什麼都不存在。沒有光，沒有聲音，只有空無和安靜，在無盡的空虛裡是無盡的凝滯。 在黑暗的沉寂中，靜默並沉思片刻。

祈禱文：突然，在空無的深處，升起一點微光。先是一個小點、單一且孤獨，慢慢變得越來越大，照亮了整個空無的黑暗。

在祭壇的上方，對著空中畫出六個太陽六芒星。

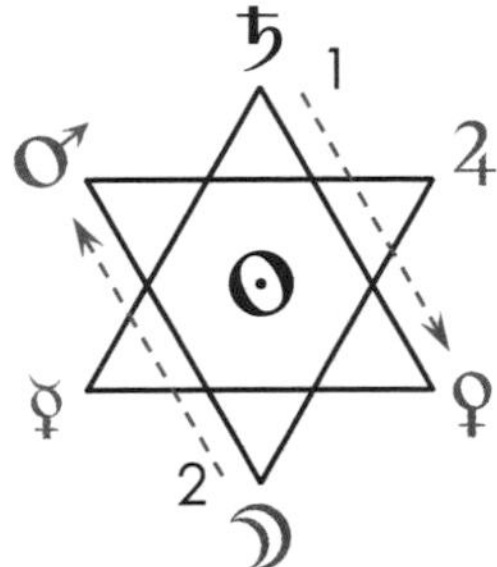

祈請太陽六芒星（從土星開始）

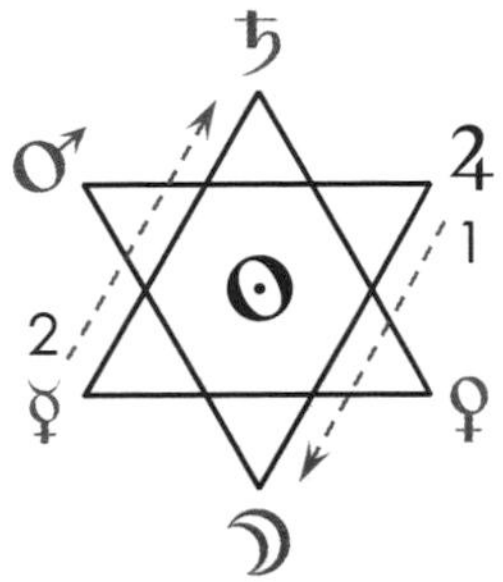

祈請太陽六芒星（從木星開始）

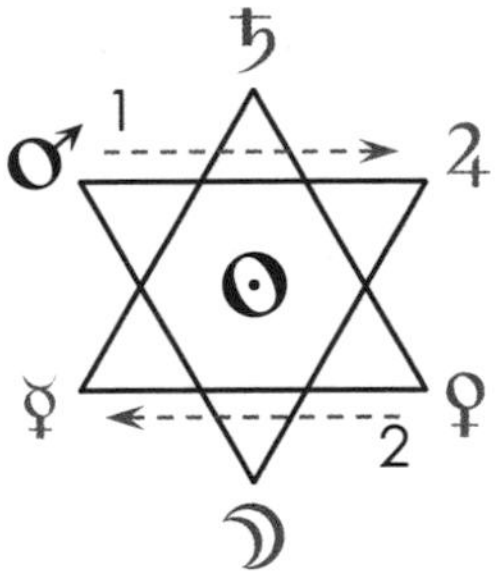

祈請太陽六芒星（從火星開始）

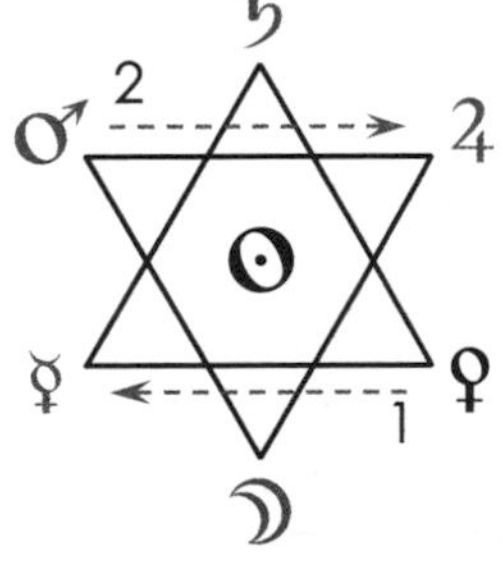

祈請太陽六芒星（從金星開始）

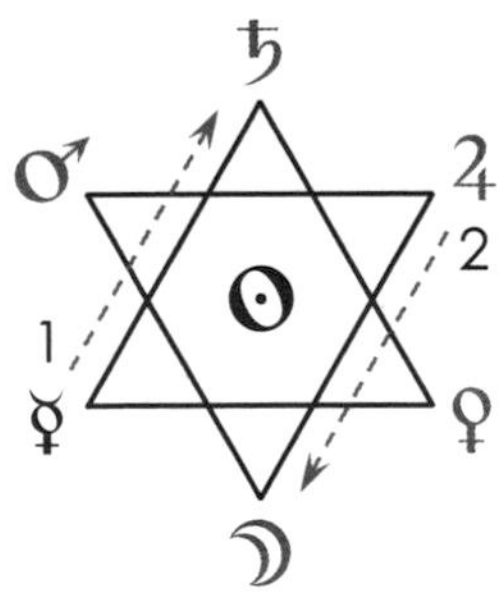

祈請太陽六芒星（從水星開始）

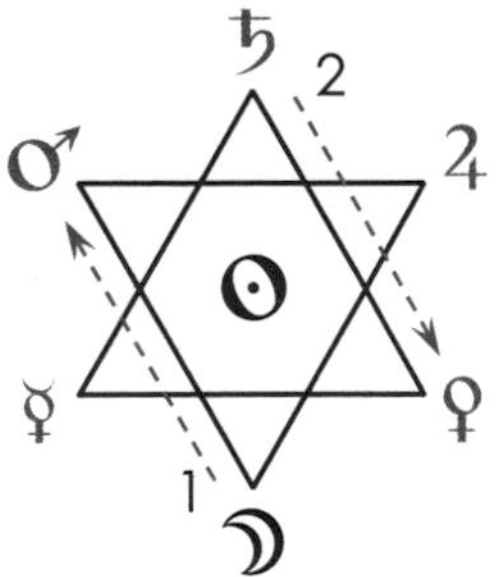

祈請太陽六芒星（從月亮開始）

祈禱文：虛空裡充滿了光，溫暖且流光溢彩。以耶和華（Yod Heh Vav Heh El-oh-heem）和偉大的大天使米迦勒（Michael）的神聖之名，我祈請太陽的光芒。點燃祭壇上的橙色太陽蠟燭。

祈禱文：神秘世界的火焰已經被喚醒，黑暗已經被光明代替。

拿起太陽蠟燭，順時針走到東方，面向藍紫色土星蠟燭。

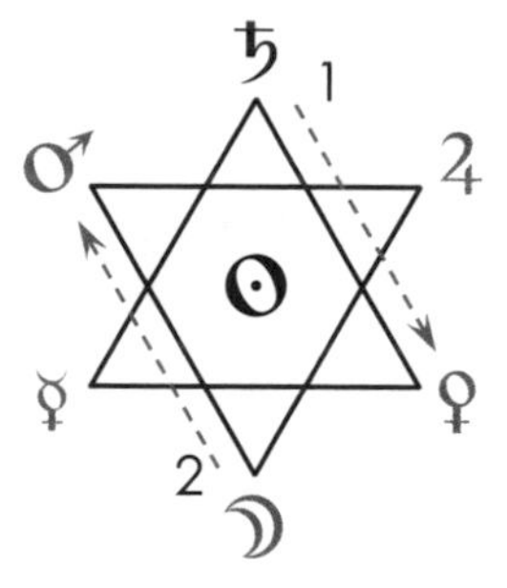

祈請土星能量六芒星

祈禱文：神聖之光明亮的閃耀著，光明佔據著最高的主導；但是一切都沒有成型，不論是光的聚集還是結構的根源。太陽的目的是要在虛無中建立生命，而生命的發展需要結構。

將太陽蠟燭放置在土星蠟燭旁，向著東方畫出土星六芒星。

用太陽蠟燭點燃土星蠟燭，在空中舉著土星蠟燭。

祈禱文：通過土星的能量，神聖的想像力已經誕生，想像力賦予虛無形態。持續的耐心和努力讓宇宙開始凝聚結晶，時間被創造。以耶和華（Yod Heh Vav Heh El-oh-heem）和偉大的大天使卡賽爾（Kassiel）的神聖之名，祈請土星之光。

放下土星蠟燭。拿起太陽蠟燭並直接走到東南方，面向木星蠟燭。

祈禱文：宇宙之光正在凝聚成型，但形態的法則還沒有被創建。在迷茫混沌中建立秩序是必要的，組織和存留正將神聖的光構建成互相影響的物質。太陽的目的是在虛無中創造生命，但生命的發展不能沒有相互的關聯。

將太陽蠟燭放置在木星蠟燭旁邊，面向東南方畫出木星六芒星。

用太陽蠟燭點燃木星蠟燭，在空中舉著木星蠟燭。

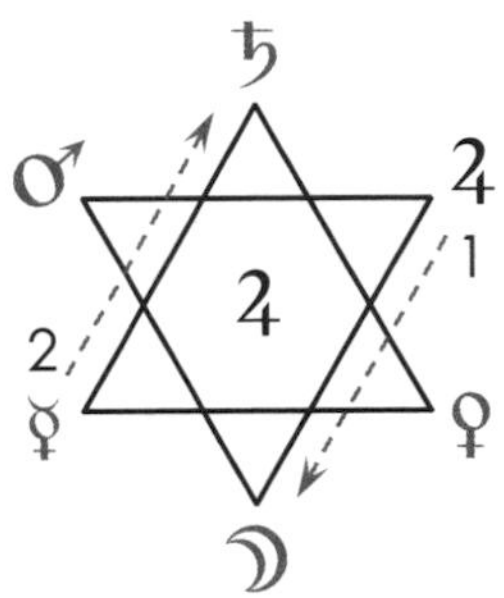

祈請木星能量六芒星

祈禱文：通過木星神聖的力量，法規得以建立，讓虛無獲得了有益的秩序。仁慈、美德、愛被融入宇宙的模型。以埃爾（El）和大天使薩基爾（Sachiel）的神聖之名，我祈請木星之光。

放下木星蠟燭，拿著太陽蠟燭直接走到東北方，面向火星蠟燭。

祈禱文：宇宙之光建立了和諧與法則，但是法則必須被守護。意志必須獲得勝利。秩序和活力，他們是讓生命煥發的能量，去完成神聖的計畫是有必要的。太陽的目的是從虛無中創造生命，但是生命的發展不能沒有動力和驅力。

將太陽蠟燭放在火星蠟燭旁，在面向東北的空中畫出火星六芒星。

用太陽蠟燭點燃火星蠟燭，在空中舉著火星蠟燭。

祈禱文：通過火星的能量，神聖的公正得以誕生，為虛無注入了效能和力量。權威、決斷和力量被融入宇宙的框架模式。以以羅欣（Elohim gibor）和偉大的大天使卡麥爾（Zamael）之名，我祈請火星之光。

放下火星蠟燭。拿起太陽蠟燭並直接走到祭壇西方，面向東方。

祈禱文：太陽建立起天堂和生命的模型。宇宙之光開始照亮黑暗，並注入了神聖的想像和形態、愛與法則、權威與公正。然而，太陽的工作還沒有完成。生命必須通過物質形式來反映，且得以顯化，於是人類在太陽的光芒下誕生。然而，融入了宇宙神聖模式的人類被賦予了明確的目的，那就是去尋求、瞭解和實現它神聖的本源。

拿起太陽蠟燭並直接走到西南方，面向金星蠟燭。

祈禱文：太陽透過地球上無數的自然形態呈現了生命，人類得以誕生。為讓人類瞭解自己的神聖起源，人類被賦予了情感和欲望。太陽的意志是在地球上顯化生命，但是人類的生命發展不能沒有創造、靈感和愛。

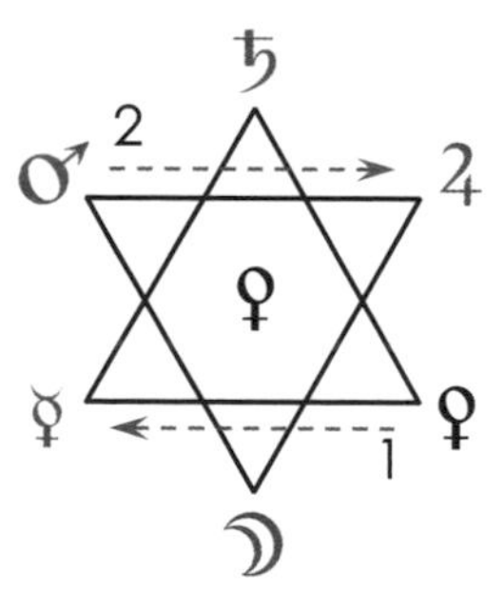

祈請金星能量六芒星

將太陽蠟燭放置在金星蠟燭旁，在西南邊的空中畫出金星六芒星。

用太陽蠟燭點燃金星蠟燭，在空中舉著金星蠟燭。

祈禱文：通過金星的能量，人類的愛與欲望得以誕生，神聖之光被賦予具體的形態。創造的靈感和對快樂的渴求被融入人類的心智模式。以耶和華（Yod Heh Vav Heh El-oh-heem）和偉大的大天使安尼爾（Aniel）的神聖之名。我祈請金星之光。

放下金星蠟燭。拿起太陽蠟燭並直接走到西北方，面向水星蠟燭。

祈禱文：人類的愛與渴望為世人帶來了陪伴和喜悅，但這不足以讓人類完整。人類擁有心智，而他們的心智需要被激勵和教育，才能瞭解其神聖起源。太陽的意志是在地球上顯化生命，但是人類生命的發展離不開智慧、好奇心和對知識的渴望。

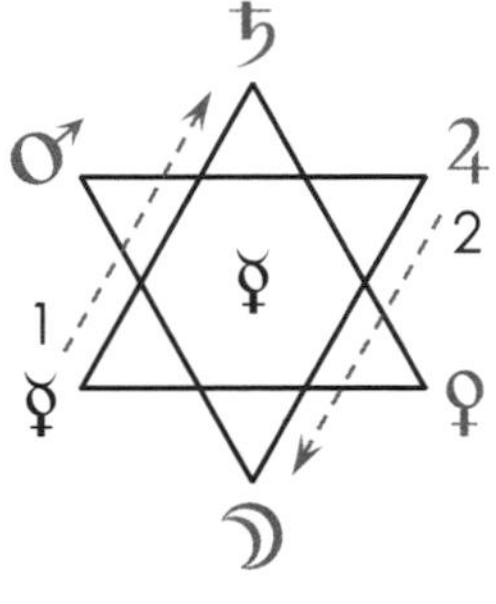

祈請水星能量六芒星

將太陽蠟燭放在水星蠟燭旁，並在西北的空中畫出水星六芒星。

用太陽蠟燭點燃水星蠟燭，在空中舉著水星蠟燭。

祈禱文：通過水星的力量，語言、學習和對神祕學的求知慾得以誕生，他們的表達賦予聖光理性的模式。聰慧和溝通被融入人類的心智模式裡。以以羅欣（Elohim tzabaoth）和偉大的大天使拉斐爾（Raphael）的神聖之名，我祈請水星之光。

放下水星蠟燭。拿起太陽蠟燭並直接走到西方，面向月亮蠟燭。

祈禱文：人類如今擁有了創造力和智慧，但這不足以激發他們去瞭解自己的神聖來源。因此，在人類心智的背後，太陽在人類靈魂深處有自身的投射。在那裡，太陽體現出對真實的科學的熱愛、在新奇中獲得快樂，以及對自由的堅定渴求。太陽的意志是在地球顯化生命，但是人類生命的發展不能沒有自由的移動和改變。

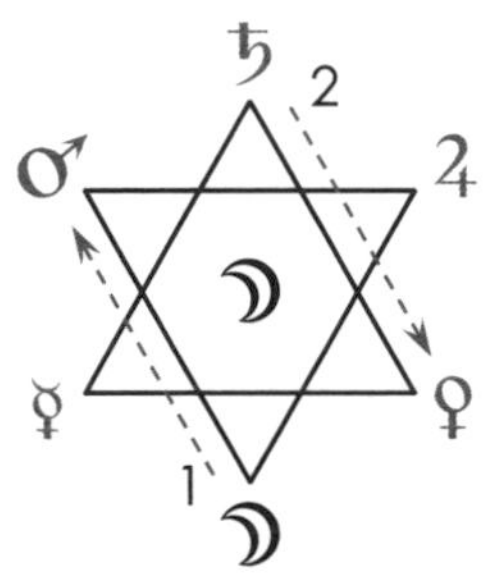

祈請月亮能量六芒星

將太陽蠟燭放置在月亮蠟燭旁邊，在西方畫出月亮六芒星。

用太陽蠟燭點燃月亮蠟燭，在空中舉著月亮蠟燭。

祈禱文：通過月亮的能量，人類心智中有了太陽的投射。它的表達喚起了對求知的渴求以及聖光的顯化。對自由的熱愛和瞭解神聖來源的渴望被融入人類心智中。以埃爾和偉大的大天使加百列的神聖之名。我祈請月亮之光。

放下月亮蠟燭。拿起太陽蠟燭並直接走到祭壇，將太陽蠟燭放置在太陽牌上。

祈禱文：在上的反映了在下的，且在下的抵達了高處。通過太陽的能量，我在此聖殿創造了神奇的宇宙，在此人類可以瞭解神聖，而神聖得以在人類身上顯化。

祈請步驟二：攀登光明之梯

在聖殿形塑六芒星。

祈禱文：（站在祭壇西方，面向東方。）太陽在行星的中央，在天上和地上傳遞著所有的能量。在人類體內的太陽之中，神聖和人類結合成一個靈魂。太陽的力量源源流出，但它的本質是將我們拉入內心：因為太陽將所有的事物都拉向它，讓他們尋求這個中心。在這樣的探求中，我們必須犧牲我們微不足道的世俗的自己，在我們內心展露出聖光的光芒。

藉由內在太陽力量的覺醒，我將開始向上攀爬的旅程，自我的太陽照耀內在的神聖之光：光明照亮了黑暗，雖然黑暗未能領會。

拿起太陽蠟燭，並努力觀想氣場變成橙色。

祈禱文：太陽的力量，您是日間閃耀的皇冠，請傾聽我。我是攀登光明之梯者。敞開您的大門，讓我進入您的領域。觀想橙色的太陽符號在您的心裡發亮。

祈禱文：為尋求光明，我放棄所有的傲慢、狂妄、自大以及自以為高人一等的不公正想法。作為太陽的化身，我應該努力對所有人表現出良好判斷、榮譽、忠誠和仁慈的品質。

將太陽蠟燭放在祭壇上，直接走向西方的月亮蠟燭。拿起月亮蠟燭，面向西方，努力觀想氣場變成藍色。

祈禱文：月亮的力量，您是閃爍的夜間皇冠，請聆聽我。我是攀登光明之梯者。敞開您的大門，讓我進入您的領域。觀想藍色的月亮符號在您的心中閃耀。

祈禱文：為尋求光明，我放棄流浪能量的進退消長。作為月亮堅定的化身，我應該努力獲得從關愛而來的品質：溫柔、平和以及自由之愛。

將月亮蠟燭拿到祭壇，放置在女祭司塔羅牌上。直接走向水星蠟燭，拿起水星蠟燭，努力觀想氣場變成黃色。

祈禱文：水星的能量，您是迅速敏捷，請聆聽我。我是攀登光明之梯者。敞開您的大門，讓我進入您的領域。觀想黃色的水星符號在您的心中閃耀。

祈禱文：為尋求光明，我摒除所有的惡意、狠毒的密謀和陰暗的勾當。作為水星堅定的化身，我應該努力作神秘學的學生，獲得一個真正探求神秘知識者的品質，渴望探索所有的學習形式。

將水星蠟燭拿到祭壇西方，放置在魔法師塔羅牌上。直接走向金星蠟燭，舉起金星蠟蠋，努力觀想氣場變成綠色。

祈禱文：金星的力量，您是美麗的，請聆聽我。我是攀登光明之梯者。敞開您的大門，讓我進入您的領域。觀想綠色的金星符號在您的心中閃耀。

祈禱文：為尋求光明，我放棄虛幻的渴望，因對物質過度的追求是痛苦的根源。作為金星堅定的化身，我應該努力獲得愛和歡樂的品質，並在藝術中獲得愉悅。

將金星蠟燭拿到祭壇西方，放置在女皇塔羅牌上。走到祭壇東方，停下面向東方，並直接走向火星蠟燭。拿起蠟燭，努力觀想氣場變成紅色。

祈禱文：火星的能量，您是英勇的，請聆聽我。我是攀登光明之梯者。敞開您的大門，讓我進入您的領域。觀想紅色的火星符號在您的心中閃耀。

祈禱文：為尋求光明，我摒棄所有的殘忍、嚴肅和心不在焉的輕率行動。作為火星堅定的化身，我應該努力獲得勇氣、決心和守紀的品質。

將火星蠟燭拿到祭壇東方，將它放置在高塔塔羅牌上。直接走向木星蠟燭，努力觀想氣場變成紫色。

祈禱文：木星的能量，您是行善仁慈，請聆聽我。我是攀登光明之梯者。敞開您的大門，讓我進入您的領域。觀想紫色的木星符號在您的心中閃耀。

祈禱文：為尋求光明，我摒棄所有因為財富和世間物品而起的自私衝動，以及虛偽的習慣。作為木星堅定的化身，我應努力獲得智慧、慷慨和謙遜的品質。

將木星蠟燭拿到祭壇東方，放置在命運之輪塔羅牌上。直接走向土星蠟燭，拿起蠟燭並面向東方，努力觀想氣場變成藍紫色。

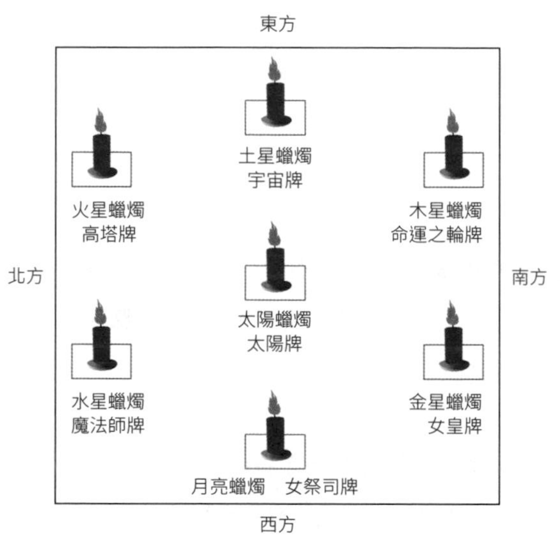

圖39：佈置蠟燭和塔羅牌的行星祭壇

祈禱文：土星的能量，您是嚴峻樸素的，請聆聽我。我是攀登光明之梯者。敞開您的大門，讓我進入您的領域。觀想藍紫色的土星符號在您的心中閃耀。

祈禱文：為尋求光明，我摒棄任何形式的欺騙和不誠實。作為土星堅定的化身，我應該努力獲得想像力、耐心和勤奮勞動的品質。

將土星蠟燭拿到祭壇東方，放置在宇宙塔羅牌上。順時針走到祭壇西方，面向東方。

祈禱文：我從行星之光中構建了神奇的宇宙。我從星球中而出，升入高空。在我的旅途中，我獲得了旅行者的美德，通過這些美德，我將他們的力量在聖殿中顯化。我歌頌宇宙的流浪之光。

我歌頌播種者和收穫者，在黑暗中默默工作著的人，我讚美您。通過您堅持不懈地盡職盡責，我應該帶給世間的勞作者大豐收。

我歌頌真實和公平，並召喚神聖的慷慨力量。噢，無上的仁慈法則，我讚美您。通過您慈善之心的賜予，我將擁抱善行。

我歌頌束縛黑暗力量的強大守護者，驅動忠誠和證實堅定之心的強大力量。通過您強而有力的決心，我將對抗所有惡行。

我歌頌行星能量的傳遞者，在最黑的夜和黎明的微光裡一次次重生。噢，天空的聖者，永恆的主人，您用金色的火焰充滿天堂，我讚美您。透過您在生命的賜予和不斷的喜悅，我得以向外界散發您的光芒。

我歌頌美麗優雅的女士，她讓我的殿堂充滿喜悅和歡笑。噢，神聖的愛意之眼，您將和平與優雅帶入我的生命。藉由您的靈感，我得以創造宏美和歡樂。

我歌頌世間的旅行者，偉大的作家，符號和印記的管理者以及語言的力量。噢，神聖的力量啊，偉大的神秘藝術帶給我技術和知識。通過您神奇的學習力量天賦，我得以瞭解生命隱藏的道路，得以擁抱神秘。

我歌頌夢的賜予者，魔力的製造者。神聖偉大的您打開了隱藏的大門，引領我進入神秘世界。透過您令人喜悅的視野，未知的領域得以向我展現。

我向所有的行星力量致以感激和讚美。祈求我能擁有和分享您的賦予，祈求他們能一直存留在這個神秘學的聖殿。誠如所願。

坐下，對任何一個行星進行冥想，或者感受所祈請的能量。

祈請儀式結束

走到東方，面向房間的中央。

祈禱文：現在釋放所有被此儀式吸引而來的靈體。在漫遊者的祝福中，回到您的歸處並進入和平中。

如同開始的儀式那樣，用聖水和薰香，淨化及聖化聖殿和身體。以驅散的五芒星在四個角落做完驅散的動作後。回到東方。

祈禱文：現在宣告儀式完整的結束。誠如所願。

熄滅蠟燭。

PART 3

第三部
星座祈請儀式

簡介

現在你已經完成元素和行星祈請儀式，可以進一步進行星座祈請儀式。先從分辨古典占星和現代占星中的星座意涵開始（包括在古典魔法儀式中的意涵）。

古典占星與現代占星在星座意涵上並不相同，星座不是作為定義豐富的性格說明。主因是古典占星並非著重在心理層面。除此以外，因為星座本身有很多分類，彼此並不相容，特別是作為性格特徵解讀之時。有一些星座起源於地心說天文學，另外一些來自於星座理論以及其他來源。例如，水象星座被認為是“無聲”星座，因為用以描繪這些星座的動物（蟹、蠍、魚）都不能發聲。在北半球，從魔羯座到雙子座皆被認為是“彎曲”星座。因為當它們從東方升起的時候，有一個淺淺的角度，就像是一個人彎腰拄著拐杖行走。現在，所有的這些徵象在古典占星中均有其意義，（有時候）包括性格特徵，但徵象間的關聯性則視情況而定。所以，當古典占星師或者魔法師想到“金牛座”的時候，首先想到的不是“一個滿腦子物質享受的人”之類的，而是馬上聯想到陰性、土象、固定星座等。同樣的，如果這聯繫到關於尋找失物的卜卦盤，金牛座意味著馬場和牧場，但只在卜卦盤時才做如此解釋。

星座在古典和現代的意涵不同，還有另一個原因：星座在古典中的意義較為抽象。部分是因為它們缺乏清晰統一的特徵（見上文），也因為它們高掛天空：於是，相較於現實世界的經驗來說，它們的確較為不真實。技術上說，星座甚至不能說是“土象”或者“火象”，因為元素代表的是世俗世界而非天上的感受。星座間的“元素”或是陰陽屬性關係、是透過三分相或者六分相關係等具體形式所描述而成，所以，“火象”的牡羊座、獅子座、射手座位置呈現三角形，於是被稱為火象“三方星座”（triplicity of fire）。同理，星座的陰陽屬性交替（金牛、巨蟹、處女等是陰性的），將同屬性的星座之間連線，就可以得到一個六角形。但是天空並沒有着火，天上的星座也沒有性別，它們只是呈現我們的世俗經驗罷了。

讀者可能認為本書應該優先介紹星座，但基於前述原因，我們將星座放在最後，因為在我們心中，靈魂的創造活力的呈現、經驗和智慧都會隨著自身提升而益加豐富。你或許會想，黃道帶上的星座（或是有同樣名字的星團）是特定動物的意象，這些動物通常被視為現實世界中的生物［註35］：而生命法則的內涵遠比元素本身來得活躍和豐富。簡單來說，書中導言描繪的是理想的宇宙，從占星學的眼光，萬事萬物皆遵循生命法則--世界靈魂。所以，儘管星座高高在上，且意義較為抽象，它們卻更接近宏觀、有組織的永恆生命的法則。的確，太陽在每一個星座的行進與生命每年和四季的更迭變換息息相關。

在這些儀式中，將從三個層面體會星座意涵：（1）作為行星的居所，或是主管宮位（2）三方和四正星座（3）由某個天使或聖靈統領。這樣，你可以再次捕捉並整合所接觸過的占星觀點，進行更進一步的靈修和體驗。由於本書更著重於個體靈性，會關注於星座的分類與個人靈魂、價值之間的關聯。

從（1）的層面來說，你已經透過之前的儀式瞭解行星。你可以透過牡羊座和天蠍座祈請火星能量，透過水瓶座和魔羯座祈請土星能量：即可以使用日常的行星能量祈請儀式。

從（2）的層面來說，你已經熟悉三方和四正星座，但在這裡你會使用不同型態的祈請能量五芒星。 每個星座都用自身代表元素的祈請能量五芒星，但是在五芒星的中央，需畫上該星座的符號，並吟詠（3）星座聖靈之名。這些名字有很多形式，但每個星座都有兩個特別適合的名字。首先，聖靈的名字是希伯來聖經裡至為尊貴的神靈的四個輔音字母之名的排列[註36]，我們縮寫為YHVH。 它實際的發音無人知曉，也因為神聖而不可直呼其名，於是便以希伯來語的Adonai（“我的主”）取而代之[註37]。

圖40：元素與聖名的對應歸屬

[35] 很顯然地，天秤座（天平）並非描述生物。
[36] 這個名字也就是魔法圈所熟知的四字神祇（Tetragrammaton），源自於希臘文的「四個字」（four letters）。
[37] 若要以猶太教四個母音來稱阿多乃（Adonai, ah-oh-ah）這個神祇，有些人會念成耶和華（Jehovah）或佳和華（Jahovah）。

以從右至左的順序讀（希伯來人的讀取順序），每一個單詞 Yod、Heh、Vav、Heh 以某種方式對應一個元素：Yod是創造力和具有決斷力的陽性法則，對應火元素；接下來是Hed，一種具有創意和愛的陰性力量，對應水元素；它們兩者的結合組成了Vav，一種調和的法則，對應風元素。最後Heh則代表土元素具體的顯化。在類似黃金黎明的魔法組織中，用不同的順序來排列組合這些字母，於是得以與每一個星座有獨特的對應，在此也將如此應用（但是在此並不會回顧這些組合的構建方法）。

第二個聖名是每個星座的古典大天使之名，同樣也是基於黃金黎明等西方魔法組織的應用。

星座祈請儀式概要

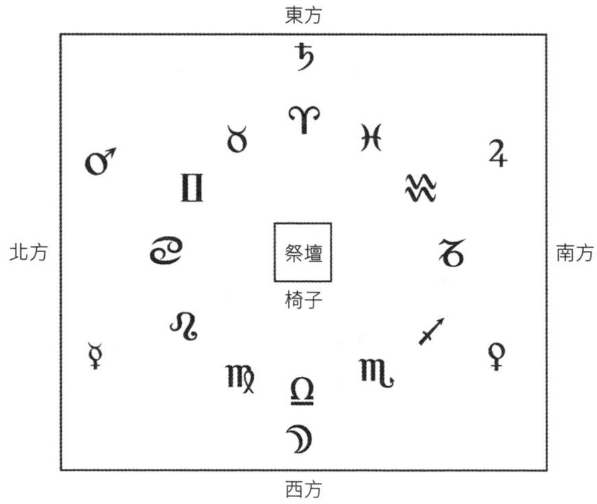

圖41：星座祈請儀式祭壇中的符號擺設

在行星祈禱儀式中，有兩種祭壇擺設形式。如果你能夠找出星座和行星的實際位置，你可以走到祭壇中的那些位置或在適當的時間面向位置所在的方向。例如，如果你進行天蠍座祈請儀式，走到或者面向天蠍座或火星的位置：在儀式上你所在的位置以及當時的時刻，天蠍座也許朝向東北方，火星也許在西方。（但像我們在如何選擇的部分所介紹的，它通常是在東方或者南方，位於上升或者中天。）

如果你對於利用電腦軟體或者其他方法來尋找適當的位置沒有信心，你可以用上圖的辦法來設置聖殿裡的符號：從東方的牡羊座開始，行星在平時的六芒星位置。以前述天蠍座－火星為例，你可以在接近西南的位置上找到天蠍座符號，火星則在東北方。

記住，若你覺得儀式進行中拿著書有點麻煩，可以影印相關篇幅在儀式中閱讀

祈請儀式物品清單：

1. 將聖化的三方星座元素象徵物放置在祭壇上。
2. 對應星座（或其三方特性）顏色的祭壇桌布。
3. 根據主管星座在祭壇上放置聖化的行星蠟燭。
4. 根據對應星座在祭壇上擺放塔羅牌。
5. 在東方放置水及薰香（點燃的元素薰香）[註38]。

儀式的準備及開始

儀式的準備與開始均與之前的儀式相同。

祈請步驟一：祈請三方星座

首先，在適當位置用元素五芒星祈請星座元素。如前，元素能量因此而顯化。

[38] 附錄三有列出各種元素的典型薰香。

祈請步驟二：祈請星座主星

接著，走到星座主星在祭壇的位置，或其符號在六芒星位置。使用未點燃的行星蠟燭，以祈請行星能量的六芒星來召喚主星。然後，觀想自己的氣場成為行星的顏色，並讓自己與這樣的能量保持一致。點燃蠟燭。

祈請步驟三：祈請星座儀式

步驟三，走到祭壇中星座所在的位置，或者如上述的符號位置。使用恰當的祈請能量的五芒星來祈請星座能量，同時念誦一段描繪此星座的神話故事。（你會發現神話常與塔羅牌的主要概念相對應。）觸碰五芒星裡的星座符號，觀想它帶有色彩的光［註39］流入你周圍的氣場中。

祈請步驟四：冥想

最後，透過星座對應的塔羅牌進行冥想。觀想自己在牌意中，觀照所有的起心動念。如果你願意，可以事先錄製你的塔羅冥想錄音，在你進行冥想的時候播放。

如同前述，有另一種冥想去想像和感受星座大天使。想像一個星座符號之門，走進去：你走入展現這個星座特徵的景象中，看見以古典占星代表星座的物質形態為基礎的大天使形象。

---

[39] 黃金黎明是以色環（color wheel）來分配星座的顏色。牡羊座是紅色、獅子座是黃色、射手座是藍色，介於其中的星座則是混合的顏色。例如金牛座橙紅色、雙子座橙色、巨蟹座橙黃色，以此類推。附錄一及儀式皆列有星座的顏色。

祈請儀式結束

與之前的儀式結束形式一樣。

祈請三方星座：祈請星座儀式

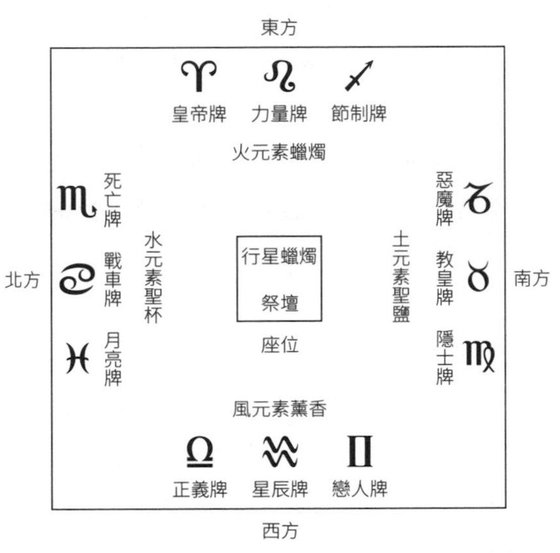

圖42：祈請三方星座儀式聖殿

星座祈請儀式的高潮部分在三方星座祈請儀式（The culmination ritual for the Signs draws on the triplicities）。與逐一祈請單一的星座不同，此儀式以一組三方星座為單位來進行，每一個星座代表四正星座中的一種模式。聖化的元素象徵物被分置在巨觀宇宙的四面，聖化的行星蠟燭也被放置在祭壇上，代表星座之主。

祈請儀式的準備和開始

儀式的準備和開始與之前的祈請儀式一樣。

祈請靈性儀式

祈請靈性，因為元素的本質與天上的星座最為接近。

祈請步驟四：祈請三方星座

走到每組三方星座在巨觀宇宙中的所在方位，用對應的五芒星來祈請三方星座能量。繞行祭壇，同時吟誦關於三方星座的祈禱詞，以吸引能量進入儀式。回到五芒星的位置，透過星座符號來祈請每一個星座，同時吟誦聖靈之名，並祈求與之相聯的星座的祝福。觀想你的氣場成為該星座顏色，讓自己與星座的能量和祝福調和一致。

祈請步驟五：星座聖餐

在這最後一步中，將所有的聖化的元素符號帶到祭壇，放置在與巨觀宇宙相對應的位置。對著元素誦讀冥神祈禱辭（或者任何類似掌管死亡與復活、分離與重聚之神的祈禱辭），然後將它們吃下，以此方式來實際獲得星座能量。

祈請儀式結束

與之前的結束儀式一致。

祈請牡羊座能量儀式

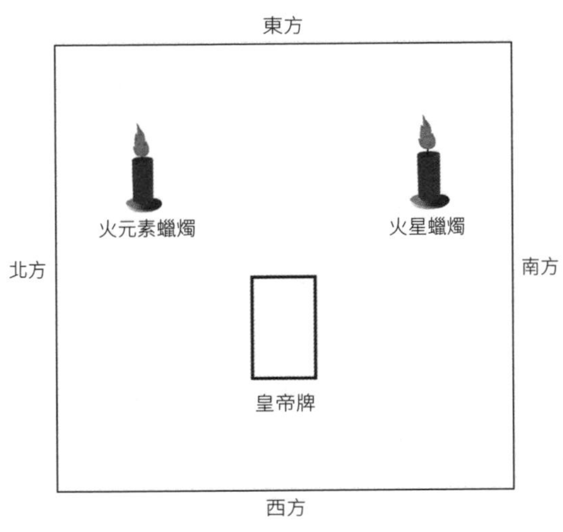

圖43：牡羊座儀式的祭壇擺設

- 祭壇擺設：基本的星座祭壇擺設。
- 祭壇桌布：紅色。
- 祭壇物品：火元素蠟燭（未點燃），火星蠟燭（未點燃），旁邊放一個打火機。
- 塔羅牌：皇帝牌，放置在祭壇上。
- 薰香、水：放置在東方，點燃薰香。
- 音樂：適當的背景音樂。

祈請儀式的準備

儀式開始之前，先在祭壇旁邊靜坐片刻。摒除累積了一天的雜念與憂慮。將意念放在頭頂，觀想一道白光從頭頂上方流入你的身體，並經由身體慢慢流到腳底。想像身體充滿白光，透過每個毛孔的吐納，進入你並圍繞著你。想像白光從身體開始擴展直到充滿整個空間。觀想白光設了一道屏障，將這個空間與外面的世界隔絕，彷彿在這個時空以外，沒有其他的存在。

祈請儀式開始

站在祭壇西方，面向東方，說出：

祈禱文：我用五元素之星閃耀的星芒，驅散這殿堂裡所有的世俗影響。我對你說，散去吧！

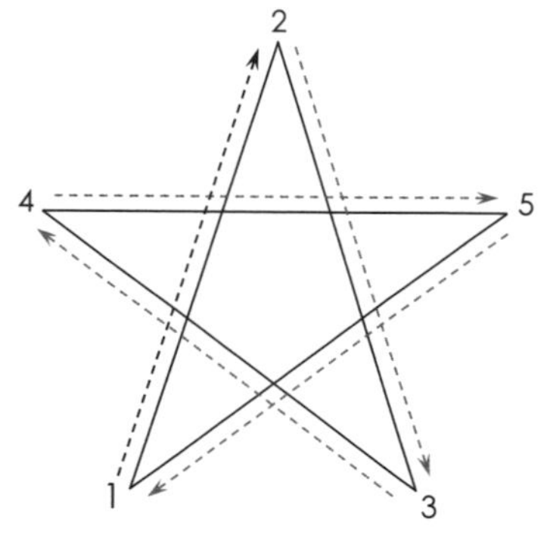

驅散能量元素五芒星

走到東方，對著東方畫出驅散能量的五芒星，然後在南方、西方和北方重複同樣動作。回到東方 。

拿起聖杯，並向東方灑水三次，然後在南方、西方和北方都重複同樣動作。回到東方，在水杯中沾濕手指，並以手觸碰額頭，再用手指將水往腳邊輕灑，最後在右邊及左邊的肩膀各觸碰一下。

祈禱文：我被淨化了；聖殿也被淨化了，所有的一切都被聖水淨化了。（放下聖杯）

拿起薰香，向東方揮動三次，然後在南方、西方和北方重複同樣動作。回到東方，照著額頭、腳底、右肩與左肩的順序揮舞薰香。

祈禱文：我被聖化了，聖殿也被聖化了，所有的一切都因聖火而被聖化了。（放下薰香）

祈禱文：（站在東方，面向東方）為了牡羊座祈請儀式，我已淨化且聖化殿堂。我開啟聖殿讓牡羊座的神聖力量能在此停駐片刻。諸位神聖魔法界的守護者，請照看此神聖之光的儀式。誠如所願。

祈請步驟一：火元素祈請儀式

將火元素蠟燭拿到南方，在南方畫出紅色的祈請火元素能量五芒星。

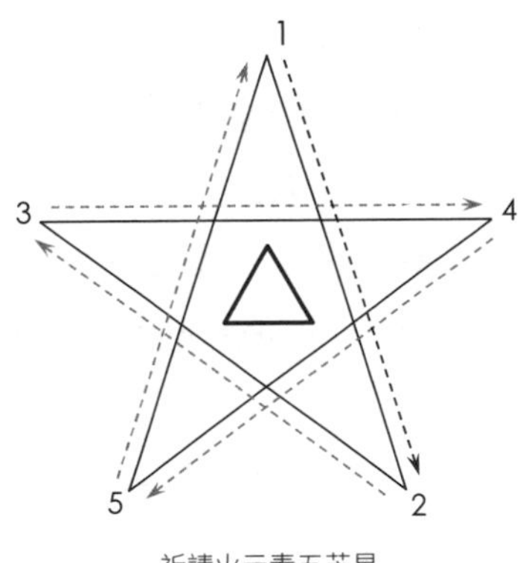

祈請火元素五芒星

祈禱文：在宇宙南方駐留的能量，請聆聽我的召喚！以以羅欣（Elohim）的神聖之名，我在火元素能量的支持下召喚您，帶給您牡羊座的力量和臨在。請賜予我走向隱藏道路，尋找神秘知識的勇氣。請賜予我您的雙眼來看清所有，賜予我您的智慧來洞悉一切。請賜予我火元素的力量，令我得以在此聖殿召喚牡羊座的能量。

靜候片刻，並讓氣場充滿紅色光芒。順時針走到祭壇西方，放下並點燃火元素蠟燭。

祈請步驟二：火星祈請儀式

站在祭壇，拿起火星蠟燭，面向火星所在的位置。

祈禱文：我放棄物質欲望來追求靈性！

走到火星的位置。用蠟燭畫出祈請火星能量六芒星，以及中間的火星符號。

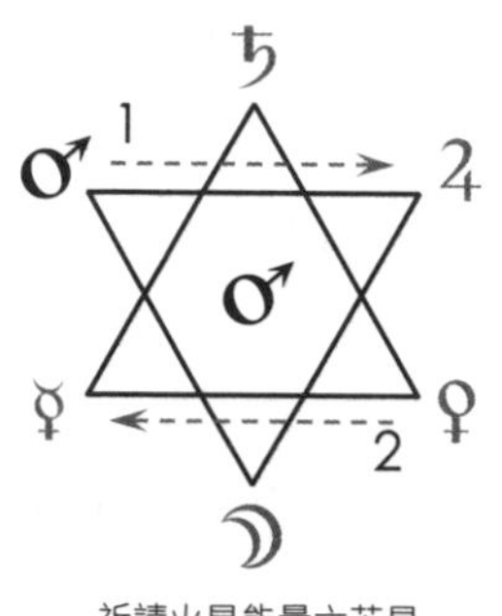

祈請火星能量六芒星

祈禱文：充滿力量的火星，您用火星的本質充盈著宇宙，通過您的聖名以羅欣（Elohim Gibor），我召喚您。請派遣您的大天使扎米爾（Kamael），讓他指引我尋找牡羊座的能量。扎米爾，請降臨此處，並帶來火星之光，讓這光照亮我的內在，讓我在牡羊座前覺醒。我請求您，透過神聖的臨在，希望您能撕碎我凡胎肉眼上的黑暗面紗，令我理解牡羊座符號的秘密。

靜候片刻，並讓氣場充滿紅色光芒。順時針走到祭壇西方，放下並點燃火星蠟燭。

祈請步驟三：祈請牡羊座能量

祈禱文：（面向牡羊座）為了祈請牡羊座能量，我用火元素的力量喚醒這個聖殿。我祈請您的主人火星。請請前來此神聖儀式中顯現。您是熱烈脈動的力量，是新生活的推動力，我召喚您前來。新的開始、能量直接地釋放、自作主張統領這個聖殿。請向我敞開您的領地，讓我瞭解您，並喚醒我靈魂中的牡羊座力量。

走到牡羊座的位置，面向它。

祈禱文：以耶和華（YHVH）和偉大的大天使莫希代爾（Malkhidael）的神聖之名，我祈請牡羊座能量。

畫出祈請牡羊座能量五芒星，並將它的符號畫在中間。

觀想紅色的牡羊座五芒星在空中閃耀。

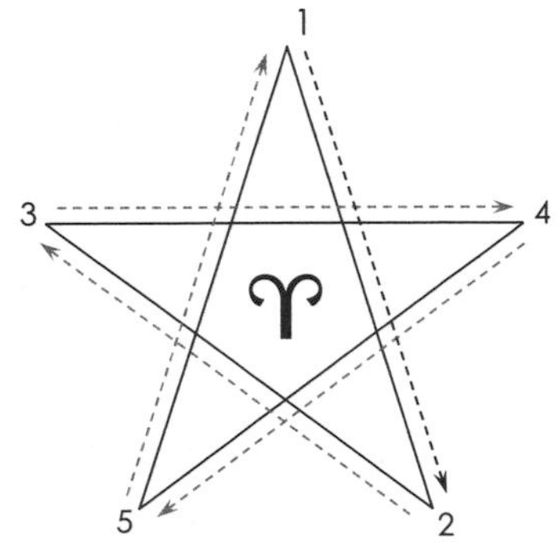

祈請牡羊座能量五芒星

祈禱文：希臘英雄傑森（Jason）是愛俄爾卡斯國王（Iolkos）的兒子。他的叔叔珀利阿斯（Pelias）謀害他的父親並且篡奪王位。為了保護傑森（Jason），他的母親將他藏在山中。當傑森20歲時，他回到愛俄爾卡斯收回本應屬於他的王權。但是珀利阿斯為難他，讓他尋找金羊毛，以證明他有拿回統治權的能力。金羊毛來自老太陽神赫利歐斯（Helios）的兒子的金色山羊。它被掛在一個受到猛龍守護的神聖果園裡。

用你的食指觸碰牡羊座的符號。觀想牡羊座紅色的光從手臂流入你的心。停留在此觀想中，並說出：

祈禱文：抱著奪回王權的決心，傑森出發尋找金色羊毛。在他抵達目的地之時，他請求赫利歐斯的兒子給他金山羊的神聖皮毛。國王同意給他金羊毛，但是傑森需要完成其他挑戰。這個挑戰就是駕馭噴火的公牛犁地，在田地播下毒龍的牙齒，並打敗從田地中長出的戰士們。在強大的女巫美迪亞（Medea）的幫助下，傑森成功完成挑戰，並帶著金羊毛回家，重新取回父親的王權。

祈請步驟四：以皇帝牌冥想

回到祭壇西方，拿起皇帝牌。坐下並面向牡羊座，觀想氣場成為紅色，一邊研讀牌卡，一邊說：

祈禱文：清晨之子，大能者的首領（chief of the Mighty），您是偉大的創造力和法則的權利。您是放下利劍拿起權杖的武士之王。您擁有絕對的權威，您的力量為宇宙帶來穩定。您是宙斯，殺死了邪惡的父親克羅諾斯（Kronos），並成為奧林匹克的主宰。您的權威和穩定力量帶來極大的撫慰、自我價值感和力量。您是陽性的法則，女性的陽性力量和一家之長。您是力量、權威和經驗的化身。「父親」是您的名，因為您給予架構和穩定。但您也充滿熱情、能量和積極進取。您最積極正面的體現是成為一個井然有序、法制和蓬勃的王國的聰明傑出帝王。

閉上眼睛，觀想自己在牌卡的意象之中。觀照內在所有的起心動念。在結束這個觀想之前，將自身的光奉獻給火星的能量。

另一種冥想方式：大天使莫希代爾（Malkhidael）

觀想牡羊座的符號在你面前，當這個符號完整的成形時，像穿越一道門一樣穿越這個符號。

在春日的白晝，你站在剛翻過土的土地上。遺留在土地上的翻土痕跡還清晰可見。你看到遠處的山腰上有一群放牧的牛和綿羊。你在心中默默召喚大天使莫希代爾（Malkhidael）。

大天使莫希代爾以一個男人的形象出現在你面前，他的身材不高，身著紅色長袍。他膚色暗黑，身體強壯但瘦削，擁有修長的脖子和寬闊的肩膀。他的臉長而稜角分明，擁有黑色的鬍鬚、頭髮和眉毛。他天性機敏、無畏和勇敢。向大天使莫希代爾請教牡羊座的特性以及如何幫助你的靈性成長。觀照內在所有的起心動念。在結束冥想之時，大天使莫希代爾賜予你一個牡羊座鐵製徽章，讓你配戴在脖子上。在結束觀想之前，將自身光明奉獻給牡羊座的能量。

祈禱文：我已經獲得了牡羊座的特質，這些特質已在我內在停駐。誠如所願。

祈請儀式結束

走到東方，面向房間的中央。

祈禱文：現在釋放所有被此儀式吸引而來的靈體。在牡羊座的能量中，回到您的歸處並進入和平中。

如同開始的儀式那樣，用聖水和薰香，淨化及聖化祭壇和身體。以驅散的五芒星在四個角落做完驅散的動作後。回到東方。

祈禱文：現在宣告儀式完整的結束。誠如所願。

熄滅蠟燭。

祈請金牛座能量

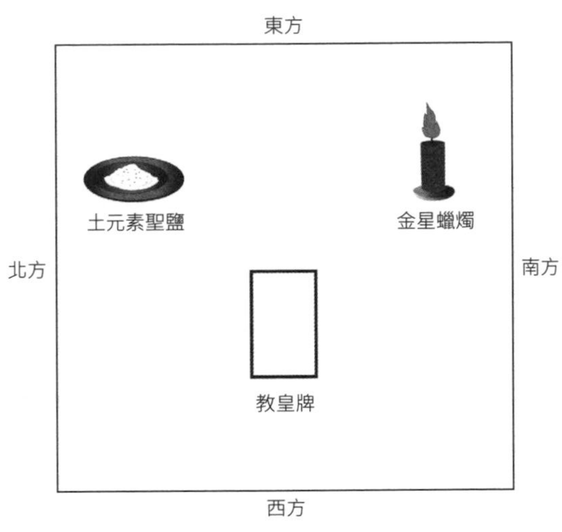

圖44：金牛座儀式的祭壇擺設

· 祭壇擺設：基本的星座聖殿擺設。

· 祭壇桌布：橙紅色，或者綠色（土象三方星座）。

· 祭壇物品：土元素聖鹽，金星蠟燭（未點燃），旁邊放一個打火機。

· 塔羅牌：教皇牌，放置在祭壇上。

· 薰香、水：放置在東方，點燃薰香。

· 音樂：適當的背景音樂。

祈請儀式的準備

儀式開始之前，先在祭壇旁邊靜坐片刻。摒除累積了一天的雜念與憂慮。將意念放在頭頂，觀想一道白光從頭頂上方流入你的身體，並經由身體慢慢流到腳底。想像身體充滿白光，透過每個毛孔的吐納，進入你並圍繞著你。想像白光從身體開始擴展直到充滿整個空間。觀想白光設了一道屏障，將這個空間與外面的世界隔絕，彷彿在這個時空以外，沒有其他的存在。

祈請儀式開始

站在祭壇西方，面向東方，說出：

祈禱文：我用五元素之星閃耀的星芒，驅散這殿堂裡所有的世俗影響。我對你說，散去吧！

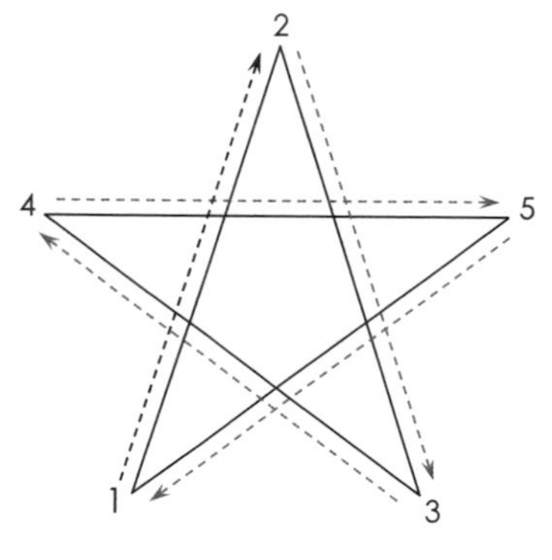

驅散能量元素五芒星

走到東方，對著東方畫出驅散能量的五芒星，然後在南方、西方和北方重複同樣動作。回到東方 。

拿起聖杯，並向東方灑水三次，然後在南方、西方和北方都重複同樣動作。回到東方，在水杯中沾濕手指，並以手觸碰額頭，再用手指將水往腳邊輕灑，最後在右邊及左邊的肩膀各觸碰一下。

祈禱文：我被淨化了；聖殿也被淨化了，所有的一切都被聖水淨化了。（放下聖杯）

拿起薰香，向東方揮動三次，然後在南方、西方和北方重複同樣動作。回到東方，照著額頭、腳底、右肩與左肩的順序揮舞薰香。

祈禱文：我被聖化了，聖殿也被聖化了，所有的一切都因聖火而被聖化了。（放下薰香）

祈禱文：（站在東方，面向東方）為了金牛座祈請儀式，我已淨化且聖化殿堂。我開啟聖殿讓金牛座的神聖力量能在此停駐片刻。諸位神聖魔法界的守護者，請照看此神聖之光的儀式。誠如所願。

祈請步驟一：土元素祈請儀式

將土元素蠟燭拿到北方，向北方畫出綠色的祈請土元素能量五芒星。

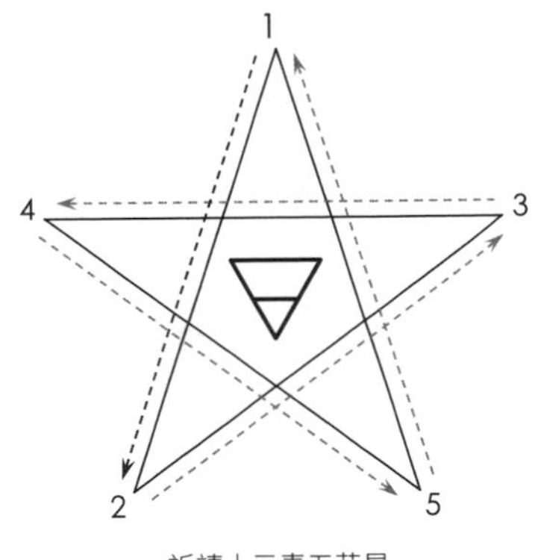

祈請土元素五芒星

祈禱文：在宇宙北方駐留的能量，請聆聽我的召喚！以阿多乃（Adonai）的神聖之名，我在土元素能量的支持下召喚您，帶給您金牛座的力量和臨在。請賜予我走向隱藏道路，尋找神秘知識的勇氣。請賜予我您的雙眼來看清所有，賜予我您的智慧來洞悉一切。請賜予我土元素的力量，令我得以在此聖殿召喚金牛座的能量。

靜候片刻，並觀想氣場成為綠色。順時針走到祭壇西方，放下土元素聖鹽。

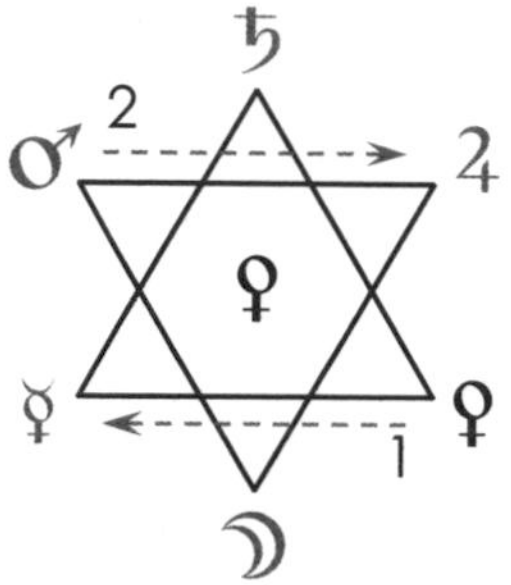

祈請步驟二：祈請金星能量

♄ 2 ♂ ♃ ♀ ☿ ♀ 1 ☽

祈請金星能量六芒星

在祭壇拿起金星蠟燭，面向金星所在的位置。

祈禱文：我放棄物質欲望來追求靈性！

走到金星的位置。用蠟燭畫出金星能量六芒星，以及中間的金星符號。

祈禱文：充滿創造力的金星，您用金星的美麗本質充盈著宇宙，通過您的聖名以羅欣（Elohim Gibor），我召喚您。請派遣您的大天使安尼爾（Anael），讓他指引我尋找金牛座的能量。安尼爾，請降臨此處，並帶來金星之光，讓這光照亮我的內在，讓我在金牛座前覺醒。我請求您，透過神聖的臨在，希望您能撕碎我凡胎肉眼上的黑暗面紗，令我理解金牛座符號的秘密。

靜候片刻，觀想氣場成為綠色。順時針走到祭壇西方，放下並點燃金星蠟燭。

祈請步驟三：祈請金牛座能量

祈禱文：（面向金牛座）為了祈請金牛座能量，我用土元素的力量喚醒這個聖殿。我祈請您的主人金星。請前來此神聖儀式中顯現。

您是勤勉和專注的力量，我召喚您前來。生產力、物質的愉悅、高層的覺知應統領這個聖殿。請向我敞開您的領地，讓我瞭解您，並喚醒我靈魂中的金牛座力量。

走到金牛座所在位置，面向它。

祈禱文：以耶和華和偉大的大天使阿斯莫德（Asmodel）的神聖之名，我祈請金牛座能量。

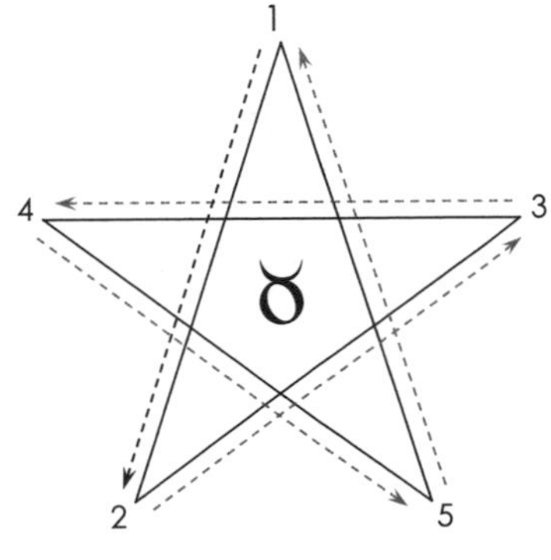

祈請金牛座能量五芒星

畫出祈請金牛座能量的五芒星，並將它的符號畫在中間。

觀想橙紅色金牛座五芒星在空中閃耀。

祈禱文：宙斯（Zeus），眾神之父，愛上了腓尼基公主，美麗的歐羅巴（Europa）。由於公主被父親寸步不離地看管，宙斯化身為一頭長著金角的白色美麗公牛，在公主於花園摘花時靠近她。歐羅巴公主被公牛嘴裡吐出的橙黃番紅花所迷惑，將公牛據為己有。一天，歐羅巴爬上牛背，牛跳入大海，遊到克里特島（island of Crete）。他們受到克里特島國王的歡迎。這個國王以星辰的主宰揚名於世。

用你的食指觸碰金牛座符號。觀想金牛座橙紅色的光從手臂流入你的心。停留在此觀想中，同時說出：

祈禱文：在抵達克里特島之後，宙斯在歐羅巴面前顯出原形，並對她表白愛意。她為宙斯生下三個兒子：一個成為克里特島國王，後來掌管冥界；二兒子管理赫拉（Hera）的果園；三兒子得到宙斯的允許生活三世，成為轉世的審判者。克里特島國王，星辰的主宰，成為歐羅巴的伴侶，和她的三個兒子的繼父，他九年向宙斯彙報一次，並從宙斯那裡得到掌管領土的法則。

祈請步驟四：以教皇牌冥想

回到祭壇西方，拿起教皇牌。坐下並面向金牛座，觀想氣場成為橙紅色，一邊研讀牌意，一邊說：

祈禱文：不朽之神的魔法師，智慧和仁慈的源頭，我召喚您。您連結天與地，請請前來在此儀式中顯現。您是神秘學的偉大闡釋者，您教導不僅以智力瞭解，更是以感受和覺知理解，您是經驗感受和內在光明之間的連結。您是世俗領域的主宰，擔負著世俗的瑣事，您的職責是守護知識和神聖的智慧。您是尋找生活意義的導師，是尋找物質和精神世界連結的靈性嚮導，引領人們獲得自我了解和知識。

閉上眼睛，觀想自己在牌卡的意象之中。觀照內在所有起心動念。在你結束這個觀想之前，將自身光明奉獻給金牛座的能量。

另一種冥想方式：大天使阿斯莫德（Asmodel）

觀想金牛座的符號在你面前，當這個符號完整的成形時，像穿越一道門一樣穿越這個符號。

在春日的夜晚時分，你站在馬廄旁的牧場裡。小樹圍繞著牧場，沿著新種的麥田延展。你靜靜地呼喚大天使阿斯莫德。

阿斯莫德以女性形象出現在你面前，個頭嬌小，身穿橘紅色的長袍。她膚色蒼白，體態飽滿健壯。她面容可愛，黑色的頭髮濃密又捲曲，有寬闊的前額、大眼睛和豐潤的嘴唇。她的天性謹慎而保守。向大天使阿斯莫德請教金牛座的本質以及如何幫助你的靈性成長。觀照內在所有起心動念。在結束冥想的時候，大天使阿斯莫德賜予你一個金牛座銅質徽章，讓你配戴在脖子上。在結束觀想之前，將自身光明奉獻給金牛座能量。

祈禱文：我已經獲得了金牛座的特質，這些特質已在我內在停駐。誠如所願。

祈請儀式結束

走到東方，面向房間的中央。

祈禱文：現在釋放所有被此儀式吸引而來的靈體。在金牛座的能量中，回到您的歸處並進入和平中。

如同開始的儀式那樣，用聖水和薰香，淨化及聖化聖殿和身體。以驅散的五芒星在四個角落做完驅散的動作後。回到東方。

祈禱文：現在宣告儀式完整的結束。誠如所願。

熄滅蠟燭。

祈請雙子座能量儀式

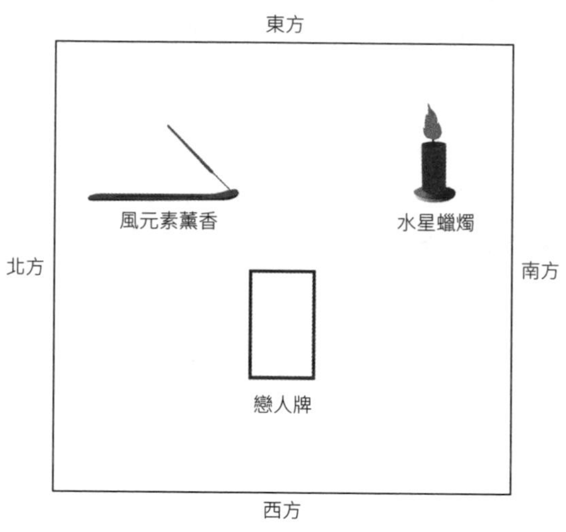

圖45：雙子座儀式的祭壇擺設

· 祭壇擺設：基本的星座聖殿擺設。

· 祭壇桌布：橙色或者黃色（風象三方星座）。

· 祭壇物品：風元素薰香，水星蠟燭（未點燃），旁邊放一個打火機。

· 塔羅牌：戀人牌，放置在祭壇上。

· 薰香、水：放置在東方，點燃薰香。

· 音樂：適當的背景音樂。

祈請儀式的準備

儀式開始之前，先在祭壇旁邊靜坐片刻。摒除累積了一天的雜念與憂慮。將意念放在頭頂，觀想一道白光從頭頂上方流入你的身體，並經由身體慢慢流到腳底。想像身體充滿白光，透過每個毛孔的吐納，進入你並圍繞著你。想像白光從身體開始擴展直到充滿整個空間。觀想白光設了一道屏障，將這個空間與外面的世界隔絕，彷彿在這個時空以外，沒有其他的存在。

祈請儀式開始

站在祭壇西方，面向東方，說出：

祈禱文：我用五元素之星閃耀的星芒，驅散這殿堂裡所有的世俗影響。我對你說，散去吧！

走到東方，對著東方畫出驅散能量的五芒星，然後在南方、西方和北方重複同樣動作。回到東方 。

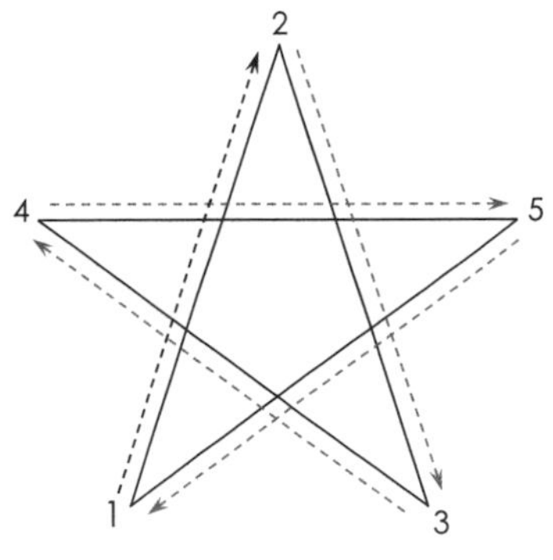

驅散能量元素五芒星

拿起聖杯，並向東方灑水三次，然後在南方、西方和北方都重複同樣動作。回到東方，在水杯中沾濕手指，並以手觸碰額頭，再用手指將水往腳邊輕灑，最後在右邊及左邊的肩膀各觸碰一下。

祈禱文：我被淨化了；聖殿也被淨化了，所有的一切都被聖水淨化了。（放下聖杯）

拿起薰香，向東方揮動三次，然後在南方、西方和北方重複同樣動作。回到東方，照著額頭、腳底、右肩與左肩的順序揮舞薰香。

祈禱文：我被聖化了，聖殿也被聖化了，所有的一切都因聖火而被聖化了。（放下薰香）

祈禱文：（站在東方，面向東方）為了雙子座祈請儀式，我已淨化且聖化殿堂。我開啟聖殿讓雙子座的神聖力量能在此停駐片刻。諸位神聖魔法界的守護者，請照看此神聖之光的儀式。誠如所願。

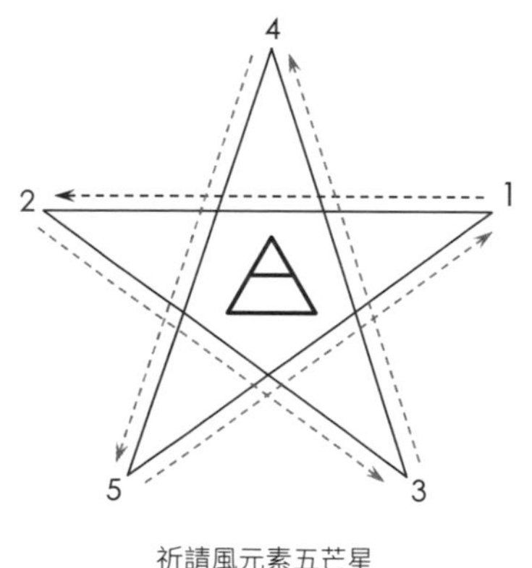

祈請風元素五芒星

祈請步驟一：風元素祈請儀式

將風元素薰香拿到東方，向東方畫出黃色的祈請風元素能量五芒星。

祈禱文：在宇宙東方駐留的能量，請聆聽我的召喚！以耶和華（YHVH）的神聖之名，我在風元素能量的支持下召喚您，帶給您雙子座的力量和臨在。請賜予我走向隱藏道路，尋找神秘知識的勇氣。請賜予我您的雙眼來看清所有，賜予我您的智慧來洞悉一切。請賜予我風元素的力量，令我得以在此聖殿召喚雙子座的能量。

靜候片刻，並觀想氣場充滿黃色光芒。順時針走到祭壇西方，放下並點燃風元素薰香。

祈請步驟二：祈請水星能量

在祭壇拿起水星蠟燭，面向水星所在的位置。

祈禱文：我放棄物質欲望來追求靈性！

走到水星的位置。用蠟燭畫出水星能量六芒星，以及中間的水星符號。

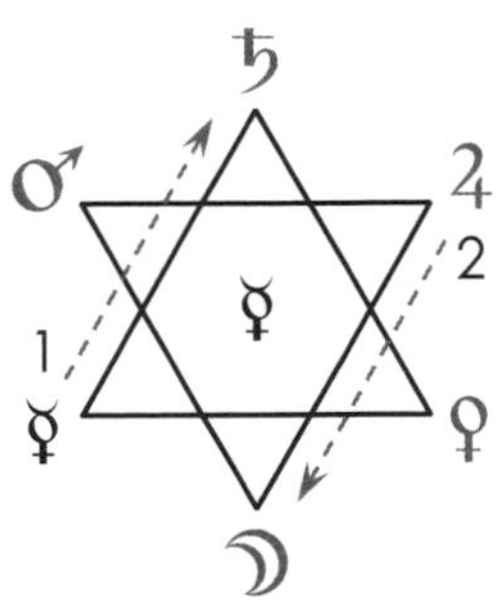

祈請水星能量六芒星

祈禱文：充滿力量的水星，您用雙元的本質充盈著宇宙，通過您的聖名以羅欣（Elohim），我召喚您。請派遣您的大天使拉斐爾（Raphael），讓他指引我尋找雙子座的能量。拉斐爾，請降臨此處，並帶來水星之光，讓這光照亮我的內在，讓我在雙子座前覺醒。我請求您，透過神聖的臨在，希望您能撕碎我凡胎肉眼上的黑暗面紗，令我理解雙子座符號的秘密。

靜候片刻，並觀想氣場充滿黃色光芒。順時針走到祭壇西方，放下並點燃水星蠟燭。

祈請步驟三：祈請雙子座能量

祈禱文：（面向雙子座）為了祈請雙子座能量，我用風元素的力量喚醒這個聖殿。我祈請您的主人水星。請前來此神聖儀式中顯現。您是尋求者的力量，是強烈的好奇心，我召喚您前來。隨機應變、交流溝通、生動的表達統領這個聖殿。請向我敞開您的領地，讓我瞭解您，並喚醒我靈魂中的雙子座力量。

走到雙子座的位置，面向它。

祈請雙子座能量五芒星

祈禱文：以耶和華（Yod Heh Vav Heh）和偉大的大天使安比爾（Ambriel）的神聖之名，我祈請雙子座能量。

畫出祈請雙子座能量五芒星，並將它的符號畫在中間。觀想橙色的雙子座五芒星在空中閃耀。

祈禱文：卡斯托爾（Castor）和波流士（Pollux）是勒達（Leda）女王所生的一對雙胞胎，然而他們卻有不同的父親，一個父親是凡人，一個父親是天神。一個是宙斯（Zeus）化身為天鵝使她懷孕，另一個就是她的丈夫，斯巴達（Sparta）的國王丁德拉斯（Tyndarus）。波流士，宙斯的兒子，是以力量聞名的神。卡斯托爾，丁德拉斯的兒子，是以馬術著稱的凡人。兩個兒子都隨同阿爾戈英雄尋找金羊毛，然後參加了特洛伊戰爭，將他們的姐妹海倫還給她的丈夫。

用你的食指觸碰雙子座的符號。觀想雙子座橙色的光從手臂流入你的心。停留在此觀想中，並說出：

祈禱文：這對雙胞胎年輕、帥氣且勇於冒險。他們一起參與許多的探險活動，並以他們的活力和好奇心著稱。他們之間情深意切，無論何事都無法分開他們。與阿爾戈英雄遠征之後，卡斯托爾和波流士與伊達斯和林叩斯一起參與戰爭，身為凡人的卡斯托爾死於戰爭之中。波流士久久不能從失去兄弟的悲痛中釋懷，他請求宙斯讓卡斯托爾分享自己身為神的永生。宙斯很讚賞兩位兄弟的英勇，因而波流士的請求，並將他們聯結成天上的雙子座。

祈請步驟四：以戀人牌冥想

回到祭壇西方，拿起戀人牌卡。坐下並面向雙子座，觀想氣場成為橙色，一邊研讀牌中意象，一邊說：

祈禱文：神聖之音的孩子，眾神的神諭，我召喚您。您是連結人與神的道路，意識和潛意識，互為鏡照，融為一體。您的力量促進低層與高層融合，通過自我完善，互通有無，達到上天完美的境界，因為您是和諧互補的。由於您的奉獻，將兩顆心結合在一起是您的天賦，讓彼此融合，是宇宙真正的關係準則。透過您令人領會到，多數個體的結合遠比兩個單一個體能創造更多效益。因為您代表物質和精神、容納和被容納、單一與群體、觀察與被觀察、人與神的合作與協同作用。

閉上眼睛，觀想你在牌卡的意象之中。觀照內在所有起心動念。在結束此觀想之前，將自身光明奉獻給雙子座的能量。

另一種冥想方式：大天使安比爾（Ambriel）

觀想雙子座的符號在你面前，當這個符號完整的成形時，像穿越一道門一樣穿越這個符號。在晚春的白晝，你高高地站在山頂，俯瞰腳下的山谷，心中默默召喚大天使安比爾。 安比爾以一個男人的形象出現在你的面前，他的身材高瘦，穿著橙色長袍，他的皮膚黝黑，手腳修長，手掌和腳掌略小。他的面孔被棕黑色的頭髮圍繞，淡褐色雙眼警覺且具有洞察力。他的本質開放又愉悅。向大天使安比爾請教雙子座的本質以及如何幫助你的靈性成長。觀照內在所有起心動念。在結束冥想的時候，大天使安比爾賜予你一個雙子座水銀徽章，讓你配戴在脖子上。在結束觀想之前，將自身光明奉獻給雙子座的能量。

祈禱文：我已經獲得雙子座的特質，這些特質已在我內在停駐。誠如所願。

祈請儀式結束

走到東方，面向房間的中央。

祈禱文：現在釋放所有被此儀式吸引而來的靈體。在雙子座的能量中，回到您的歸處並進入和平中。

如同開始的儀式那樣，用聖水和薰香，淨化及聖化聖殿和身體。以驅散的五芒星在四個角落做完驅散的動作後。回到東方。

祈禱文：現在宣告儀式完整的結束。誠如所願。

熄滅蠟燭。

祈請巨蟹座能量儀式

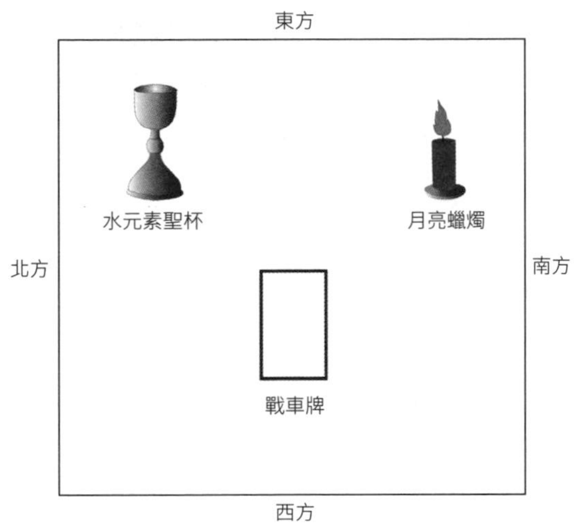

圖46：巨蟹座儀式的祭壇擺設

- 祭壇擺設：基本的星座祭壇擺設。
- 祭壇桌布：橙黃色，或者藍色（水象三方星座）。
- 祭壇物品：盛著酒或者果汁的聖杯（裡面滴幾滴聖化過的水），月亮蠟燭（未點燃），旁邊放一個打火機。
- 塔羅牌：戰車牌，放置在祭壇上。
- 薰香、水：放置在東方，點燃薰香。
- 音樂：適當的背景音樂。

祈請儀式的準備

儀式開始之前，先在祭壇旁邊靜坐片刻。摒除累積了一天的雜念與憂慮。將意念放在頭頂，觀想一道白光從頭頂上方流入你的身體，並經由身體慢慢流到腳底。想像身體充滿白光，透過每個毛孔的吐納，進入你並圍繞著你。想像白光從身體開始擴展直到充滿整個空間。觀想白光設了一道屏障，將這個空間與外面的世界隔絕，彷彿在這個時空以外，沒有其他的存在。

祈請儀式開始

站在祭壇西方，面向東方，說出：

祈禱文：我用五元素之星閃耀的星芒，驅散這殿堂裡所有的世俗影響。我對你說，散去吧！

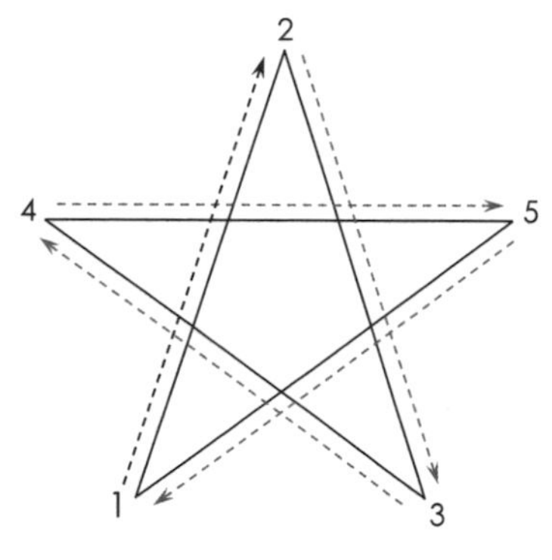

驅散能量元素五芒星

走到東方，對著東方畫出驅散能量的五芒星，然後在南方、西方和北方重複同樣動作。回到東方。

拿起聖杯，並向東方灑水三次，然後在南方、西方和北方都重複同樣動作。回到東方，在水杯中沾濕手指，並以手觸碰額頭，再用手指將水往腳邊輕灑，最後在右邊及左邊的肩膀各觸碰一下。

祈禱文：我被淨化了；聖殿也被淨化了，所有的一切都被聖水淨化了。（放下聖杯）

拿起薰香，向東方揮動三次，然後在南方、西方和北方重複同樣動作。回到東方，照著額頭、腳底、右肩與左肩的順序揮舞薰香。

祈禱文：我被聖化了，聖殿也被聖化了，所有的一切都因聖火而被聖化了。（放下薰香）

祈禱文：（站在東方，面向東方）為了巨蟹座祈請儀式，我已淨化且聖化殿堂。我開啟聖殿讓巨蟹座的神聖力量能在此停駐片刻。諸位神聖魔法界的守護者，請照看此神聖之光的儀式。誠如所願。

祈請步驟一：水元素祈請儀式

將聖水拿到西方，在西方畫出藍色的祈請水元素能量五芒星。

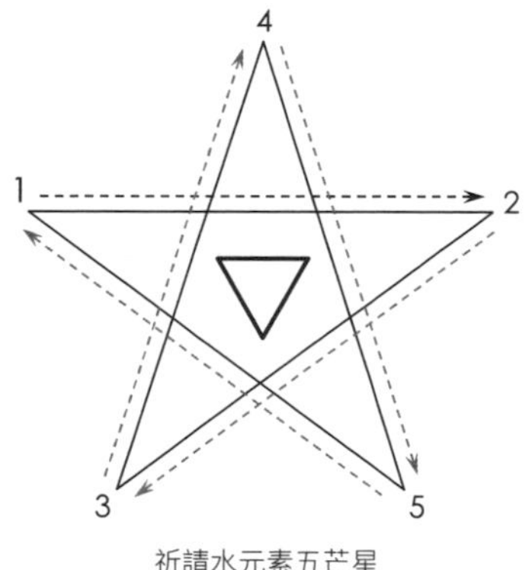

祈請水元素五芒星

祈禱文：在宇宙西方駐留的能量，請聆聽我的召喚！以埃爾（El）的神聖之名，我在水元素能量的支持下召喚您，帶給您巨蟹座的力量和臨在。請賜予我走向隱藏道路，尋找神秘知識的勇氣。請賜予我您的雙眼來看清所有，賜予我您的智慧來洞悉一切。請賜予我水元素的力量，令我得以在此聖殿召喚巨蟹座的能量。

靜候片刻，並觀想氣場充滿藍色光芒。順時針走到祭壇西方，並放下水元素聖杯。

祈請步驟二：祈請月亮能量

站在祭壇，拿起月亮蠟燭，面向月亮所在的位置。

祈禱文：我放棄物質欲望來追求靈性！

走到月亮的位置。用蠟燭畫出月亮能量六芒星，以及中間的月亮符號。

祈請月亮能量六芒星

祈禱文：神秘的月亮，您用反射的本質充盈著宇宙，通過您的聖名沙代伊（Shaddai el chai），我召喚您。請派遣您的大天使加百列（Gabriel），讓他指引我尋找巨蟹座的能量。加百列，請降臨此處，並帶來月亮之光，讓這光照亮我的內在，讓我在巨蟹座前覺醒。我請求您，透過神聖的臨在，希望您能撕碎我凡胎肉眼上的黑暗面紗，令我理解巨蟹座符號的秘密。

靜候片刻，並觀想氣場充滿藍色光芒。順時針走到祭壇西方，放下並點燃月亮蠟燭。

祈請步驟三：祈請巨蟹座能量

祈禱文：（面向巨蟹座）為了祈請巨蟹座能量，我用水元素的力量喚醒這個聖殿。我祈請您的主人月亮。請前來此神聖儀式中顯現。

您是安全感和成長的力量，我召喚您前來。情緒支持、敏感以及歸屬感應統領這個聖殿。請向我敞開您的領地，讓我瞭解您，並喚醒我靈魂中的巨蟹座力量。

走到巨蟹座的位置，面向它。

祈禱文：以耶和華（Yod Heh Vav Heh）和偉大的大天使莫瑞爾（Muriel）的神聖之名，我祈請巨蟹座能量。

祈請巨蟹座能量五芒星

畫出祈請巨蟹座能量的五芒星，並將它的符號畫在中間。觀想橙黃色的巨蟹座五芒星在空中閃耀。

祈禱文：在第二次試煉中，赫丘里斯（Hercules）被派去殺死海德拉（Hydra），一頭讓村民們膽顫心驚的九頭蛇怪物。海德拉咬人的時候會釋放出毒液，九頭中的一個永遠不死，且堅不可摧。為了完成任務，赫丘里斯用燃燒的箭來引蛇出洞。它一出現，赫丘里斯就抓住它，但是怪物纏住了他的腳，讓英雄的腳無法移動。赫丘里斯砍下許多海德拉的頭，但是每個砍頭的地方又再生出兩個頭。

用你的食指觸碰巨蟹座的符號。觀想巨蟹座座橙黃色的光從手臂流入你的心。停留在此觀想中，並說出：

祈禱文：在天空觀戰的神靈赫拉（Hera）派出一隻巨蟹援助蛇怪，這讓英雄分心，使他處於劣勢。當赫丘里斯被海德拉緊緊纏住之時，巨蟹用螯鉗他的腳。英勇的赫丘里斯用腳踩碎巨蟹。激戰過後，赫丘里斯成功打敗蛇怪，贏得勝利。雖然巨蟹輸掉此次戰役，但赫拉感激它的英勇，將它的形象掛上天空，作為表彰。

祈請儀式步驟四：以戰車牌冥想

回到祭壇西方，拿起戰車牌。坐下並面向巨蟹座，觀想氣場成為橙黃色，一邊研讀牌意，一邊說：

祈禱文：水能量之子，勝利之光的主人，我召喚您。您是征服和勝利的象徵，請前來在此儀式中顯現。戰爭、掙扎和艱難的勝利終於讓敵人、障礙、自然和野獸臣服。通過力量和意志力，您克服所有障礙和考驗，甚至戰勝眾多敵人，而這些戰鬥最終讓您更加強大。您控制所有結合的能力，在內外的平衡中不斷前進。從一個平面移動到另一個平面，從水上到陸地，從意識到潛意識，從現實到精神，您在這之間輪迴。忠誠和守信是您的天賦，同時還有堅定的信念，無論勝算如何，都讓您迎接勝利。

閉上眼睛，觀想你在牌卡的意象之中。觀照內心所有起心動念。在結束此觀想之前，將自身光明奉獻給巨蟹座的能量。

另一種冥想方式：大天使莫瑞爾（Muriel）

觀想巨蟹座的符號在你面前，當這個符號完整的成形時，像穿越一道門一樣穿越這個符號。

夏夜時分，你站在河邊，旁邊有一口深井。你靜靜地呼喚大天使莫瑞爾。

莫瑞爾（Muriel）以女性形象出現在你面前。她身材矮小，胸部豐滿，身著橙黃色長袍。她膚色白皙，臉孔圓潤，眼睛很小，淺棕色的頭髮稀疏且量少。她的本質憂鬱且順從。向大天使莫瑞爾請教巨蟹座的本質以及如何幫助你的靈性成長。觀照內在所有起心動念。在結束冥想的時候，大天使莫瑞爾賜予你一個巨蟹座銀質徽章，讓你配戴在脖子上。在結束觀想之前，將自身光明奉獻給巨蟹座的能量。

祈禱文：我已經獲得巨蟹座的特質，這些特質已在我內在停駐。誠如所願。

祈請儀式結束

走到東方，面向房間的中央。

祈禱文：現在釋放所有被此儀式吸引而來的靈體。在巨蟹座的能量中，回到您的歸處並進入和平中。

如同開始的儀式那樣，用聖水和薰香，淨化及聖化聖殿和身體。以驅散的五芒星在四個角落做完驅散的動作後。回到東方。

祈禱文：現在宣告儀式完整的結束。誠如所願。

熄滅蠟燭。

祈請獅子座能量儀式

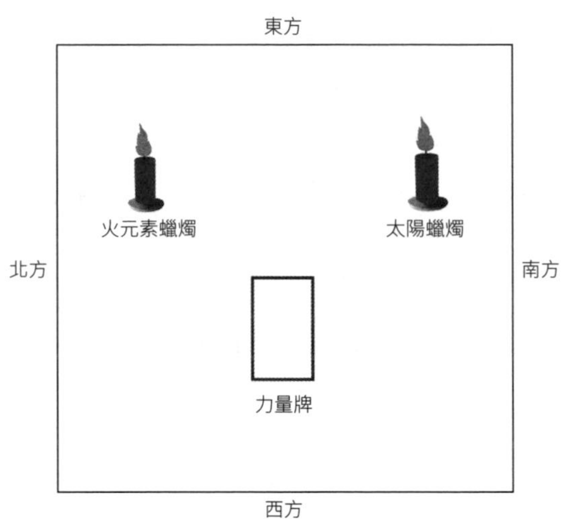

圖47：獅子座儀式的祭壇擺設

- 祭壇擺設：基本的星座祭壇擺設。
- 祭壇桌布：黃色或者紅色（火象三方星座）。
- 祭壇物品：火元素蠟燭（未點燃），太陽蠟燭（未點燃），旁邊放一個打火機。
- 塔羅牌：力量牌，放置在祭壇上。
- 薰香、水：放置在東方，點燃薰香。
- 音樂：適當的背景音樂。

祈請儀式的準備

儀式開始之前，先在祭壇旁邊靜坐片刻。摒除累積了一天的雜念與憂慮。將意念放在頭頂，觀想一道白光從頭頂上方流入你的身體，並經由身體慢慢流到腳底。想像身體充滿白光，透過每個毛孔的吐納，進入你並圍繞著你。想像白光從身體開始擴展直到充滿整個空間。觀想白光設了一道屏障，將這個空間與外面的世界隔絕，彷彿在這個時空以外，沒有其他的存在。

祈請儀式開始

站在祭壇西方，面向東方，說出：

祈禱文：我用五元素之星閃耀的星芒，驅散這殿堂裡所有的世俗影響。我對你說，散去吧！

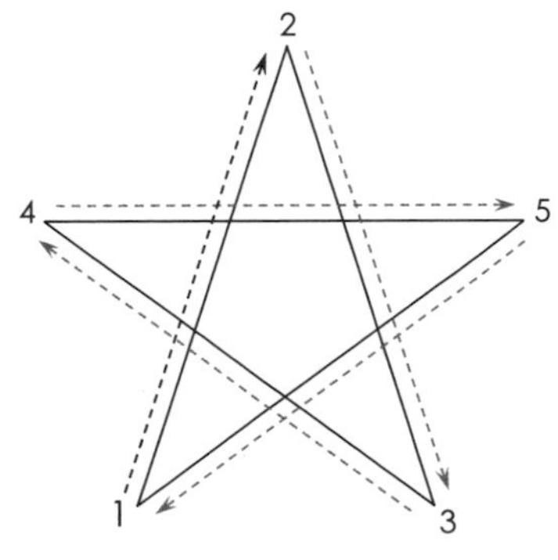

驅散能量元素五芒星

走到東方，對著東方畫出驅散能量的五芒星，然後在南方、西方和北方重複同樣動作。回到東方 。

拿起聖杯，並向東方灑水三次，然後在南方、西方和北方都重複同樣動作。回到東方，在水杯中沾濕手指，並以手觸碰額頭，再用手指將水往腳邊輕灑，最後在右邊及左邊的肩膀各觸碰一下。

祈禱文：我被淨化了；聖殿也被淨化了，所有的一切都被聖水淨化了。（放下聖杯）

拿起薰香，向東方揮動三次，然後在南方、西方和北方重複同樣動作。回到東方，照著額頭、腳底、右肩與左肩的順序揮舞薰香。

祈禱文：我被聖化了，聖殿也被聖化了，所有的一切都因聖火而被聖化了。（放下薰香）

祈禱文：（站在東方，面向東方）為了獅子座祈請儀式，我已淨化且聖化殿堂。我開啟聖殿讓獅子座的神聖力量能在此停駐片刻。諸位神聖魔法界的守護者，請照看此神聖之光的儀式。誠如所願。

祈請步驟一：火元素祈請儀式

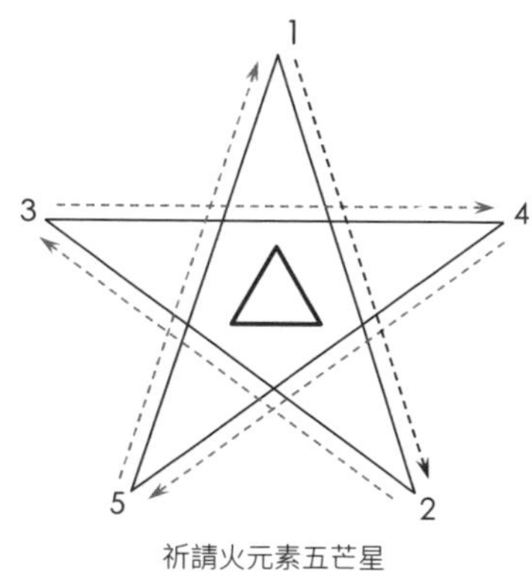

祈請火元素五芒星

將火元素蠟燭拿到南方，在南方畫出紅色的祈請火元素能量五芒星。

祈禱文：在宇宙南方駐留的能量，請聆聽我的召喚！以以羅欣（Elohim）的神聖之名，我在火元素能量的支持下召喚您，帶給您獅子座的力量和臨在。請賜予我走向隱藏道路，尋找神秘知識的勇氣。請賜予我您的雙眼來看清所有，賜予我您的智慧來洞悉一切。請賜予我火元素的力量，令我得以在此聖殿召喚獅子座的能量。

靜候片刻，並觀想氣場充滿紅色光芒。順時針走到祭壇西方，放下並點燃火元素蠟燭。

祈請步驟二：祈請太陽能量

祈禱文：（在祭壇拿起太陽蠟燭，面向太陽所在的位置）我放棄物質欲望來追求靈性！走到太陽的位置。用蠟燭畫出祈請能量的六芒星，以及中間的符號。

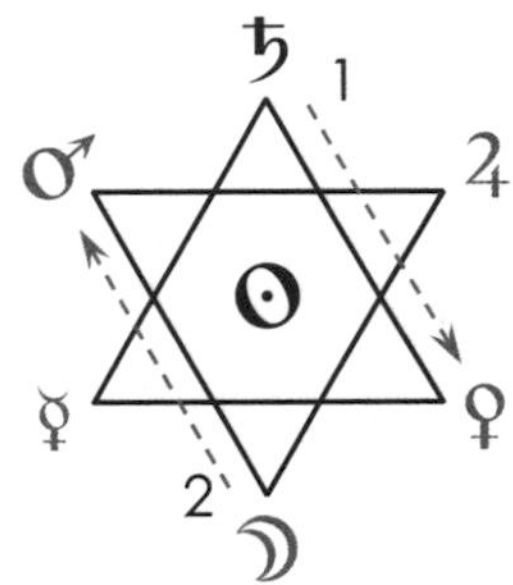

祈請太陽六芒星（從土星開始）

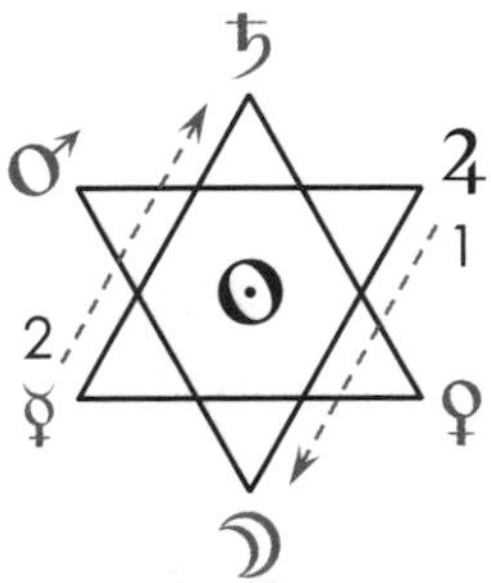

祈請太陽六芒星（從木星開始）

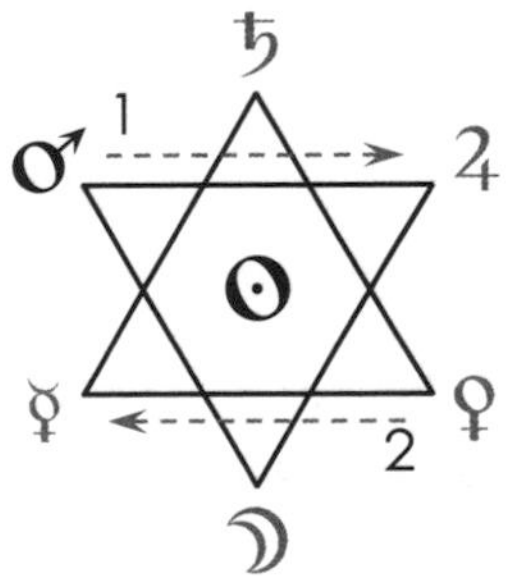

祈請太陽六芒星（從火星開始）

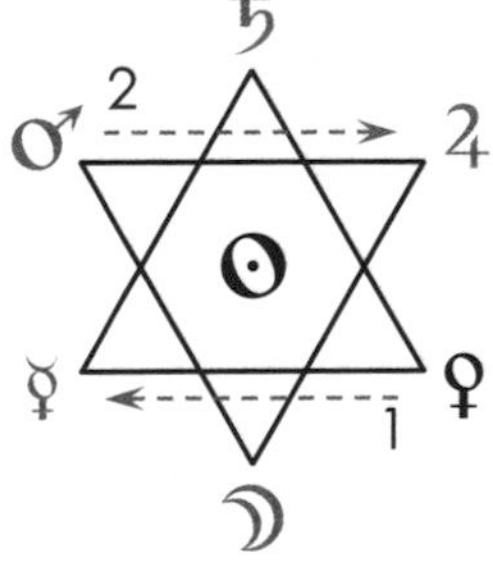

祈請太陽六芒星（從金星開始）

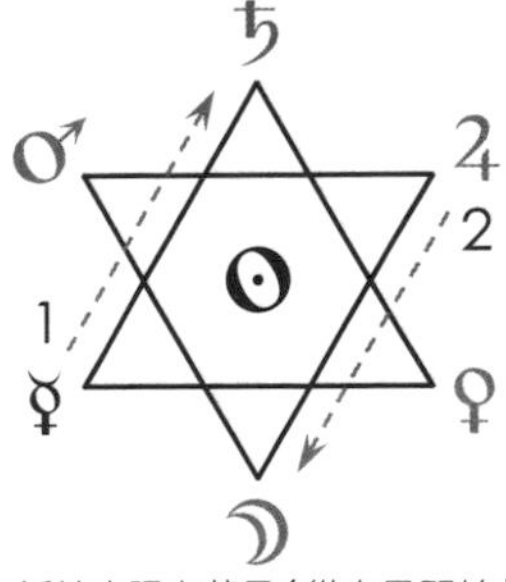

祈請太陽六芒星（從水星開始）

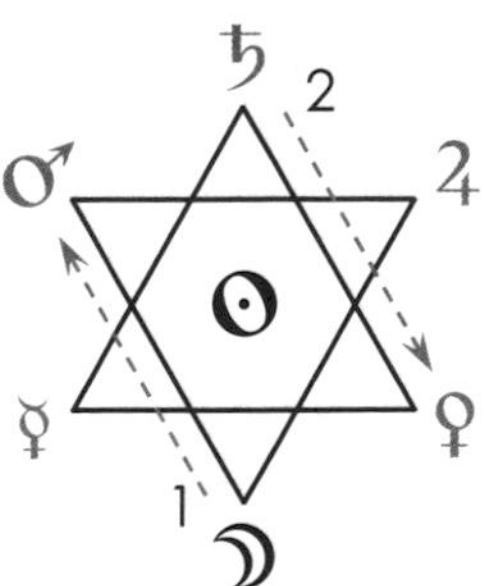

祈請太陽六芒星（從月亮開始）

祈禱文：明亮的太陽，您用太陽的本質充盈著宇宙，通過您的聖名耶和華（YHVH Eloah V'Daath），我召喚您。請派遣您的大天使米迦勒（Michael），讓他指引我尋找獅子座的能量。米迦勒，請降臨此處，並帶來太陽之光，讓這光照亮我的內在，讓我在獅子座前覺醒。我請求您，透過神聖的臨在，希望您能撕碎我凡胎肉眼上的黑暗面紗，令我理解獅子座符號的秘密。

靜候片刻，並觀想氣場充滿橙色光芒。順時針走到祭壇西方，放下並點燃太陽蠟燭。

祈請步驟三：祈請獅子座能量

祈禱文：（面向獅子座）為了祈請獅子座能量，我用火元素的力量喚醒這個聖殿。我祈請您的主人太陽。請前來此儀式中顯現。您是自我覺察、自信和強而有力的愛的能量，我召喚您前來。慷慨大方、創造力、光芒四射的特質應統領這個聖殿。請向我敞開您的領地，讓我瞭解您，並喚醒我靈魂中的獅子座力量。

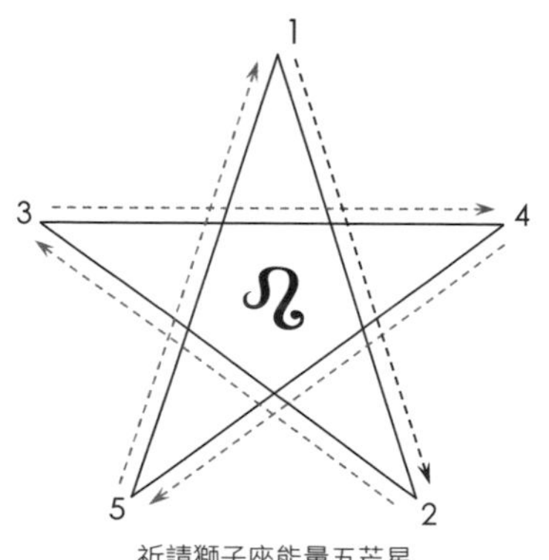

祈請獅子座能量五芒星

走到獅子座的位置，面向它。

祈禱文：以耶和華（Yod Heh Vav Heh）和偉大的大天使擘丘（Verkhiel）的神聖之名，我祈請獅子座能量。

畫出祈請獅子座能量的五芒星，並將它的符號畫在中間。

觀想黃色的獅子座五芒星在空中閃耀。

祈禱文：赫丘里斯（Hercules）的十二項試煉之一是殺死涅墨亞（Namean）猛獅，涅墨亞的藏身之所無人能及。赫丘里斯曾經多次射中獅子，但是徒勞無功。為了完成試煉，強壯的赫丘里斯赤手空拳打敗獅子。

用你的食指觸碰獅子座的符號。觀想獅子座黃色的光從手臂流入你的心。停留在此觀想中，並說出：

祈禱文：為了證明自己的勝利，赫丘里斯帶著獅皮覲見提林斯（Tyrins）國王，但是國王懼怕赫丘里斯的神力，躲在酒桶後面。看到國王如此怯懦，威武強壯的赫丘里斯留下獅皮做盔甲。於是，身為太陽的獅子，創造了太陽英雄。身為宙斯妻子、女性及婚姻之神的赫拉（Hera），成為獅子的教母。為了向這隻獅子致敬，赫拉將它放置在眾星座之間，讓它在天空永遠閃耀。

祈請步驟四：以力量牌冥想

回到祭壇西方，拿起力量牌。坐下並面向獅子座，觀想氣場成為黃色，一邊研讀牌意，一邊說：

祈禱文：火焰之劍的女兒，獅子的首領，您是力量的榮耀。我召喚您，請帶給我力量。獅子，野蠻的力量，被女性牽制，她的寧靜和平馴服野性的獅子。她執掌世間混亂繁雜的生靈。赫丘里斯，通過十二項試煉的太陽英雄，宙斯的兒子，以自己的自律和力量完美達成他的試煉。吉爾迦美什（Gilgamesh），烏爾（Ur）的國王，與同伴恩奇度（Enkidu）一起通過重重考驗，以嚴密的紀律成為偉大的國王。而他為此付出代價，並習得教訓。當他濫用自己的野性時，恩奇度被殺害，他永遠失去這個摯友。我應行走力量之路，用同理心和控制力來超越我不純的天性。

閉上眼睛，觀想你在牌卡的意象之中。觀照內在所有起心動念。在結束此觀想之前，將自身光明奉獻給獅子座的能量。

另一種冥想方式：大天使擘丘（Verkhiel）

觀想獅子座的符號在你面前，當這個符號完整的成形時，像穿越一道門一樣穿越這個符號。

夏日的白晝時分，你站在森林裡。在你左方的林中空地，有一座宏偉的金色宮殿。你在心中默默召喚大天使擘丘。擘丘以一個非常高大的男人形象出現在你的面前，他的肩膀寬闊，腰臀狹窄，身著黃色長袍。他擁有紅潤的臉頰、大而圓潤的臉形、明眸大眼和金色捲髮。他的本質強壯且威武。向大天使擘丘請教獅子座的特性以及如何幫助你的靈性成長。觀照內在所有起心動念。在結束冥想的時候，大天使擘丘賜予你一個獅子座金質徽章，讓你配戴在脖子上。在結束觀想之前，將自身光明奉獻給獅子座的能量。

祈禱文：我已經獲得獅子座的特質，這些特質已在我內在停駐。誠如所願。

祈請儀式結束

走到東方，面向房間的中央。

祈禱文：現在釋放所有被此儀式吸引而來的靈體。在獅子座的能量中，回到您的歸處並進入和平中。

如同開始的儀式那樣，用聖水和薰香，淨化及聖化聖殿和身體。以驅散的五芒星在四個角落做完驅散的動作後。回到東方。

祈禱文：現在宣告儀式完整的結束。誠如所願。

熄滅蠟燭。

祈請處女座能量儀式

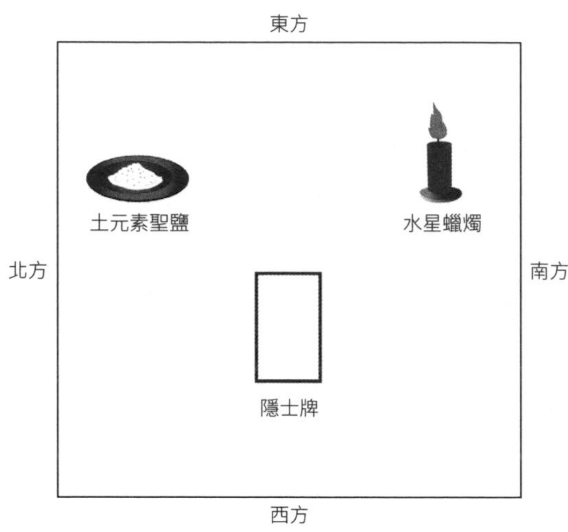

圖48：處女座儀式的祭壇擺設

· 祭壇擺設：基本的星座祭壇擺設。

· 祭壇桌布：黃綠色，或者綠色（土象三方星座）。

· 祭壇物品：土元素聖鹽，水星蠟燭（未點燃），旁邊放一個打火機。

· 塔羅牌：隱士牌，放置在祭壇上。

· 薰香、水：放置在東方，點燃薰香。

· 音樂：適當的背景音樂。

祈請儀式的準備

儀式開始之前，先在祭壇旁邊靜坐片刻。摒除累積了一天的雜念與憂慮。將意念放在頭頂，觀想一道白光從頭頂上方流入你的身體，並經由身體慢慢流到腳底。想像身體充滿白光，透過每個毛孔的吐納，進入你並圍繞著你。想像白光從身體開始擴展直到充滿整個空間。觀想白光設了一道屏障，將這個空間與外面的世界隔絕，彷彿在這個時空以外，沒有其他的存在。

祈請儀式開始

站在祭壇西方，面向東方，說出：

祈禱文：我用五元素之星閃耀的星芒，驅散這殿堂裡所有的世俗影響。我對你說，散去吧！

走到東方，對著東方畫出驅散能量的五芒星，然後在南方、西方和北方重複同樣動作。回到東方 。

拿起聖杯，並向東方灑水三次，然後在南方、西方和北方都重複同樣動作。回到東方，在水杯中沾濕手指，並以手觸碰額頭，再用手指將水往腳邊輕灑，最後在右邊及左邊的肩膀各觸碰一下。

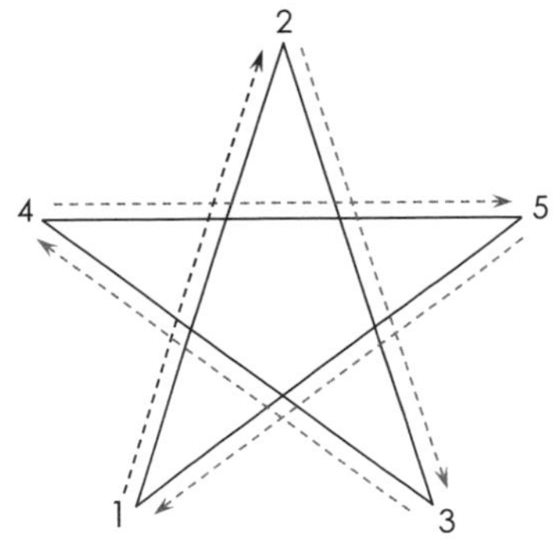

驅散能量元素五芒星

祈禱文：我被淨化了；聖殿也被淨化了，所有的一切都被聖水淨化了。（放下聖杯）

拿起薰香，向東方揮動三次，然後在南方、西方和北方重複同樣動作。回到東方，照著額頭、腳底、右肩與左肩的順序揮舞薰香。

祈禱文：我被聖化了，聖殿也被聖化了，所有的一切都因聖火而被聖化了。（放下薰香）

祈禱文：（站在東方，面向東方）為了處女座祈請儀式，我已淨化且聖化殿堂。我開啟聖殿讓處女座的神聖力量能在此停駐片刻。諸位神聖魔法界的守護者，請照看此神聖之光的儀式。誠如所願。

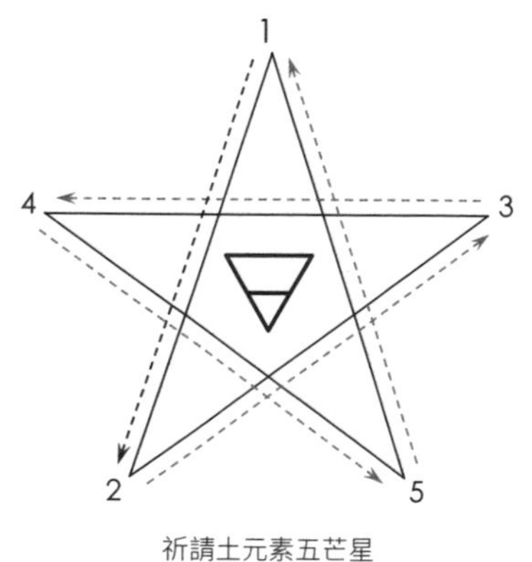

祈請土元素五芒星

祈請步驟一：土元素祈請儀式

將土元素聖鹽拿到北方，在北方畫出綠色的祈請土元素能量五芒星。

祈禱文：在宇宙北方駐留的能量，請聆聽我的召喚！以阿多乃（Adonai）的神聖之名，我在土元素能量的支持下召喚您，帶給您處女座的力量和臨在。請賜予我走向隱藏道路，尋找神秘知識的勇氣。請賜予我您的雙眼來看清所有，賜予我您的智慧來洞悉一切。請賜予我土元素的力量，令我得以在此聖殿召喚處女座的能量。

靜候片刻，並觀想氣場充滿綠色光芒。順時針走到祭壇西方，放下土元素聖鹽。

祈請步驟二：祈請水星能量

在祭壇拿起水星蠟燭，面向水星所在的位置

祈禱文：我放棄物質欲望來追求靈性！

走到水星的位置。用蠟燭畫出水星能量六芒星，以及中間的水星符號。

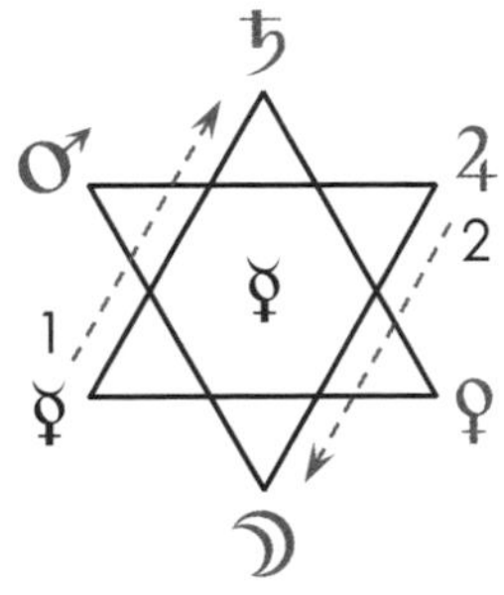

祈請水星能量六芒星

祈禱文：好奇的水星，您用雙元的本質充盈著宇宙，通過您的聖名以羅欣（Elohim Tzabaoth），我召喚您。請派遣您的大天使拉斐爾（Raphael），讓他指引我尋找處女座的能量。拉斐爾，請降臨此處，並帶來水星之光，讓這光照亮我的內在，讓我在處女座前覺醒。我請求您，透過神聖的臨在，希望您能撕碎我凡胎肉眼上的黑暗面紗，令我理解處女座符號的秘密。

靜候片刻，並觀想氣場充滿黃色光芒。順時針走到祭壇西方，放下並點燃水星蠟燭。

祈請步驟三：祈請處女座能量

祈禱文：（面向處女座）為了祈請處女座能量，我用土元素的力量喚醒這個聖殿。我祈請您的主人水星。請前來此神聖儀式中顯現。

您是分析的力量，是實踐的技巧，我召喚您前來。精確、適應和選擇應統領這個聖殿。請向我敞開您的領地，讓我瞭解您，並喚醒我靈魂中的處女座力量。

走到處女座的位置，面向它。

祈請處女座能量五芒星

祈禱文：以耶和華（Yod Heh Vav Heh）和偉大的大天使哈瑪利爾（Hamaliel）的神聖之名，我祈請處女座能量。

畫出祈請處女座能量的五芒星，並將它的符號畫在中間。觀想黃綠色的處女座五芒星在空中閃耀。

祈禱文：在黃金時代，眾神與人類一起居住在地球上。泰坦神普羅米修斯（Prometheus），偷竊奧林匹克聖火，並帶給人類使用。憤怒的宙斯（Zeus）將長生不死的普羅米修斯綁在巨石上，讓老鷹每天啄食他的肝。被吃掉的肝每天會復原如初，然後再被吃掉，周而復始。在盛怒之下，宙斯派潘朵拉（pandora）帶著裝滿邪惡和瘟疫的盒子來到人間。潘朵拉將盒子打開，讓惡魔來到世間，只有“希望”作為撫慰人類苦難的僅有祝福被留在最後。然後，奧林匹克眾神永遠離開了世間。

用你的食指觸碰處女座的符號。觀想處女座黃綠色的光從手臂流入你的心。停留在此觀想中，並說出：

祈禱文：但是有一位女神留下來：阿斯特莉亞（Astraea），宙斯（眾神之王）和西彌斯（Themis）女神（正義之神）的女兒。阿斯特莉亞是純潔無暇的處女之星，貞潔之神。她照看著人類，也為世間的人施予祝福。她在人間駐留最久，但是因為人類的邪惡，她慢慢退居山野，然後返回天堂。於是宙斯將她放在群星之中，她可以從空中觀察著塵世。有一天，阿斯特莉亞將帶著黃金時代重返人間。

祈請步驟四：以隱士牌冥想

回到祭壇西方，拿起塔羅隱士牌。坐下並面向處女座，觀想氣場成為黃綠色，一邊研讀牌意，一邊說：

祈禱文：您是光之音的魔法師，是眾神的先知，我召喚您。您是光的承載者，是揭示隱藏知識途徑之人。從您那裡，我們瞭解純潔、無我和不貪戀物質是滋養靈魂的特性。您獨自站在荒野，手握明燈。您已經完成完整的旅程，是退避，也是回歸；您已經習得生活的經驗，並成為經驗本身。站在靈魂修煉的一個制高點，您已經可以和他人分享您的知識。在通往高層覺知的路上，您以獨處和您所習得的知識為工具。然而，您的秘密並非是普世的秘密，只有真誠且願意更上層樓獲得智慧的人願意瞭解。

閉上眼睛，觀想你在牌卡的意象之中。觀照內在所有起心動念。在結束此觀想之前，將自身光明奉獻給處女座的能量。

另一種冥想的方式：大天使哈瑪利爾（Hamaliel）

觀想處女座的符號在你面前，當這個符號完整的成形時，像穿越一道門一樣穿越這個符號。

夏日的夜晚時分，你埋首書堆學習，在心中默默召喚大天使哈瑪利爾。哈瑪利爾以一位女士形象出現在你面前，她的身材中等勻稱，穿著黃綠色的長袍。她面容可愛，擁有紅棕色的皮膚和一頭黑髮。她天性機智詼諧且虛心好學。向大天使哈瑪利爾請教處女座的本質以及如何幫助你的靈性成長。觀照內在所有起心動念。在結束冥想的時候，大天使哈瑪利爾賜予你一個處女座水銀徽章，讓你配戴在脖子上。在結束觀想之前，將自身光明奉獻給處女座能量。

祈禱文：我已經獲得處女座的特質，這些特質已在我內在停駐。誠如所願。

祈請儀式結束

走到東方，面向房間的中央。

祈禱文：現在釋放所有被此儀式吸引而來的靈體。在處女座的能量中，回到您的歸處並進入和平中。

如同開始的儀式那樣，用聖水和薰香，淨化及聖化聖殿和身體。以驅散的五芒星在四個角落做完驅散的動作後。回到東方。

祈禱文：現在宣告儀式完整的結束。誠如所願。

熄滅蠟燭。

祈請天秤座能量儀式

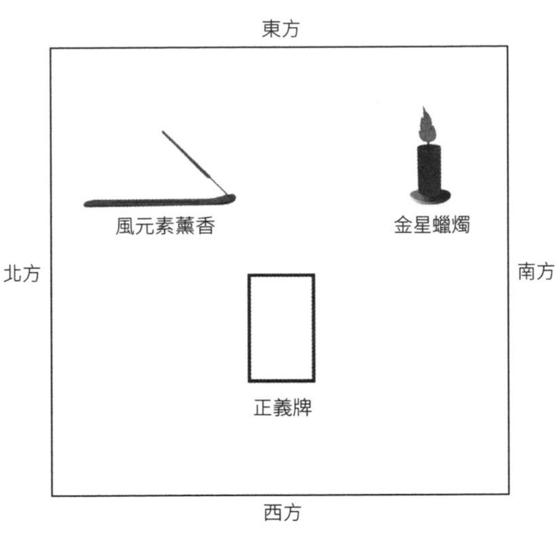

圖 49：天秤座儀式的祭壇擺設

· 祭壇擺設：基本的星座祭壇擺設。

· 祭壇桌布：綠色或者黃色（風象三方星座）。

· 祭壇物品：風元素薰香，金星蠟燭（未點燃），旁邊放一個打火機。

· 塔羅牌：正義牌，放置在祭壇上。

· 薰香、水：放置在東方，點燃薰香。

· 音樂：適當的背景音樂。

祈請儀式的準備

儀式開始之前，先在祭壇旁邊靜坐片刻。摒除累積了一天的雜念與憂慮。將意念放在頭頂，觀想一道白光從頭頂上方流入你的身體，並經由身體慢慢流到腳底。想像身體充滿白光，透過每個毛孔的吐納，進入你並圍繞著你。想像白光從身體開始擴展直到充滿整個空間。觀想白光設了一道屏障，將這個空間與外面的世界隔絕，彷彿在這個時空以外，沒有其他的存在。

祈請儀式開始

站在祭壇西方，面向東方，說出：

祈禱文：我用五元素之星閃耀的星芒，驅散這殿堂裡所有的世俗影響。我對你說，散去吧！

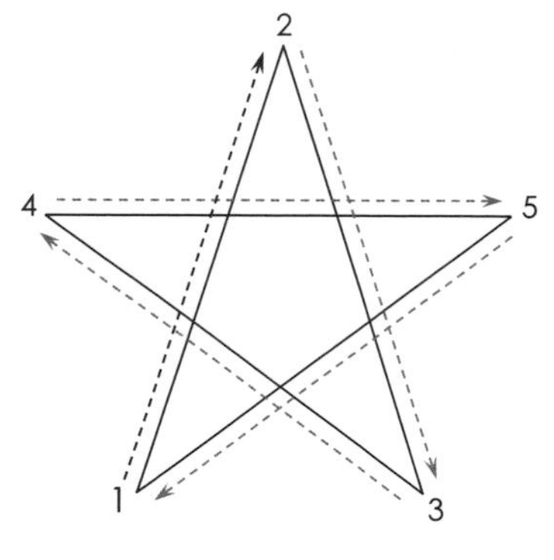

驅散能量元素五芒星

走到東方，對著東方畫出驅散能量的五芒星，然後在南方、西方和北方重複同樣動作。回到東方 。

拿起聖杯，並向東方灑水三次，然後在南方、西方和北方都重複同樣動作。回到東方，在水杯中沾濕手指，並以手觸碰額頭，再用手指將水往腳邊輕灑，最後在右邊及左邊的肩膀各觸碰一下。

祈禱文：我被淨化了；聖殿也被淨化了，所有的一切都被聖水淨化了。（放下聖杯）

拿起薰香，向東方揮動三次，然後在南方、西方和北方重複同樣動作。回到東方，照著額頭、腳底、右肩與左肩的順序揮舞薰香。

祈禱文：我被聖化了，聖殿也被聖化了，所有的一切都因聖火而被聖化了。（放下薰香）

祈禱文：（站在東方，面向東方）為了天秤座祈請儀式，我已淨化且聖化殿堂。我開啟聖殿讓天秤座的神聖力量能在此停駐片刻。諸位神聖魔法界的守護者，請照看此神聖之光的儀式。誠如所願。

祈請步驟一：風元素祈請儀式

將風元素薰香拿到東方，在東方畫出黃色的祈請風元素能量五芒星。

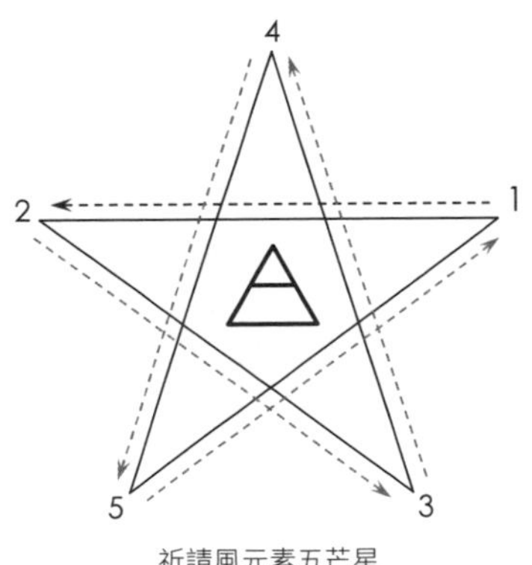

祈請風元素五芒星

祈禱文：在宇宙東方駐留的能量，請聆聽我的召喚！以耶和華（YHVH）的神聖之名，我在風元素能量的支持下召喚您，帶給您天秤座的力量和臨在。請賜予我走向隱藏道路，尋找神秘知識的勇氣。請賜予我您的雙眼來看清所有，賜予我您的智慧來洞悉一切。請賜予我風元素的力量，令我得以在此聖殿召喚天秤座的能量。

靜候片刻，並觀想氣場充滿黃色光芒。順時針走到祭壇西方，放下並點燃風元素薰香。

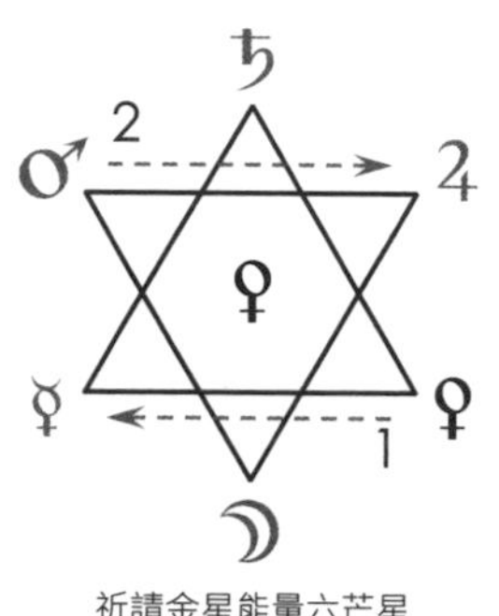

祈請金星能量六芒星

祈請步驟二：祈請金星能量

在祭壇拿起金星蠟燭，面向金星所在的位置。

祈禱文：我放棄物質欲望來追求靈性！

走到金星的位置。用蠟燭畫出金星能量六芒星，以及中間的金星符號。

祈禱文：美麗的金星，您用美的本質充盈著宇宙，通過您的聖名耶和華（YHVH Tzabaoth），我召喚您。請派遣您的大天使安尼爾（Anael），讓他指引我尋找天秤座的能量。安尼爾，請降臨此處，並帶來金星之光，讓這光照亮我的內在，讓我在天秤座前覺醒。我請求您，透過神聖的臨在，希望您能撕碎我凡胎肉眼上的黑暗面紗，令我理解天秤座符號的秘密。

靜候片刻，並觀想氣場充滿綠色光芒。順時針走到祭壇西方，放下並點燃金星蠟燭。

祈請步驟三：祈請天秤座能量

祈禱文：（面向天秤座）為了祈請天秤座能量，我用風元素的力量喚醒這個聖殿。我祈請您的主人金星。請前來此神聖儀式中顯現。

您是平衡與和諧的力量，我召喚您前來。美麗、平衡和尋求正義應統領這個聖殿。請向我敞開您的領地，讓我瞭解您，並喚醒我靈魂中的天秤座力量。

走到天秤座的位置，面向它。

祈禱文：以耶和華（Yod Heh Vav Heh）和偉大的大天使烏列爾（Zuriel）的神聖之名，我祈請天秤座能量。

畫出祈請天秤座能量的五芒星，並將它的符號畫在中間。觀想綠色的天秤座五芒星在空中閃耀。

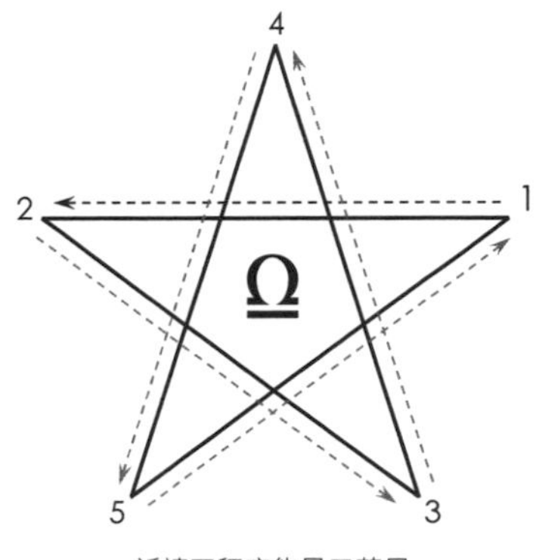

祈請天秤座能量五芒星

祈禱文：西彌斯（Themis）是宙斯首批妻子中的一個，她為宙斯生了六個女兒。前三個女兒分別是狄刻（Dikē），代表正義；厄瑞涅（Eirēnē），代表和平；歐諾米亞（Eunomia），代表法規。另外三個女兒則是命運女神。女兒的組合建立起自然法則與秩序。他們是天空的守護者，是天堂大門的護衛。西彌斯，作為神聖律法之神，是宙斯身旁的顧問，對宙斯領導人類上提出箴言，並舉報違反神的律法的人。她的女兒狄刻從旁協助她。

用你的食指觸碰天秤座的符號。觀想天秤座綠色的光從手臂流入你的心。停留在此觀想中，並說出：

祈禱文：狄刻留在世間維持正義，為人性的進步而努力。當宙斯看到這個不可能的任務時，就將她從眾神之中帶出，讓她坐在自己的旁邊，她母親的對面。在眾神之中，她是最獨立也最自律的神。狄刻擁有另一個名字阿斯特莉亞（Astraea），處女星座的處女之神，當阿斯特莉亞作為天秤座時手握正義的天秤。這兩個互不關聯的星座因為同一位女神而被永遠連結。

祈請步驟四：以正義牌冥想

回到祭壇西方，拿起塔羅正義牌。坐下並面向天秤座，觀想你的氣場成為綠色，一邊研讀牌意，一邊說：

祈禱文：真相主宰之女，平衡的執掌者，我呼喚您。您是正義、公平、真相、因果定律的化身，請在此儀式中現身。您是追求知識的動力，是現實和直覺之間的和諧，是絕對客觀的應用。因為您，我們得以獲得和諧和平衡，他們是持續不斷修正的過程，是內、外在世界的和諧與平衡。為了持續維持平衡，您在不停地調整中運作。正義調節權益、道德和義務三者，同時創造評定這三者的價值系統。通過您的影響，我將尋求真理，因為正義就是真理的實踐。

閉上眼睛，觀想你在牌卡的意象之中。觀照內在所有起心動念。在結束此觀想之前，將自身光明奉獻給天秤座的能量。

另一種冥想方式：大天使烏列爾（Zuriel）

觀想天秤座的符號在你面前，當這個符號完整的成形時，像穿越一道門一樣穿越這個符號。

在秋日的白晝時分，你站在山頂巨大的風車旁，靜靜地呼喚大天使烏列爾。烏列爾以一個男人形象出現在你面前，他的身材高瘦且筆挺，穿著綠色的長袍。他的臉圓潤又好看，搭配著讓人舒服的白色皮膚，他金色的頭髮長而柔順，他的天性自由開明且性情溫和。向大天使烏列爾請教天秤座的特性以及如何幫助你的靈性成長。觀照內在所有起心動念。在結束冥想的時候，大天使烏列爾賜予你一個天秤座銅質徽章，讓你配戴在脖子上。在結束觀想之前，將自身光明奉獻給天秤座的能量。

祈禱文：我已經獲得天秤座的特質，這些特質已在我內在停駐。誠如所願。

祈請儀式結束

走到東方，面向房間的中央。

祈禱文：現在釋放所有被此儀式吸引而來的靈體。在天秤座的能量中，回到您的歸處並進入和平中。

如同開始的儀式那樣，用聖水和薰香，淨化及聖化聖殿和身體。以驅散的五芒星在四個角落做完驅散的動作後。回到東方。

祈禱文：現在宣告儀式完整的結束。誠如所願。

熄滅蠟燭。

祈請天蠍座能量儀式

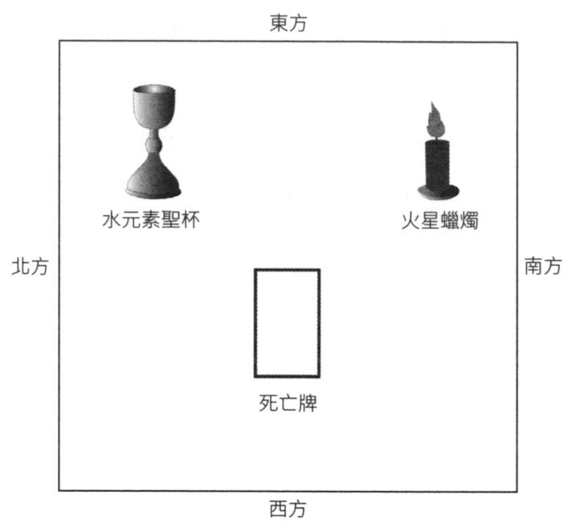

圖50：天蠍座儀式的祭壇擺設

· 祭壇擺設：基本的星座祭壇擺設。

· 祭壇桌布：藍綠色，或者藍色（水象三方星座）。

· 祭壇物品：盛著酒／果汁的聖杯（滴進幾滴聖化過的水），月亮蠟燭（未點燃），旁邊放一個打火機。

· 塔羅牌：死亡牌，放置在祭壇上。

· 薰香、水：放置在東方，點燃薰香。

· 音樂：適當的背景音樂。

祈請儀式的準備

儀式開始之前，先在祭壇旁邊靜坐片刻。摒除累積了一天的雜念與憂慮。將意念放在頭頂，觀想一道白光從頭頂上方流入你的身體，並經由身體慢慢流到腳底。想像身體充滿白光，透過每個毛孔的吐納，進入你並圍繞著你。想像白光從身體開始擴展直到充滿整個空間。觀想白光設了一道屏障，將這個空間與外面的世界隔絕，彷彿在這個時空以外，沒有其他的存在。

祈請儀式開始

站在祭壇西方，面向東方，說出：

祈禱文：我用五元素之星閃耀的星芒，驅散這殿堂裡所有的世俗影響。我對你說，散去吧！

走到東方，對著東方畫出驅散能量的五芒星，然後在南方、西方和北方重複同樣動作。回到東方 。

拿起聖杯，並向東方灑水三次，然後在南方、西方和北方都重複同樣動作。回到東方，在水杯中沾濕手指，並以手觸碰額頭，再用手指將水往腳邊輕灑，最後在右邊及左邊的肩膀各觸碰一下。

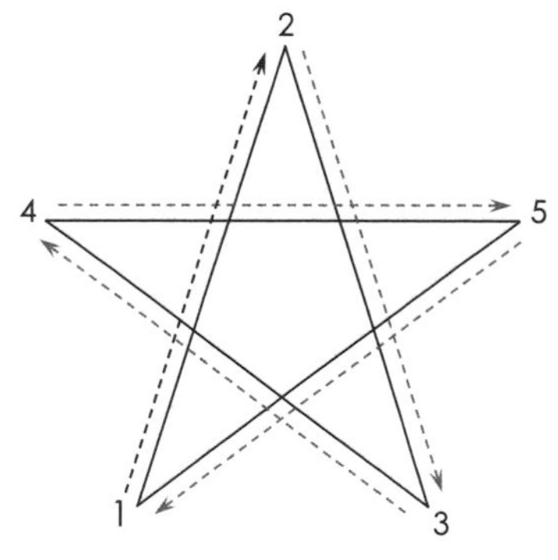

驅散能量元素五芒星

祈禱文：我被淨化了；聖殿也被淨化了，所有的一切都被聖水淨化了。（放下聖杯）

拿起薰香，向東方揮動三次，然後在南方、西方和北方重複同樣動作。回到東方，照著額頭、腳底、右肩與左肩的順序揮舞薰香。

祈禱文：我被聖化了，聖殿也被聖化了，所有的一切都因聖火而被聖化了。（放下薰香）

祈禱文：（站在東方，面向東方）為了天蠍座祈請儀式，我已淨化且聖化殿堂。我開啟聖殿讓天蠍座的神聖力量能在此停駐片刻。諸位神聖魔法界的守護者，請照看此神聖之光的儀式。誠如所願。

祈請步驟一：水元素祈請儀式

將水元素聖杯拿到西方，在西方畫出藍色的祈請水元素能量五芒星。

祈請水元素五芒星

祈禱文：在宇宙西方駐留的能量，請聆聽我的召喚！以埃爾（El）的神聖之名，我在水元素能量的支持下召喚您，帶給您天蠍座的力量和臨在。請賜予我走向隱藏道路，尋找神秘知識的勇氣。請賜予我您的雙眼來看清所有，賜予我您的智慧來洞悉一切。請賜予我水元素的力量，令我得以在此聖殿召喚天蠍座的能量。

靜候片刻，並觀想氣場充滿藍色光芒。順時針走到祭壇西方，放下水元素聖杯。

祈請步驟二：祈請火星能量

在祭壇拿起火星蠟燭，面向火星所在的位置 。

祈禱文：我放棄物質欲望來追求靈性！

走到火星的位置。用蠟燭畫出火星能量六芒星，以及中間的火星符號。

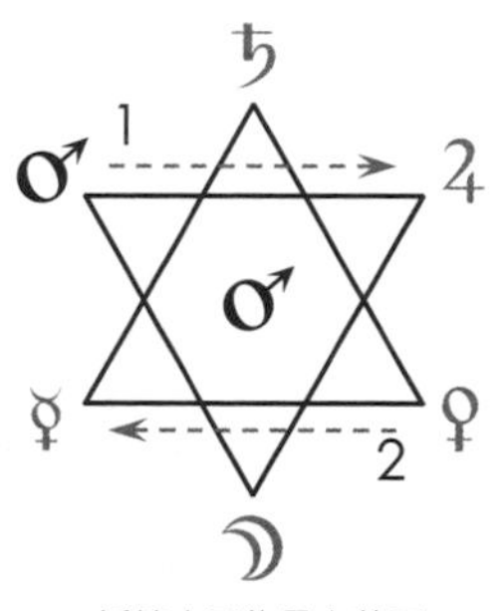

祈請火星能量六芒星

祈禱文：英勇的火星，您用火星的本質充盈著宇宙，通過您的聖名以羅欣（Elohim Gibor），我召喚您。請派遣您的大天使扎米爾（Kamael），讓他指引我尋找天蠍座的能量。扎米爾，請降臨此處，並帶來火星之光，讓這光照亮我的內在，讓我在天蠍座前覺醒。我請求您，透過神聖的臨在，希望您能撕碎我凡胎肉眼上的黑暗面紗，令我理解天蠍座符號的秘密。

靜候片刻，並觀想氣場充滿紅色光芒。順時針走到祭壇西方，放下並點燃火星蠟燭。

祈請步驟三：祈請天蠍座能量

祈禱文：（面向天蠍座）為了祈請天蠍座能量，我用水元素的力量喚醒這個聖殿。我祈請您的主人火星。請前來此神聖儀式中顯現。

您是深沉的改變與轉化的力量，我召喚您前來。決心、力量和激情的深度統領這個聖殿。請向我敞開您的領地，讓我瞭解您，並喚醒我靈魂中的天蠍座力量。

走到天蠍座的位置，面向它的位置。

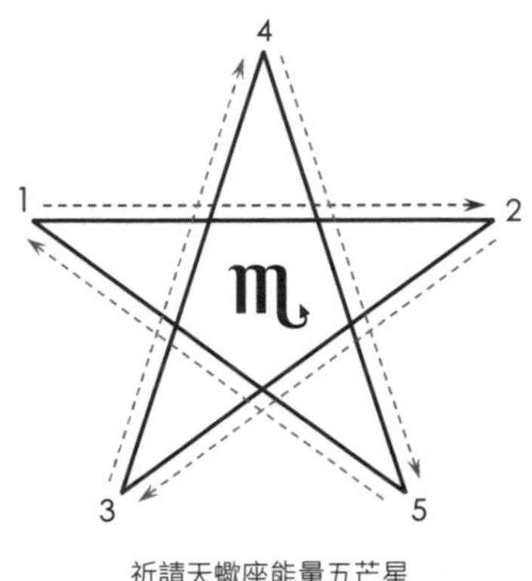

祈請天蠍座能量五芒星

祈禱文：以耶和華（VHHY, Vav Heh Heh Vod）和偉大的大天使巴克希爾（Barkhiel）的神聖之名，我祈請天蠍座能量。

畫出祈請天蠍座能量的五芒星，並將它的符號畫在中間。觀想藍綠色的天蠍座五芒星在空中閃耀。

祈禱文：巨人族獵人奧利安（Orion）向狩獵與野獸女神阿提米斯（Artemis）誇口，自己能夠殺死地球上的所有動物。雖然阿提米斯是一名獵手，她同時是所有野生動物的守護者。然而，阿提米斯還是對奧利安懷有好感，雖然奧利安比阿提米斯強壯，他卻說自己比阿提米斯稍遜一籌。阿提米斯的哥哥，阿波羅神，負責守衛獸群，被奧利安的自吹自擂所激怒。他說服大地之母蓋亞（Gaia），派遣一隻堅不可摧的巨蠍螫咬奧利安至死。

用你的食指觸碰天蠍座的符號。觀想天蠍座藍綠色的光從手臂流入你的心。停留在此觀想中，並說出：

祈禱文：奧利安面對巨蠍，它舉起致命的尾刺，準備進攻。經過一番鏖戰，蠍子刺死獵手。宙斯（Zeus），眾神之父，在天上看到這場爭鬥，他將蠍子升入天堂作為嘉獎。之後，在悲傷的阿提米斯的請求下，宙斯也把奧利安升入了天堂，但只是作為人類過度自大的警示。每到冬天，奧利安就在天空狩獵，但是每到夏天，當天蠍座升起的時候，他就沉下了。

祈請步驟四：以死亡牌冥想

回到祭壇西方，拿起死亡牌。坐下並面向天蠍座，觀想氣場成為藍綠色，一邊研讀牌意，一邊說：

祈禱文：偉大的轉化之神的孩子，死亡之門的主人，我呼喚您。您既是死亡也是重生，是自然永恆的轉化。您是一個迴圈的終結，是失去和結束。但是您也是從舊模式向新狀態的過渡，是轉化和再生。您首先是悲傷的，但是重生隨著形態的轉化而來。為了重生，我們必須先經歷死亡，就好像冬天預示春天的到來。您傳達成長和擴張所必須的釋放，透過您，我得以跨過即將崩毀的舊觀念和生命的門檻，邁向新生命形式的道路。

閉上眼睛，觀想你在牌卡的意象之中。觀照內在所有起心動念。在結束此觀想之前，將自身光明奉獻給天蠍座的能量。

另一種冥想的方式：大天使巴克希爾（Barkhiel）

觀想天蠍座的符號在你面前，當這個符號完整的成形時，像穿越一道門一樣穿越這個符號。

在秋日的夜晚時分，你站在一個葡萄園裡。地面潮濕柔軟。你輕輕地呼喚大天使巴克希爾（Barkhiel）。

巴克希爾以一個女性形象出現在你面前，她身材嬌小而豐滿，穿著藍綠色的長袍。她有一張寬而方的臉，膚色黝黑，她濃密的頭髮是深棕色的，她的天性慎重且冷靜。向大天使巴克希爾請教天蠍座的特性以及如何幫助你的靈性成長。觀照內在所有起心動念，在結束冥想的時候，大天使巴克希爾賜予你一個天蠍座鐵質徽章，讓你配戴在脖子上。在結束觀想之前，將自身光明奉獻給天蠍座能量。

祈禱文：我已經獲得天蠍座的特質，這些特質已在我內在停駐。誠如所願。

祈請儀式結束

走到東方，面向房間的中央。

祈禱文：現在釋放所有被此儀式吸引而來的靈體。在天蠍座的能量中，回到您的歸處並進入和平中。

如同開始的儀式那樣，用聖水和薰香，淨化及聖化聖殿和身體。以驅散的五芒星在四個角落做完驅散的動作後。回到東方。

祈禱文：現在宣告儀式完整的結束。誠如所願。

熄滅蠟燭。

祈請射手座能量儀式

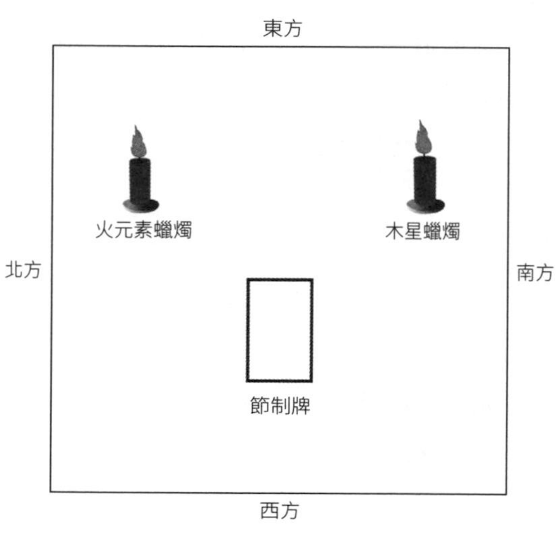

圖 51：射手座儀式的祭壇擺設

- 祭壇擺設：基本的星座祭壇擺設。
- 祭壇桌布：藍色或者紅色（火象三方星座）。
- 祭壇物品：火元素蠟燭（未點燃），木星蠟燭（未點燃），旁邊放一個打火機。
- 塔羅牌：節制牌，放置在祭壇上。
- 薰香、水：放置在東方，點燃薰香。
- 音樂：適當的背景音樂。

祈請儀式的準備

儀式開始之前，先在祭壇旁邊靜坐片刻。摒除累積了一天的雜念與憂慮。將意念放在頭頂，觀想一道白光從頭頂上方流入你的身體，並經由身體慢慢流到腳底。想像身體充滿白光，透過每個毛孔的吐納，進入你並圍繞著你。想像白光從身體開始擴展直到充滿整個空間。觀想白光設了一道屏障，將這個空間與外面的世界隔絕，彷彿在這個時空以外，沒有其他的存在。

祈請儀式開始

站在祭壇西方，面向東方，說出：

祈禱文：我用五元素之星閃耀的星芒，驅散這殿堂裡所有的世俗影響。我對你說，散去吧！

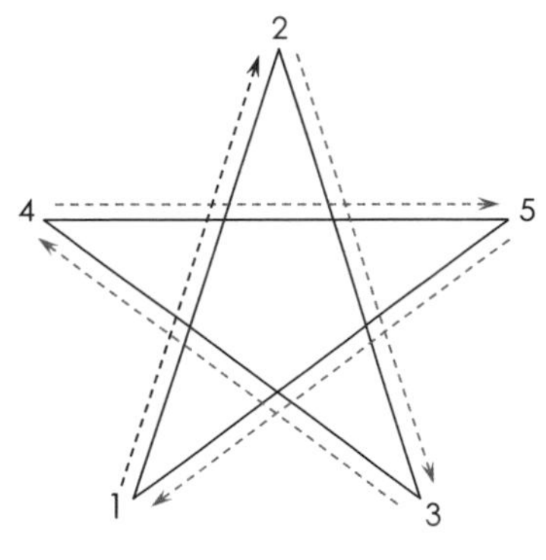

驅散能量元素五芒星

走到東方，對著東方畫出驅散能量的五芒星，然後在南方、西方和北方重複同樣動作。回到東方 。

拿起聖杯，並向東方灑水三次，然後在南方、西方和北方都重複同樣動作。回到東方，在水杯中沾濕手指，並以手觸碰額頭，再用手指將水往腳邊輕灑，最後在右邊及左邊的肩膀各觸碰一下。

祈禱文：我被淨化了；聖殿也被淨化了，所有的一切都被聖水淨化了。（放下聖杯）

拿起薰香，向東方揮動三次，然後在南方、西方和北方重複同樣動作。回到東方，照著額頭、腳底、右肩與左肩的順序揮舞薰香。

祈禱文：我被聖化了，聖殿也被聖化了，所有的一切都因聖火而被聖化了。（放下薰香）

祈禱文：（站在東方，面向東方）為了射手座祈請儀式，我已淨化且聖化殿堂。我開啟聖殿讓射手座的神聖力量能在此停駐片刻。諸位神聖魔法界的守護者，請照看此神聖之光的儀式。誠如所願。

祈請步驟一：火元素祈請儀式

將火元素蠟燭拿到南方，在南方畫出紅色的祈請火元素能量五芒星。

祈請火元素五芒星

祈禱文：在宇宙南方駐留的能量，請聆聽我的召喚！以以羅欣（Elohim）的神聖之名，我在火元素能量的支持下召喚您，帶給您射手座的力量和臨在。請賜予我走向隱藏道路，尋找神秘知識的勇氣。請賜予我您的雙眼來看清所有，賜予我您的智慧來洞悉一切。請賜予我火元素的力量，令我得以在此聖殿召喚射手座的能量。

靜候片刻，並觀想氣場充滿紅色光芒。順時針走到祭壇西方，放下並點燃火元素蠟燭。

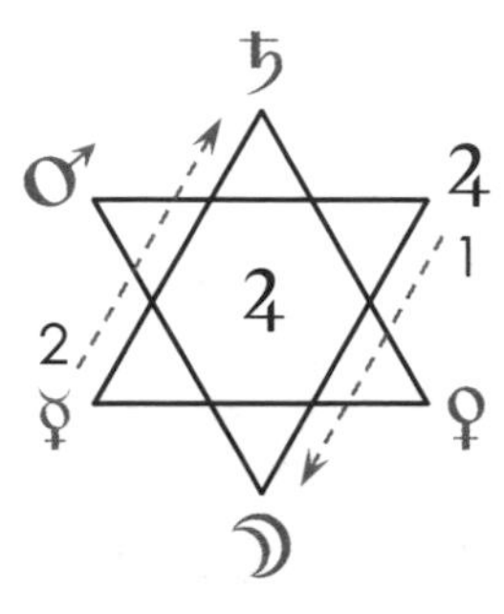

祈請木星能量六芒星

祈請步驟二：祈請木星能量

在祭壇拿起木星蠟燭，面向木星所在的位置。

祈禱文：我放棄物質欲望來追求靈性！

走到木星的位置。用蠟燭畫出木星能量六芒星，以及中間的木星符號。

祈禱文：愛好和平的木星，您用快樂的本質充盈著宇宙，通過您的聖名埃爾（El），我召喚您。請派遣您的大天使約菲爾（Iophiel），讓他指引我尋找射手座的能量。約菲爾，請降臨此處，並帶來木星之光，讓這光照亮我的內在，讓我在射手座前覺醒。我請求您，透過神聖的臨在，希望您能撕碎我凡胎肉眼上的黑暗面紗，令我理解射手座符號的秘密。

靜候片刻，並觀想氣場充滿紫色光芒。順時針走到祭壇西方，放下並點燃木星蠟燭。

祈請步驟三：祈請射手座能量

祈禱文：（面向射手座）為了祈請射手座能量，我用火元素的力量喚醒這個聖殿。我祈請您的主人木星。請前來此神聖儀式中顯現。您是追尋智慧者的力量，無所畏懼，我召喚您前來。抱負、冒險、行動和理想的靈性事物統領這個聖殿。請向我敞開您的領地，讓我瞭解您，並喚醒我靈魂中的射手座力量。

走到射手座的位置，面向它。

祈禱文：以耶和華（Yod Heh Vav Heh）和偉大的大天使亞德南丘（Adnakhiel）的神聖之名，我祈請射手座能量。

畫出祈請射手座能量的五芒星，並將它的符號畫在中間。

觀想藍色的射手座五芒星在空中閃耀。

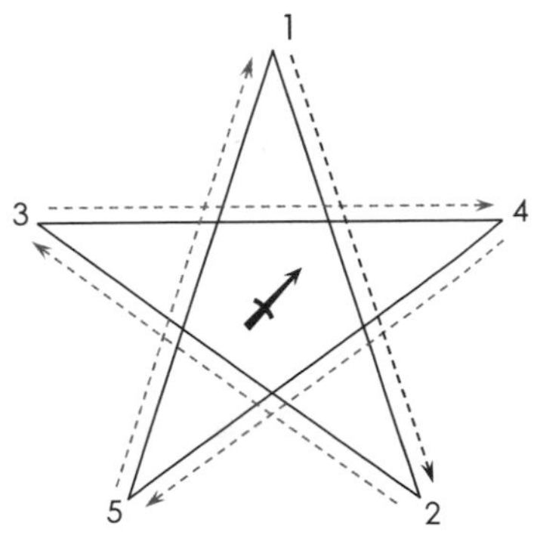

祈請射手座能量五芒星

祈禱文：克羅圖斯（Crotus），是薩緹（古典神話中半人半獸的森林之神），是牧神潘的兒子。歐斐墨（Euphēmē）是謬斯女神的護士。克羅圖斯是自然之子，純潔又溫順，但是在捍衛自己時，會無懼地展現野蠻的天性。謬斯女神們主管藝術和科學，是文化和文明行為的激勵者，克羅圖斯在赫利孔山（Helicon）上與他們一同長大。薩緹被認為是一種狂野、好戰、貪婪的野獸，但是克羅圖斯不同，他擁有和平的靈魂，以及卓越的音樂天賦，成長為一名技巧精熟的獵手，一個出色的騎手，弓箭的發明者。他很喜歡陪伴在謬斯女神身邊，成為他們忠實的守護者。

用你的食指觸碰射手座的符號。觀想射手座藍色的光從手臂流入你的心。停留在此觀想中，並說出：

祈禱文：克羅圖斯（Crotus）憑藉他的勤勉、森林中的迅捷行動以及音樂才華而聲名遠播，他的音樂演奏出人類靈魂的旋律，滋養更高層的感受。當克羅圖斯去世時，出於感激，謬斯女神（Muse）請求宙斯將他放入星辰之中，以星座來表現他無以比擬的才華。於是宙斯用帶有雙翼的馬加上弓箭來展示克羅圖斯的技能，因為他們代表力量和敏捷。宙斯還為他加上薩緹的尾巴，因為謬斯女神喜歡克羅圖斯，就如同迪奧尼索司（希臘神話中的酒神）喜歡薩緹一樣。

祈請步驟四：以節制牌冥想

回到祭壇西方，拿起節制牌。坐下並面向射手座，觀想氣場成為藍色，一邊研讀牌中意象，一邊說：

祈禱文：調解之神的女兒，生命力的推助者，我呼喚您。您調和對立，聯合內心和外境、意識和潛意識、人和神，請與我一起。您一腳站在物質世界的土地，另一腳踏入創意思想的水域，您的血管從低層脈衝向高層。您屬於平衡、公平、安和，因為您是古老療癒的一部分，通過協調對立來進行療癒。透過您的教導，我學會平衡精神和物質，成為一個節制的人，調和極端，讓我的能量導向靈魂的自我圓滿，保持能量的流動，平衡精神世界中水和火的韻律。

閉上你的眼睛，觀想你牌卡之中。觀照內在所有起心動念。在你結束這個觀想之前，將自身光明奉獻給射手座能量。

另一種冥想方式：大天使亞德南丘（Adnakhiel）

觀想射手座的符號在你面前，當這個符號完整的成形時，像穿越一道門一樣穿越這個符號。

在秋日的白晝時分，你在高山上，旁邊是一群高大美麗的戰馬。你在心中默默召喚大天使亞德南丘。大天使亞德南丘以一個男人形象出現在你面前，比普通人略高，體格健壯，穿著藍色長袍。他的臉長而飽滿，被太陽曬成健康的褐色。他栗色的頭髮長至肩膀。他天性機智又大膽。向大天使亞德南丘請教射手座的特性以及如何幫助你的靈性成長。觀照內在所有起心動念。在結束冥想的時候，大天使亞德南丘賜予你一個射手座錫製徽章，讓你配戴在脖子上。在結束觀想之前，將自身光明奉獻給射手座能量。

祈禱文：我已經獲得射手座的特質，這些特質已在我內在停駐。誠如所願。

祈請儀式結束

走到東方，面向房間的中央。

祈禱文：現在釋放所有被此儀式吸引而來的靈體。在射手座的能量中，回到您的歸處並進入和平中。

如同開始的儀式那樣，用聖水和薰香，淨化及聖化聖殿和身體。以驅散的五芒星在四個角落做完驅散的動作後。回到東方。

祈禱文：現在宣告儀式完整的結束。誠如所願。

熄滅蠟燭。

祈請魔羯座能量儀式

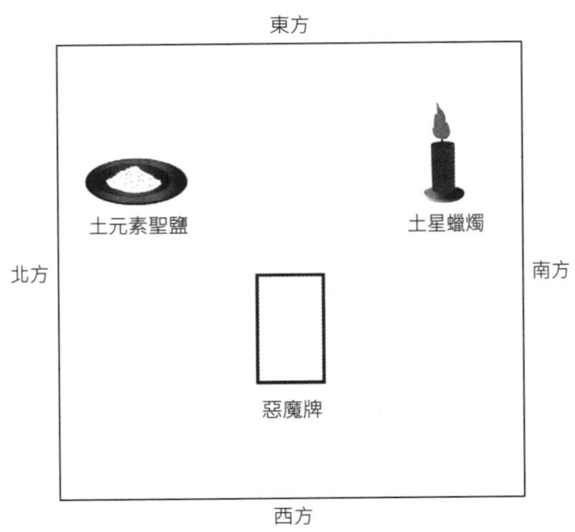

圖52：魔羯座儀式的祭壇擺設

- 祭壇擺設：基本的星座祭壇擺設。
- 祭壇桌布：紫藍色或綠色（土元素的三方星座）。
- 祭壇物品：土元素聖鹽、土星蠟燭（未點燃）、旁邊放一個打火機。
- 塔羅牌：惡魔牌，放在祭壇上 。
- 薰香、水：放置在東方，點燃薰香。
- 音樂：適合的背景音樂。

祈請儀式的準備

儀式開始之前，先在祭壇旁邊靜坐片刻。摒除累積了一天的雜念與憂慮。將意念放在頭頂，觀想一道白光從頭頂上方流入你的身體，並經由身體慢慢流到腳底。想像身體充滿白光，透過每個毛孔的吐納，進入你並圍繞著你。想像白光從身體開始擴展直到充滿整個空間。觀想白光設了一道屏障，將這個空間與外面的世界隔絕，彷彿在這個時空以外，沒有其他的存在。

祈請儀式開始

站在祭壇的西方，面向東方。然後說：

祈禱文：我用五元素之星閃耀的星芒，驅散這殿堂裡所有的世俗影響。我對你說，散去吧！

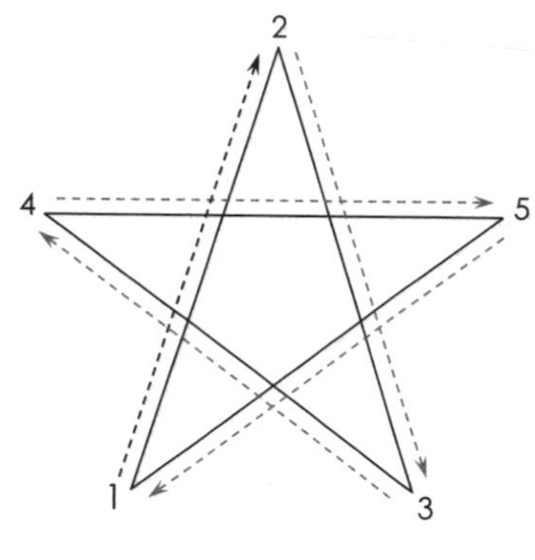

驅散能量元素五芒星

走到東方，對著東方畫出驅散能量的五芒星，然後在南方、西方和北方重複同樣動作。回到東方。

拿起聖杯，並向東方灑水三次，然後在南方、西方和北方都重複同樣動作。回到東方，在水杯中沾濕手指，並以手觸碰額頭，再用手指將水往腳邊輕灑，最後在右邊及左邊的肩膀各觸碰一下。

祈禱文：我被淨化了；聖殿也被淨化了，所有的一切都被聖水淨化了。（放下聖杯）

拿起薰香，向東方揮動三次，然後在南方、西方和北方重複同樣動作。回到東方，照著額頭、腳底、右肩與左肩的順序揮舞薰香。

祈禱文：我被聖化了，聖殿也被聖化了，所有的一切都因聖火而被聖化了。（放下薰香）

祈禱文：（站在東方，面向東方）為了魔羯座祈請儀式，我已淨化且聖化殿堂。我開啟聖殿讓魔羯座的神聖力量能在此停駐片刻。諸位神聖魔法界的守護者，請照看此神聖之光的儀式。誠如所願。

祈請步驟一：土元素祈請儀式

將土元素聖鹽拿到東方，並在北方畫出綠色祈請土元素的五芒星。

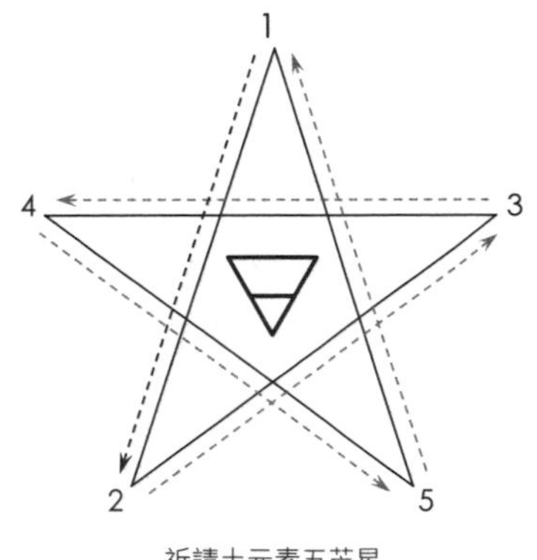

祈請土元素五芒星

祈禱文：在宇宙北方駐留的能量，請聆聽我的召喚！以阿多乃（Adonai）的神聖之名，我在土元素能量的支持下召喚您，帶給您魔羯座的力量和臨在。請賜予我走向隱藏道路，尋找神秘知識的勇氣。請賜予我您的雙眼來看清所有，賜予我您的智慧來洞悉一切。請賜予我土元素的力量，令我得以在此聖殿召喚魔羯座的能量。

靜候片刻，並觀想氣場充滿綠色光芒。順時針走到祭壇西方，放下土元素聖鹽。

祈請步驟二：祈請土星能量

在祭壇拿起土星蠟燭並面向土星的位置。

祈禱文：我放棄物質欲望來追求靈性！

走到土星的位置，以蠟燭畫出祈請土星的六芒星，並將土星符號畫在中間。

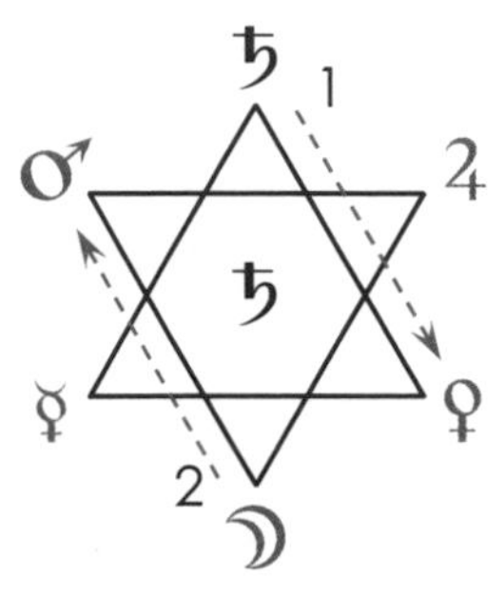

祈請土星能量六芒星

祈禱文：沉默的土星，您用沉思的本質充盈著宇宙，通過您的聖名耶和華以羅欣（YHVH Elohim），我召喚您。請派遣您的大天使卡塞爾（Kassiel），讓他指引我尋找魔羯座的能量。卡塞爾，請降臨此處，並帶來土星之光，讓這光照亮我的內在，讓我在魔羯座前覺醒。我請求您，透過神聖的臨在，希望您能撕碎我凡胎肉眼上的黑暗面紗，令我理解魔羯座符號的秘密。

靜候片刻，並觀想氣場充滿紫藍色光芒。順時針走到祭壇西方，放下並點燃土星蠟燭。

祈請步驟三：祈請魔羯座能量

祈禱文：（面向魔羯座）為了祈請魔羯座能量，我用土元素的力量喚醒這個聖殿。我祈請您的主人土星。前來此神聖儀式中顯現。您是責任與實踐的力量，我召喚您前來。意志力、組織力與執行力應統領這個聖殿。請向我敞開您的領地，讓我瞭解您，並喚醒我靈魂中的魔羯座力量。

走到魔羯座的位置並面向它。

祈禱文：以耶和華（Yod Heh Vav Heh）和偉大的大天使漢那爾（Hanael）的神聖之名，我祈請魔羯座能量。

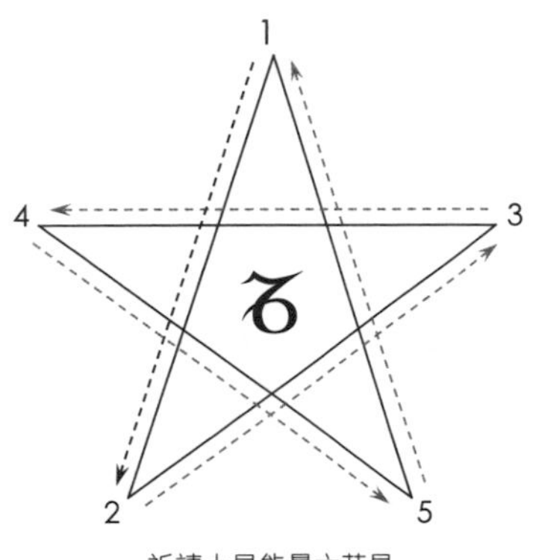

祈請土星能量六芒星

畫出祈請魔羯座能量的五芒星，並將它的符號畫在中間。

觀想紫藍色的魔羯座五芒星在空中閃耀。

祈禱文：母親女神瑞亞（Rhea）生出宙斯（Zeus）時，由於害怕她殘忍的先生克羅諾斯（Kronos）將小孩吃掉，所以祕密地將小孩帶到山羊女神之處，山羊女神給予宙斯無微不置的照顧，並讓宙斯飲其營養的奶水以及薰衣草味的甜美蜂蜜。山羊之神潘（Pan）也和宙斯同時受到山羊女神的照顧。

用食指觸碰魔羯座的符號。觀想魔羯座的紫藍色之光從手臂流向你的心，停留在此觀想中然後說：

祈禱文：在對抗泰坦族（Titans）的史詩般戰爭後，奧林匹亞（Olympian）諸神逃到埃及避難。泰坦族蓋亞（Gaia）的兒子怪獸堤豐（Typhon）想要復仇。堤豐是個比山還要高大，雙臂是龍頭的可怕噴火生物。當堤豐攻擊諸神時，潘跳入尼羅河裡躲避，但因太過驚慌只能變身一半，水上的一半仍保持著羊的形狀，但下半身卻變成了魚。在這場戰役中，宙斯原本被堤豐碎屍萬段，但潘發出了震耳欲聾的哭聲，讓怪物動彈不得，靈敏的赫密斯（Hermes）才有時間小心地將宙斯的屍體還原。為報答恩情，宙斯為潘在天堂預留一個位置。

祈請步驟四：以惡魔牌冥想

回到祭壇西方，拿起惡魔牌。坐下並面向魔羯座，觀想氣場成為紫藍色，一邊研讀牌意，一邊說：

祈禱文：通往物質之門的主宰、時間力量之子，我召喚您。您是所有顯化形式的主人，是較高也是較低層級的符號。您是元素之子，您的翅膀是由風元素組成，雙腿由土元素組成，如鷹爪般的雙腳由水元素組成，火炬是由火元素組成。您是可敬的對手，也是力量的巨大來源，提供取之不竭的能量。與您對抗使我產生力量，唯有物質欲望的死亡與自我中心意識才能控制您。您是罩紗，也是幻覺，所有世界與現實的知覺都無法看穿您罩紗後所隱藏的事物。您的符號代表了這世界明目張膽的物質主義。希臘之神即山羊之神潘，是您另一個名字。您是大自然最狂野不羈的性慾，也是驅動所有生物最強烈的慾望。

閉上眼睛，觀想你在牌卡的意象之中。觀照內在所有起心動念。在結束此觀想之前，將自身光明奉獻給魔羯座的能量。

另一種冥想的方式：大天使漢那爾（Hanael）

觀想魔羯座的符號在你面前，當這個符號完整的成形時，像穿越一道門一樣穿越這個符號。在冬日的夜晚時分，你佇立在一個蠻荒之地，身旁只有矮又多刺的灌木。你在心裡默默的召喚大天使漢那爾。漢那爾以女人形象出現在你面前。她的身高中等，身材纖細，穿著一身紫藍色的長袍。她擁有修長的脖子，細緻的橢圓形臉蛋，狹窄的下巴，她有一頭黑髮，她的個性則是謹慎內向的。詢問漢那爾關於魔羯座的特質以及如何幫助你在靈性上的成長。觀照內在所有起心動念。在冥想的尾聲，漢那爾賜予你一個鉛質魔羯座徽章，將徽章佩戴在脖子上。在結束冥想之前，將自身光明奉獻給魔羯座能量。

祈禱文：我已獲得魔羯座的特質，這些特質已在我內在停駐。誠如所願。

祈請儀式結束

走到東方，面向房間的中央。

祈禱文：現在釋放所有被此儀式吸引而來的靈體。在魔羯座的能量中，回到您的歸處並進入和平中。

如同開始的儀式那樣，用聖水和薰香，淨化及聖化聖殿和身體。以驅散的五芒星在四個角落做完驅散的動作後。回到東方。

祈禱文：現在宣告儀式完整地結束。誠如所願。

熄滅蠟燭。

祈請水瓶座能量儀式

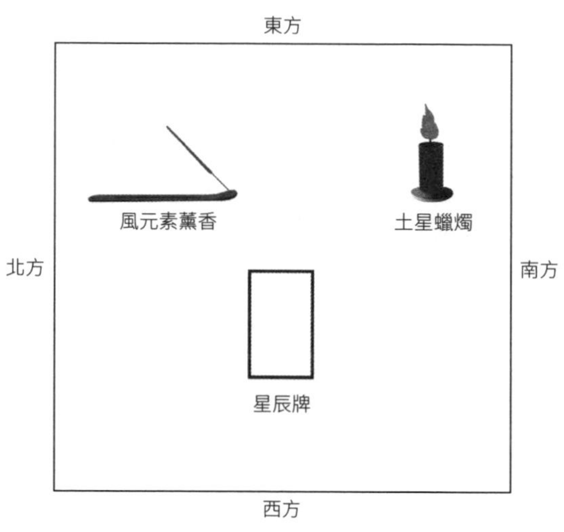

圖53：水瓶座儀式的祭壇擺設

- 祭壇擺設：基本的星座祭壇擺設。
- 祭壇桌布：紫羅蘭色（藍紫色）或黃色（風元素的三方星座）。
- 祭壇物品：風元素的薰香、土星的蠟燭（未點燃）、旁邊放一個打火機。
- 塔羅牌：星辰牌，放在祭壇上。
- 薰香、水：放在東方，點薰香。
- 音樂：適合的背景音樂。

祈請儀式的準備

儀式開始之前，先在祭壇旁邊靜坐片刻。摒除累積了一天的雜念與憂慮。將意念放在頭頂，觀想一道白光從頭頂上方流入你的身體，並經由身體慢慢流到腳底。想像身體充滿白光，透過每個毛孔的吐納，進入你並圍繞著你。想像白光從身體開始擴展直到充滿整個空間。觀想白光設了一道屏障，將這個空間與外面的世界隔絕，彷佛在這個時空以外，沒有其他的存在。

祈請儀式開始

站在聖殿的西方，面向東方。然後說：

祈禱文：我用五元素之星閃耀的星芒，驅散這殿堂裡所有的世俗影響。我對你說，散去吧！

走到東方，對著東方畫出驅散能量的五芒星，然後在南方、西方和北方重複同樣動作。回到東方 。

拿起聖杯，並向東方灑水三次，然後在南方、西方和北方都重複同樣動作。回到東方，在水杯中沾濕手指，並以手觸碰額頭，再用手指將水往腳邊輕灑，最後在右邊及左邊的肩膀各觸碰一下。

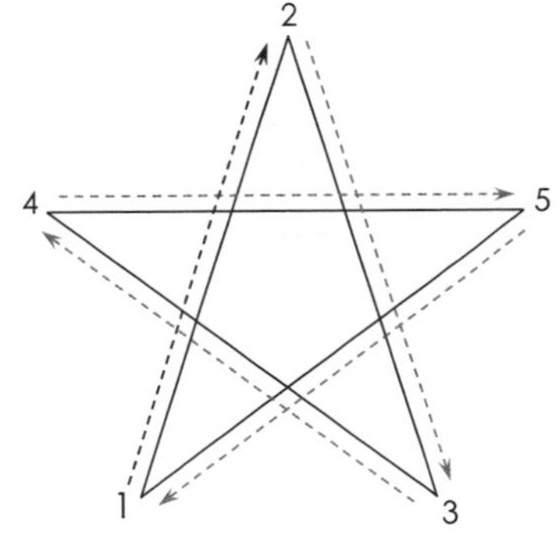

驅散能量元素五芒星

祈禱文：我被淨化了；聖殿也被淨化了，所有的一切都被聖水淨化了。（放下聖杯）

拿起薰香，向東方揮動三次，然後在南方、西方和北方重複同樣動作。回到東方，照著額頭、腳底、右肩與左肩的順序揮舞薰香。

祈禱文：我被聖化了；這個聖殿被聖化了；所有的一切都因聖火而被聖化了。（放下薰香）

祈禱文：（站在東方，面向東方）為了水瓶座祈請儀式，我已淨化且聖化殿堂。我開啟聖殿讓水瓶座的神聖力量能在此停駐片刻。諸位神聖魔法界的守護者，請照看此神聖之光的儀式。誠如所願。

祈請風元素五芒星

祈請步驟一：風元素祈請儀式

拿著風元素的薰香來到東方，並向東方畫出召喚風元素的黃色五芒星。

祈禱文：在宇宙東方駐留的能量，請聆聽我的召喚！以耶和華（YHVH）的神聖之名，我在風元素能量的支持下召喚您，帶給您水瓶座的力量和臨在。請賜予我走向隱藏道路，尋找神秘知識的勇氣。請賜予我您的雙眼來看清所有，賜予我您的智慧來洞悉一切。請賜予我風元素的力量，令我得以在此聖殿召喚水瓶座的能量。

靜候片刻，並觀想氣場充滿黃色光芒。順時針走到祭壇西方，放下並點燃風元素薰香。

祈請步驟二：祈請土星能量

站在祭壇邊，拿起土星的蠟燭並面向土星的位置。

祈禱文：我放棄物質欲望來追求靈性！

走到土星的位置，以蠟燭畫出召喚土星的六芒星，並將土星符號畫在中間。

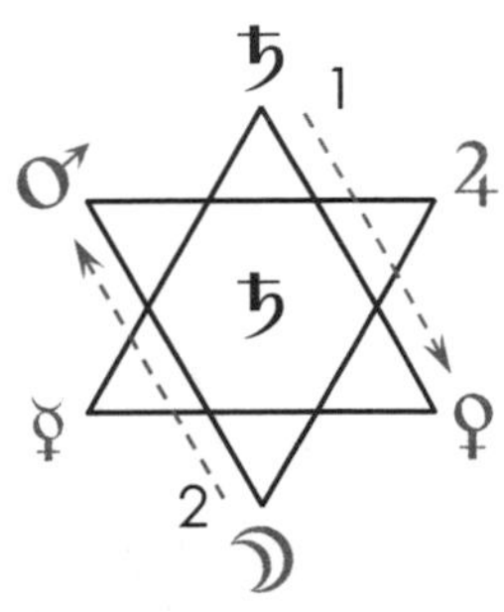

祈請土星能量六芒星

祈禱文：高尚的土星，您用沉思的本質充盈著宇宙，通過您的聖名以羅欣（YHVH Elohim），我召喚您。請派遣您的大天使卡塞爾（Kassiel），讓他指引我尋找水瓶座的能量。卡塞爾，請降臨此處，並帶來土星之光，讓這光照亮我的內在，讓我在水瓶座前覺醒。我請求您，透過神聖的臨在，希望您能撕碎我凡胎肉眼上的黑暗面紗，令我理解水瓶座符號的秘密。

靜候片刻，並觀想氣場充滿紫藍色光芒。順時針走到祭壇西方，放下並點燃土星蠟燭。

祈請步驟三：祈請水瓶座能量

祈禱文：（面向水瓶座）為了祈請水瓶座能量，我用風元素的力量喚醒這個聖殿。我祈請您的主人土星。前來在此神聖儀式中顯現。

您是複雜的思想與深刻的見解，我召喚您前來。哲學性、可靠的忠告、沈著的理性統領這個聖殿。請向我敞開您的領地，讓我瞭解您，並喚醒我靈魂中的水瓶座力量。

走到水瓶座之所面向祂。

祈請水瓶座能量五芒星

祈禱文：以耶和華和偉大的大天使坎伯爾（Kambriel）的神聖之名，我祈請水瓶座能量。

畫出祈請水瓶座能量的五芒星，並將它的符號畫在中間。觀想紫羅蘭顏色的水瓶座五芒星在空中閃耀。

祈禱文：特洛伊（Troy）的年少王子伽倪墨得（Ganymede），是位特別英俊的年輕人。當宙斯初次見到年少貌美的伽倪墨得，他正看顧著在艾達山（Mount Ida）睡覺的父親。因為貪圖伽倪墨得的美貌，宙斯將自己偽裝成一隻老鷹飛到地面，將伽倪墨得抓到奧林帕斯山（Mount Olympus）。在那裡，這位年輕人成為眾神的侍酒人。宙斯的妻子赫拉（Hera）對於宙斯心繫伽倪墨得，而且還即將佔據她女兒赫比（Hēbē）原本的位置，而感到非常憤怒。

用食指觸碰水瓶座的符號。觀想水瓶座紫羅蘭色的光芒從手臂流向你的心，停留在此觀想中然後說：

祈禱文：雖是如此，宙斯毫不隱藏他的情感，仍讓伽倪墨得留在奧林帕斯山。但這位年輕人非常痛苦，一心一意只想回到祖國與家園。隨著時間流逝，伽倪墨開始反抗，拒絕擔任侍酒人的職務。在盛怒之下，他將眾神的美酒珍饈和水潑了出來，變成了傾盆大雨，大雨造成的洪水淹沒了整個世界。宙斯非常生氣並準備懲罰這位年輕人，但又一時心軟，也領悟到自己對伽倪墨得的殘忍。同情之下宙斯把伽倪墨變成了神，並將他放在天堂中的水瓶座上。

祈請步驟四：以星辰牌冥想

回到祭壇的西方，拿起塔羅星辰牌。坐著並面向水瓶座的位置，觀想氣場成為紫羅蘭色，一邊研讀牌意，一邊說：

祈禱文：蒼穹的女兒，水邊的居住者，我召喚您。您是信念、希望與意外的幫助。請與我同在這儀式的運作中。您賜予的是清晰的視野與靈性的洞見，但最重要的是，不可預期的幫助也來自於您，您的療癒之水伴隨引領未來的光，可止靈性之渴。您是理解與感知宇宙的合一後，隨之而來的愛與信任，也是一股直覺，堅信每件事都在平衡與和諧中。在動亂與絕望後，您是暴風雨後的寧靜，也是突破的力量，以獲得進入較高層次的契機。透過您冷靜的冥想，我得以解決所有謎題，發現所有祕密，收獲新的思想哲學。透過您的協助，我達到啟發的目的。

閉上雙眼，觀想自己就置身在牌卡的意象裡。觀照內在所有起心動念。在結束冥想之前，將自身光明奉獻給水瓶座的能量。

另一種冥想方式：大天使坎伯爾（Kambriel）

觀想水瓶座的符號在你面前，當這個符號完整的成形時，像穿越一道門一樣穿越這個符號。在冬日的白晝時分，你佇立在有清澈泉水的山丘上，在心裡默默的召喚大天使坎伯爾。坎伯爾以男人形象出現在你面前。他的身高中等，身材壯碩，身穿紫羅蘭色的長袍。他有著細長精緻的臉，清晰明亮的膚色，頭髮是像砂一般的灰色。他的個性是友善讓人信任的。詢問坎伯爾水瓶座的特性以及如何幫助你在靈性上的成長。觀照內在所有起心動念。在冥想的尾聲，坎伯爾賜予你一個鉛質水瓶座徽章。你將徽章配戴在脖子上。在結束冥想之前，將自身光明奉獻給水瓶座的能量。

祈禱文：我已獲得水瓶座的特質，這些特質已在我內在停駐。誠如所願。

祈請儀式結束

走到東方，面向房間的中心。

祈禱文：現在釋放所有被此儀式吸引而來的靈體。在水瓶座的能量中，回到您的歸處並進入和平中。

如同開始的儀式那樣，用聖水和薰香，淨化及聖化聖殿和身體。以驅散的五芒星在四個角落做完驅散的動作後。回到東方。

祈禱文：現在宣告儀式完整的結束。誠如所願。

熄滅蠟燭。

祈請雙魚座能量儀式

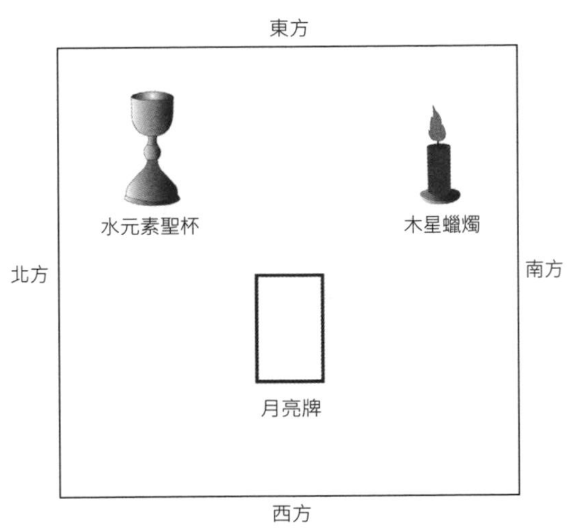

圖54：雙魚座儀式的祭壇擺設

- 祭壇擺設：基本的星座祭壇擺設。
- 祭壇桌布：紫紅色或藍色（水元素三方星座）。
- 祭壇物品：一杯酒或果汁〔加上幾滴聖化的水〕、月亮蠟燭（未點燃），旁邊放一個打火機。
- 塔羅牌：月亮牌，放在祭壇上。
- 薰香、水：放在東方，點燃薰香。
- 音樂：適合的背景音樂。

祈請儀式的準備

儀式開始之前，先在祭壇旁邊靜坐片刻。摒除累積了一天的雜念與憂慮。將意念放在頭頂，觀想一道白光從頭頂上方流入你的身體，並經由身體慢慢流到腳底。想像身體充滿白光，透過每個毛孔的吐納，進入你並圍繞著你。想像白光從身體開始擴展直到充滿整個空間。觀想白光設了一道屏障，將這個空間與外面的世界隔絕，彷彿在這個時空以外，沒有其他的存在。

祈請儀式開始

站在祭壇的西方，面向東方。然後說：

祈禱文：我用五元素之星閃耀的星芒，驅散這殿堂裡所有的世俗影響。我對你說，散去吧！

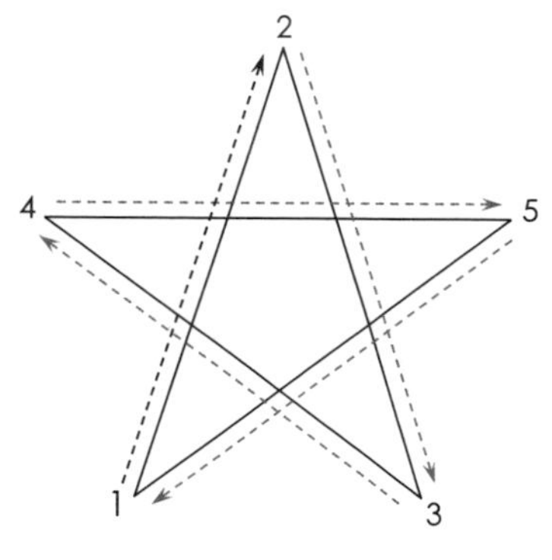

驅散能量元素五芒星

走到東方，對著東方畫出驅散能量的五芒星，然後在南方、西方和北方重複同樣動作。回到東方。

拿起聖杯，並向東方灑水三次，然後在南方、西方和北方都重複同樣動作。回到東方，在水杯中沾濕手指，並以手觸碰額頭，再用手指將水往腳邊輕灑，最後在右邊及左邊的肩膀各觸碰一下。

祈禱文：我被淨化了；聖殿也被淨化了，所有的一切都被聖水淨化了。（放下聖杯）

拿起薰香，向東方揮動三次，然後在南方、西方和北方重複同樣動作。回到東方，照著額頭、腳底、右肩與左肩的順序揮舞薰香。

祈禱文：我被聖化了，聖殿也被聖化了，所有的一切都因聖火而被聖化了。（放下薰香）

祈禱文：（站在東方，面向東方）為了雙魚座祈請儀式，我已淨化且聖化殿堂。我開啟聖殿讓雙魚座的神聖力量能在此停駐片刻。諸位神聖魔法界的守護者，請照看此神聖之光的儀式。誠如所願。

祈請步驟一：水元素祈請儀式

將水元素聖杯拿到西方，並向著西方畫出藍色的祈請水元素能量的五芒星。

祈請水元素五芒星

祈禱文：在宇宙西方駐留的能量，請聆聽我的召喚！以埃爾（El）的神聖之名，我在水元素能量的支持下召喚您，帶給您雙魚座的力量和臨在。請賜予我走向隱藏道路，尋找神秘知識的勇氣。請賜予我您的雙眼來看清所有，賜予我您的智慧來洞悉一切。請賜予我水元素的力量，令我得以在此聖殿召喚雙魚座的能量。

靜候片刻，並觀想氣場充滿藍色光芒。順時針走到祭壇西方，放下水元素聖杯。

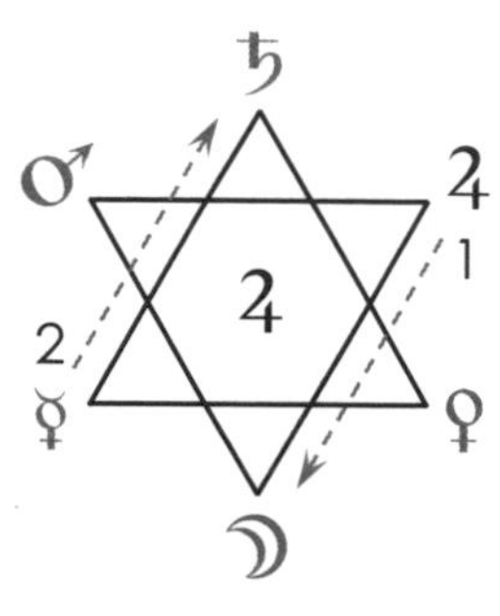

祈請木星能量六芒星

祈請步驟二：祈請木星能量

站在祭壇邊，拿起木星的蠟燭並面向木星的位置。

祈禱文：我放棄物質欲望來追求靈性！

走到木星的位置，以蠟燭畫出祈請木星能量的六芒星，並將木星的符號畫在中間。

祈禱文：豐盛的木星，您用快樂的本質充盈著宇宙，通過您的聖名埃爾（El），我召喚您。請派遣您的大天使約菲爾（Iophiel, Yoh-fee-el），讓他指引我尋找雙魚座的能量。約菲爾，請降臨此處，並帶來木星之光，讓這光照亮我的內在，讓我在雙魚座前覺醒。我請求您，透過神聖的臨在，希望您能撕碎我凡胎肉眼上的黑暗面紗，令我理解雙魚座符號的秘密。

靜候片刻，並觀想氣場充滿藍色光芒。順時針走到祭壇西方，放下並點燃木星蠟燭。

祈請步驟三：祈請雙魚座能量

祈禱文：（面向雙魚座）為了祈請雙魚座能量，我用水元素的力量喚醒這個聖殿。我祈請您的主人木星。請前來在此神聖儀式中顯現。您是夢想與神祕的力量，我召喚您前來。創造力、消融邊界的力量與合一感應統領這個聖殿。請向我敞開您的領地，讓我瞭解您，並喚醒我靈魂中的雙魚座力量。

走到雙魚座的位置面向它。

祈禱文：以耶和華（Yod Heh Vav Heh）和偉大的大天使阿姆尼索（Amnitziel）的神聖之名，我祈請雙魚座能量。

畫出祈請雙魚座能量的五芒星，並將它的符號畫在中間

觀想紫紅色的雙魚座五芒星在空中閃耀。

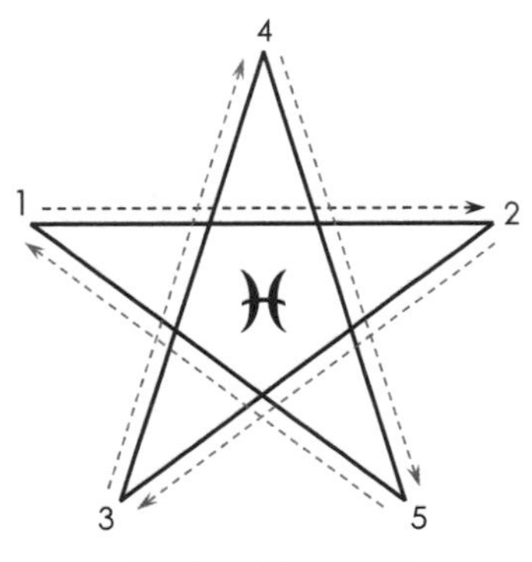

祈請雙魚座能量五芒星

祈禱文：奧林匹克眾神在偉大的戰役中擊敗了泰坦族及巨人族。大地母親，也就是泰坦族的蓋亞，與冥界裡的泰坦族塔耳塔洛斯（Tartarus）結合，創造出堤豐-手指頭是龍頭的怪物。這些龍頭的眼睛不但會噴出火焰，嘴巴還會發出可怕的聲音。堤豐來到奧林帕斯欲報族人之仇，奧林匹克諸神因害怕祂的殘暴而紛紛走避。

用食指觸碰雙魚座的符號。觀想雙魚座的紫紅色光從手臂流向你的心，停留在此觀想中然後說：

祈禱文：有一天，堤豐在幼發拉底河畔（Euphrates）遇見了美神阿芙洛狄特（Aphrodite）以及她的兒子愛神伊洛斯（Eros）。為躲避堤豐的可怕攻擊，阿芙洛狄特和伊洛斯變成魚藏在蘆葦間。但一陣吹過蘆葦的風發出了聲響，阿芙洛狄特受到驚嚇，於是她呼叫水中女神來幫忙。就在此時，兩隻大魚前來協助帶領阿芙洛狄特及伊洛斯逃到安全之地。為了紀念美神與愛神免於危難，這兩隻拯救生命的魚，變成不朽之神高掛於北方的天空，並列十二星座之內。

祈請步驟四：以月亮牌冥想

回到祭壇的西方，拿起月亮牌。坐著並面向雙魚座的位置，觀想氣場成為紫紅色，一邊研讀牌意，一邊說：

祈禱文：潮起潮落的主人，萬能之子的孩子，我召喚您。您是物質世界的力量中幻像的代表；是您迫使我們正視恐懼，面對自己的陰影。請讓我帶給您力量與臨在。是您引領我進入靈魂最黑暗的深處，進入潛意識的世界。那裡沒有文字，沒有理性，只有影像與夢境。您是進入最深黑夜的旅程，讓我看清躲藏在我臉後的究竟是什麼：因為您正迎面對抗自己的黑暗面。絕望產生救贖的渴望。幻想、歇斯底里與恐懼讓我動彈不得，但您能指引我從黑暗的恐怖走到光的安全地帶。透過您我迎來自發的轉化與蛻變。

閉上雙眼，觀想自身在牌卡的意象中。觀照內在所有起心動念。在結束冥想之前，將自身光明奉獻給雙魚座能量。

另一種冥想的方式：大天使阿姆尼索（Amnitziel）

觀想雙魚座的符號在你面前，當這個符號完整的成形時，像穿越一道門一樣穿越這個符號。

在冬日夜晚時分，你佇立在有許多魚兒悠遊水中的湖邊。你在心裡默默的召喚大天使阿姆尼索。阿姆尼索以女人形象出現在你面前。她的身材矮小且豐腴，身穿紫紅色的長袍。她有一張愉快的大臉，臉色偏白且髮色偏淡。她的個性則是嚴肅而謹慎。詢問阿姆尼索關於雙魚座的特色，以及如何幫助你在靈性上的成長。觀照內在所有起心動念。在冥想的尾聲，阿姆尼索賜予你一個鉛質雙魚座徽章，讓你佩戴在脖子上。在結束冥想之前，將自身光明奉獻給雙魚座能量。

祈禱文：我已獲得雙魚座的特質，這些特質已在我內在停駐。誠如所願。

祈請儀式結束

走到東方，面向房間的中心。

祈禱文：現在釋放所有被此儀式吸引而來的靈體。在雙魚座的能量中，回到您的歸處並進入和平中。

如同開始的儀式那樣，用聖水和薰香，淨化及聖化聖殿和身體。以驅散的五芒星在四個角落做完驅散的動作後。回到東方。

祈禱文：現在宣告儀式完整地結束。誠如所願。

熄滅蠟燭。

祈請三方星座儀式

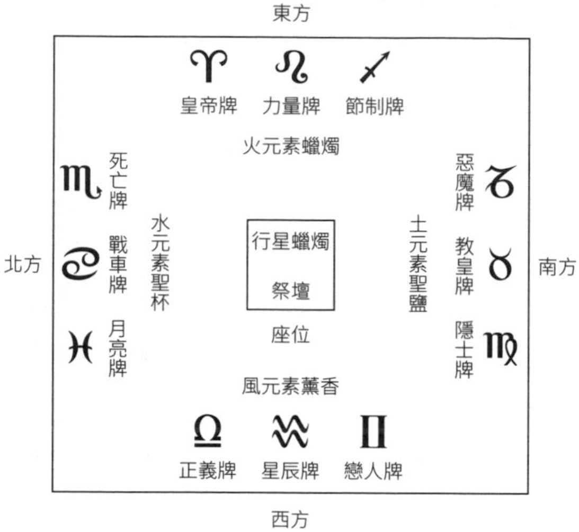

東方

	♈ 皇帝牌	♌ 力量牌	♐ 節制牌	
		火元素蠟燭		
♏ 死亡牌				♑ 惡魔牌
♋ 戰車牌	水元素聖杯	行星蠟燭 祭壇 座位	土元素聖鹽	♉ 教皇牌
♓ 月亮牌				♍ 隱士牌
		風元素薰香		
	♎ 正義牌	♒ 星辰牌	♊ 戀人牌	

北方　　南方

西方

圖55：祈請三方星座的祭壇擺設

東方

☽ ☿ ♀ ☉ ♂ ♃ ♄

北方　　南方

西方

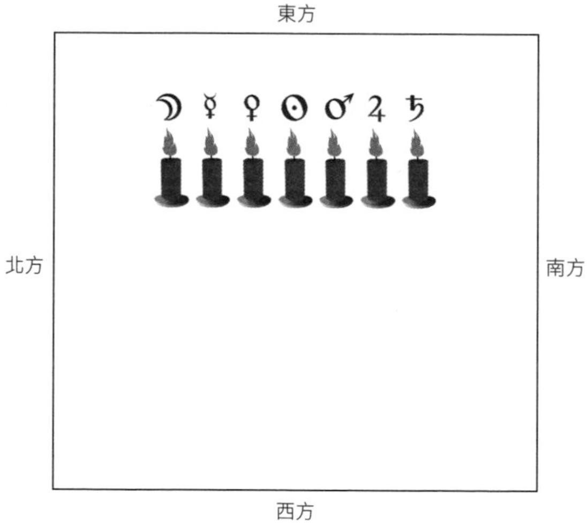

圖56：祈請三方星座的祭壇擺設（第一部分）

· 祭壇擺設：基本的星座祭壇擺設。
· 祭壇桌布：白色。
· 元素象徵物：將火元素蠟燭（點燃）、水元素聖杯（酒或果汁，加入幾滴聖化過的水）、風元素薰香（點燃）、土元素聖鹽與麵包，放在巨觀宇宙的各個方位（請見以上圖示）。
· 行星蠟燭：將蠟燭依照上升的順序從左到右放在祭壇上（請見以上圖示），並全部點燃。
· 塔羅牌：對應每個三方星座的塔羅牌放在巨觀宇宙的各個方位（請見以上圖示）。
· 薰香、水：放置在東方，點燃薰香。
· 音樂：適合的背景音樂。

祈請儀式的準備

儀式開始之前，先在祭壇旁邊靜坐片刻。摒除累積了一天的雜念與憂慮。將意念放在頭頂，觀想一道白光從頭頂上方流入你的身體，並經由身體慢慢流到腳底。想像身體充滿白光，透過每個毛孔的吐納，進入你並圍繞著你。想像白光從身體開始擴展直到充滿整個空間。觀想白光設了一道屏障，將這個空間與外面的世界隔絕，彷彿在這個時空以外，沒有其他的存在。

祈請儀式開始

站在祭壇的西方，面向東方。然後說：

祈禱文：我用五元素之星閃耀的星芒，驅散這殿堂裡所有的世俗影響。我對你說，散去吧！

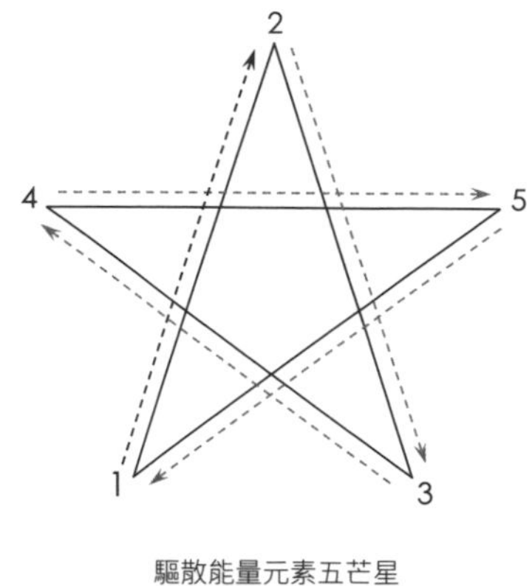

驅散能量元素五芒星

走到東方，對著東方畫出驅散能量的五芒星，然後在南方、西方和北方重複同樣動作。回到東方。

拿起聖杯，並向東方灑水三次，然後在南方、西方和北方都重複同樣動作。回到東方，在水杯中沾濕手指，並以手觸碰額頭，再用手指將水往腳邊輕灑，最後在右邊及左邊的肩膀各觸碰一下。

祈禱文：我被淨化了；聖殿也被淨化了，所有的一切都被聖水淨化了。（放下聖杯）

拿起薰香，向東方揮動三次，然後在南方、西方和北方重複同樣動作。回到東方，照著額頭、腳底、右肩與左肩的順序揮舞薰香。

祈禱文：我被聖化了；聖殿也被聖化了；所有的一切都因聖火而被聖化了。（放下薰香）

祈禱文：（站在東方，面向東方）我已淨化且聖化殿堂。我開啟聖殿讓來自上天的神聖力量能在此停駐片刻。諸位神聖魔法界的守護者，請照看此神聖之光的儀式。誠如所願。

祈請靈性儀式

走到祭壇的西方並面向東方。在空中畫出兩個祈請靈性能量的五芒星。

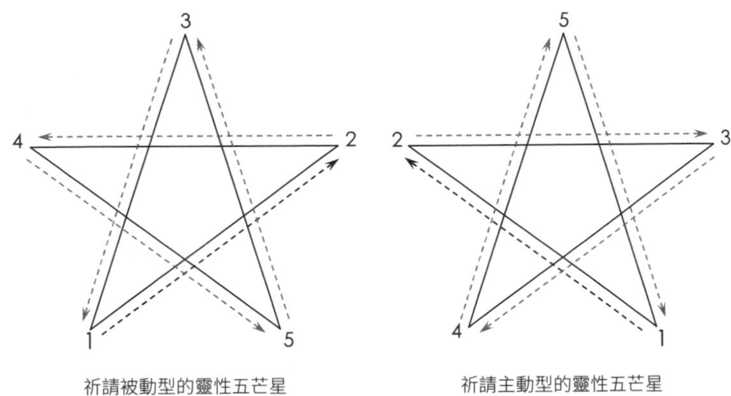

祈請被動型的靈性五芒星　　祈請主動型的靈性五芒星

祈禱文：噢，您是至高無上的生命之靈，萬事萬物的創造者，世間一切的根源，是所有靈魂的單一源頭。您是我唯一的起源，我隨您直至無限。噢，您是唯一的智慧與真理之源，讓我乘坐真理的馬車攀登更高的領域。帶領我橫越所有海灣和深淵，跳出峽谷與深壑，成為我自由的泉源。讓您無上的光明照亮我前方的道途。讓我如同乘坐光明之船抵達神聖天堂，使我能洞悉宇宙蒼穹。誠如所願。

靜候片刻，觀想整個空間充滿白色光芒。

祈請步驟一：祈請火元素三方星座

將火元素蠟燭拿到東方，並向著東方在空中畫出祈請火元素能量的五芒星。

祈請火元素五芒星

以順時針方向畫出火元素的三角形符號（從頂點開始），觀想五芒星以紅色光芒閃耀著。以順時針繞行祭壇一圈，同時說：

祈禱文：火元素賜予我力量，祂既乾且熱的陽性的能量流經我的身體，點燃勇氣、尊嚴與欲望的火焰。來自天上的火元素帶領我在白天的領域裡行走，存在於我內在本質的領導力、權威與虔誠的信仰也熊熊地燃燒著。

回到東方，面向祈請火元素五芒星。

祈禱文：我以耶和華YHVH（Yod Heh Vav Heh）及偉大的大天使莫希代爾（Malkhidael）的神聖之名，祈請火星主管的牡羊座力量（以蠟燭在五芒星裡畫出牡羊座符號）。請前來參與儀式的運作，並賜予我勇氣以及擁抱生命中真實意志的能力。觀想牡羊座紅色的符號在你的心中閃耀。

我以HVYH（Heh Vav Yod Heh）和及偉大的大天使擘丘（Verkhiel）的神聖之名，祈請太陽所主管的獅子座力量（以蠟燭在五芒星裡畫出獅子座符號）。請前來參與儀式的運作，並賜予我成就感與誠實的自傲，以及成就達成的認可。觀想獅子座黃色的符號在你的心中閃耀。

我以VYHH（Vav Yod Heh Heh）及偉大的大天使亞德南丘（Adnakhiel）的神聖之名，祈請木星所主管的射手座力量（以蠟燭在五芒星裡畫出射手座符號）。請前來參與儀式的運作，並賜予我超越眼界的渴望及能力，發現重要議題的可能答案。觀想射手座藍色的符號在你的心中閃耀。

將火元素的蠟燭放在祭壇上東方的位置（但仍位於行星蠟燭的西方）。

祈請步驟二：祈請土元素三方星座

走到南方，拿起土元素聖鹽與麵包，向南方畫出祈請土元素能量的五芒星。

以順時針方向畫出土元素三角符號（從底下的頂點開始），觀想五芒星以綠色光芒閃耀著。以順時針繞行祭壇一圈，同時說：

祈禱文：我因土元素的創造而堅固穩定。祂既冷且乾的陰性能量流經我的身體，種下決心、美的鑑賞力以及注重實用的腦袋的種子。來自天上的土元素帶領我在晚上的領域裡行走，並為我植入實用技能、經驗以及尊重身體的特質。

祈請土元素五芒星

回到南方，面向祈請土元素五芒星。

祈禱文：我以HYHV（Heh Yod Heh Vav）及偉大的大天使漢那爾（Hanael）的神聖之名，祈請土星主管的魔羯座力量（以盛裝土元素聖鹽與麵包的盤子在五芒星裡畫出魔羯座符號）。請前來參與儀式的運作，並賜予我堅定的決心，以及建立傳統與務實領導的能力。觀想魔羯座紫藍色的符號在你的心中閃耀。

我以YHHV（Yod Heh Heh Vav）及偉大的大天使阿斯莫德（Asmodel）的神聖之名，祈請金星主管的金牛座力量（以盛裝土元素聖鹽與麵包的盤子在五芒星裡畫出金牛座符號）。請前來參與儀式的運作，並賜予我了解身體即是靈魂之屋的能力，以及對美與舒適的鑑賞力。觀想金牛座橙紅色的符號在你的心中閃耀。

我以HHYV（Heh Heh Yod Vav）及偉大的大天使哈瑪利爾（Hamaliel）的神聖之名，祈請水星主管的處女座力量（以盛裝土元素聖鹽與麵包的盤子在五芒星裡畫出處女座符號）。請前來參與儀式的運作，並賜予我淨化心智與身體的能力，以及真實天賦的發展。觀想處女座黃綠色的符號在你的心中閃耀。

將土元素聖鹽與麵包放在祭壇上南方的位置。

祈請步驟三：祈請風元素三方星座

天秤座

水瓶座

雙子座

走到西方，拿起風元素薰香，向西方畫出祈請風元素能量的五芒星。

以順時針方向畫出風元素三角符號（從頂點開始），觀想五芒星以黃色光芒閃耀著。以順時針繞行祭壇一圈，同時說：

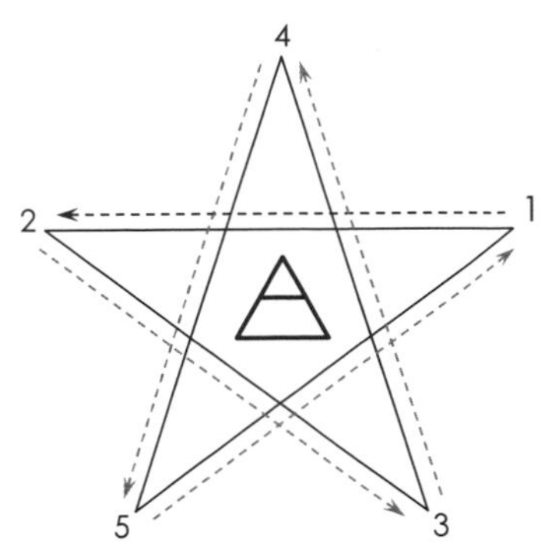

祈請風元素五芒星

祈禱文：我因風元素而受到啟發。祂既熱且溼的陽性能量流經我的身體，啟發我平衡、表達與知識的特質。來自天上的風元素帶領我在白天的領域裡行走，讓我吸取聰明、判斷力與人性的特質。

回到西方，面向祈請風元素五芒星。

祈禱文：我以VHYH（Vav Heh Yod Heh）及偉大的大天使烏列爾（Zuriel）的神聖之名，祈請金星主管的天秤座力量（以薰香在五芒星裡畫出天秤座符號）。請前來參與儀式的運作，並賜予我和諧、平衡、友誼，以及理由正當的正義。觀想天秤座綠色的符號在你的心中閃耀。

我以HYVH（Heh Yod Vav Heh）及偉大的大天使坎伯爾（Kambriel）的神聖之名，祈請土星主管的水瓶座力量（以薰香在五芒星裡畫出水瓶座符號）。請前來參與儀式的運作，並賜予我追求哲學智慧和簡單生活的欲望與能力，不執著於物質的欲望。觀想水瓶座紫羅蘭色的符號在你的心中閃耀。

我以YVHH（Yod Vav Heh Heh）及偉大的大天使安比爾（Ambriel）的神聖之名，祈請水星主管的雙子座力量（以薰香在五芒星裡畫出雙子座符號）。請前來參與儀式的運作，並賜予我了解更多事情的欲望與能力，例如魔法藝術的知識，星座、符號以及文字力量的真實理解。觀想雙子座橙色的符號在你的心中閃耀。

將風元素薰香放在祭壇上西方的位置。

祈請步驟四：祈請水元素三方星座

走到北方，拿起水元素聖杯，向北方畫出祈請水元素能量的五芒星。

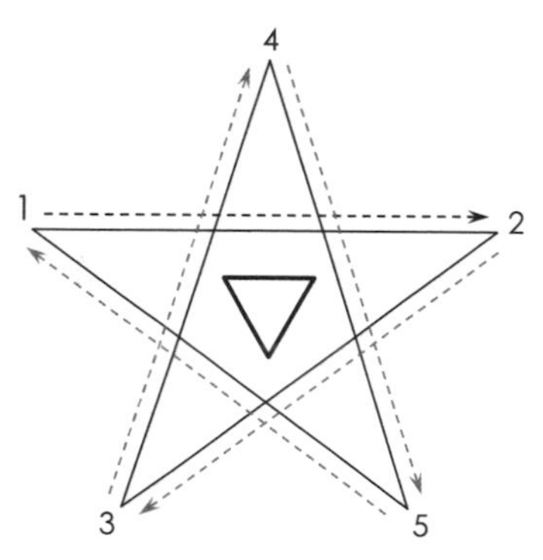

祈請水元素五芒星

以順時針方向畫出水元素三角符號（從底下的頂點開始），觀想五芒星以藍色光芒閃耀著。以順時針繞行祭壇一圈，同時說：

祈禱文：我因水元素而擁有同理心。祂既冷且溼的陰性能量流經我的身體，以滋養、秘密與神祕主義的水洗滌我。來自天上的水元素帶領我在晚上的領域裡行走，我被情緒、沈思與覺知的特質給淹沒。

回到北方，面向祈請水元素五芒星。

祈禱文：我以HVHY（Heh Vav Heh Yod）及偉大的大天使莫瑞爾（Muriel）的神聖之名，祈請月亮主管的巨蟹座力量（以水元素聖杯在五芒星裡畫出巨蟹座符號）。請前來參與儀式的運作，並賜予我滋養的能量以及評價自己與他人的能力。觀想巨蟹座橙黃色的符號在你的心中閃耀。

我以VHHY（Vav Heh Heh Yod）及偉大的大天使巴克希爾（Barkhiel）的神聖之名，祈請火星主管的天蠍座的力量（以水元素聖杯在五芒星裡畫出天蠍座符號）。請前來參與儀式的運作，並賜予我能力去理解沉默與秘密的重要性，對死亡與改變的接受力，以及放下失去的事物的能力。觀想水瓶座藍綠色的符號在你的心中閃耀。

我以HHVY（Heh Heh Vav Yod）及偉大的大天使阿姆尼索（Amnitziel）的神聖之名，祈請木星主管的雙魚座的力量（以水元素聖杯在五芒星裡畫出雙魚座符號）。請前來參與儀式的運作，並賜予我尋找宗教與神祕經驗，以及期盼超越物質領域經驗的渴望與能力。觀想雙魚座紫紅色的符號在你的心中閃耀。

將水元素聖杯放在祭壇上北方的位置。

祈請步驟五：星座聖餐

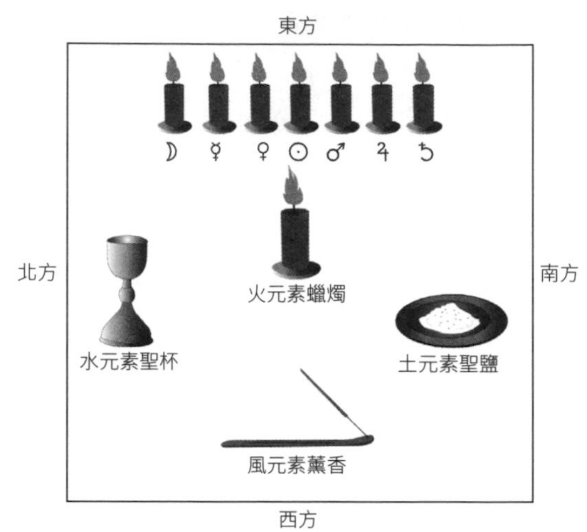

圖57：祈請三方星座的祭壇擺設

站在祭壇的西方，面向東方。

祈禱文：我盛讚並感謝天上星座的力量，在這個儀式的運作中賜予我他們的天賦。我將自身光芒奉獻給您（觀想你的四周被白色光芒所籠罩，並透過呼吸將光芒延伸，直到充滿整個房間）。我將進行一場聖餐，將黃道星座的力量帶入我的身體，與神聖之光合一。

念誦以下祈禱文，你可隨意將歐西里斯（Osiris）換成另一個死亡又重生的神（例如耶穌），或將「眾神」換成「神」。

祈禱文：

歐西里斯被發現仍完好無缺，眾神於是說道：

這些都是我身體的元素，因受苦而完美，因試煉而榮耀。
聖香的味道就是我受苦時被壓抑的嘆息。
紅色的火焰是我無畏意志的能量。
酒杯裡的酒，是我為了重生、獲得新生，而從心頭濺出的血。
麵包與鹽是身體的基礎，毀滅他們是為了重生。
我是勝利者歐西里斯，或稱統領者或正義者。
我雖為血肉之軀，
但體內卻住著偉大眾神的靈魂。
我是生命之主，死亡的勝利者。
曾與我同在的都能和我一起重生。
我是無形物質的顯化者。
我是被淨化的，
我站在宇宙之上，
為天上的眾神之間的協調者。
我是完美的存在，
沒有我，宇宙不復存在。

我邀請你和我一起嗅聞代表天上風元素符號的香味。（聞薰香的味道。）和我一起感受天上火元素符號的火焰的溫暖。（感覺蠟燭火焰的溫暖。）和我同享天上土元素符號的聖鹽與麵包（吃一些麵包與鹽。）最後和我同飲天上水元素符號的酒／果汁。

將酒喝掉，並將聖杯倒放在手掌心，並宣佈：

聖餐結束！

花一些時間進行靜心冥想，沉浸在這能量運作的氛圍中。

祈請儀式結束

走到東方，面向房間的中心。

祈禱文：現在釋放所有被此儀式吸引而來的靈體。在天上星座的能量中，回到您的歸處並進入和平中。

如同開始的儀式那樣，用聖水和薰香，淨化及聖化聖殿和身體。以驅散的五芒星在四個角落做完驅散的動作後。回到東方。

祈禱文：現在宣告儀式完整地結束。誠如所願。

熄滅蠟燭。

附錄一：元素與星座的徵象

火象星座

・性別：陽性　・元素特質：熱且乾　・方向：東方

・區分：日間　・味道：苦味　・薰香：辛辣的味道，例如肉桂

・價值與美德：領導力、對自己誠實、具有主權或皇室般的榮耀

・體液：黃膽汁質（愛生氣、有企圖心、愛施號命令、不屈不饒、聰明、被追隨時顯得大方）

・個性：大膽、果斷、具領導力、有攻擊性、急性子、自戀、激進

	牡羊座	獅子座	射手座
四正屬性	啟動	固定	雙元
場所	圈養小型動物的地方、碎石地、砂石地或山丘地、天花板	荒野以及野生動物、沙漠、岩石高地、皇宮、公園、靠近煙囪或灶台的地方	馬廄或圈養大型動物的地方、高地或高原、較高的房間、靠近火的地方
動物	綿羊、公羊	野生動物、獅子	馬
物品	雕刻的、拋光的、閃亮的貴金屬、頭飾上的寶石	高樹、像祖母綠或鋯石般明亮的寶石、黃金、有時是指銅或鐵	石膏、泥土燒製而成的便宜物品，如：磚頭、瓷磚、陶器、由多種物料製作而成或被塗上多種顏色的東西
身體特徵	乾瘦、膚色黝黑	頭或眼睛較大、身高中等、強壯、髮色偏黃或紅且捲曲	膚色紅潤且健康強壯、身材偏高
身體部位	頭部	心臟、中腹部	臀部和大腿
個性	自動自發、要求較高、獨立、自戀	自信、樂觀、具權威感	理想主義、好探索研究、信任自己、覺得幸運
大天使	莫希代爾	擘丘	亞德南丘
誕生石[註40]	血石	彩紋瑪瑙／紅縞瑪瑙	黃玉
顏色	紅色	黃色	藍色

[40] 誕生石有多種版本，如果想與自己的星盤相連結，請使用上升星座相關的寶石，而不是太陽星座。

土象星座

- 性別：陰性　・元素特質：冷且乾　・方向：南方　・區分：夜間
- 味道：酸味、醋味　・薰香：厚重的大地的味道，例如廣藿香、巖愛草
- 價值與美德：實用的技能與經驗、對身體的尊重
- 體液：黑膽汁質（情緒化、謹慎的、簡樸的、不太關心他人想法、記憶力強、復仇心重）
- 個性：行動緩慢、保守、務實、可被信賴的、注重限制與規則、物質的、無聊的

	魔羯座	金牛座	處女座
四正屬性	啟動	固定	雙元
場所	飼養公牛和乳牛的地方、古老的樹林、航海的用具、荒涼的灌木之地、糞堆、低層黑暗的房間、低階人民的住所	飼養大型動物的地方、牧地、播種的地方、地窖、低層的房間	書房或圖書館、衣櫥、穀物、起司或奶油的貯藏室
動物	山羊、昆蟲	公牛、牛	貓、鳥
物品	多刺的灌木、便宜的東西或陶器	果樹、祭品、項鍊	受灌溉的農作物、小型的珠寶、錢幣、紡織品
身體特徵	身形較矮、乾瘦、髮量稀少	矮但強壯、骨架寬、髮色深	身材纖細、膚色偏黑、四肢較短
身體部位	膝蓋	脖子	腹部
個性	負責、自律、尊重他人、能力強、有領導力、傳統	有耐性、討厭壓力、穩重、喜歡舒適與安全	實際、分析力強、有組織力、喜歡明確事物
大天使	漢那爾	阿斯莫德	哈瑪利爾
誕生石	紅寶石	藍寶石	紅玉髓
顏色	紫藍色	橙紅色	黃綠色

風象星座

・性別：陽性　・元素特質：熱且溼　・方向：西方　・區分：日間

・味道：甜味　・薰香：清爽的味道，例如薰衣草

・價值與美德：聰明的、有判斷力、人道主義

・體液：血液質（有活力的、樂觀的、心胸開闊的、友善的、有信心的、膚淺的）

・個性：實驗主義者、理性擅言辭、社交強、好自由、有彈性、超然的、疏離的

	天秤座	水瓶座	雙子座
四正屬性	啟動	固定	雙元
場所	開放的空間、孤立的建築物、山、多沙的原野、高層的房間	山丘地、不平整之地、採石或採礦場、屋頂或房簷、葡萄園、靠近泉水或有水灌溉的地方	貯藏室、櫥櫃、容器、牆、高處
動物	老鷹或獵食性鳥類	水中或泥中的爬行動物	又輕又小的動物、會飛的昆蟲
物品	高樹或棕櫚樹、組合型的物品、用重量計價的東西	高樹	高樹、錢幣、書
身體特徵	身材比例好、高瘦、好看的、膚色偏白	矮、粗大、壯實	高、膚色偏黑但帶點紅色、手和腳較短
身體部位	腰部與臀部	小腿與腳踝	肩膀、手臂、手
個性	愛好正義、互動平衡、擅於激勵他人	思慮複雜、冷靜疏離、哲學性強、喜好探索不同的思想領域	明快、好奇心強、擅溝通、疏離
大天使	烏列爾	坎伯爾	安比爾
誕生石	橄欖石	石榴石	瑪瑙
顏色	綠色	紫羅蘭色	橙色

水象星座

・性別：陰性　・元素特質：冷且溼　・方向：北方　・區分：夜間

・味道：鹹味　・薰香：夢幻的、柔軟的、甜美的味道，例如百合或伊蘭

・價值與美德：奉獻、祈禱、同理心

・體液：黏液質（慵懶緩慢的、深思熟慮的、保守的、知足的、夢想者、觀察者）

・個性：親密的、有想像力的、擅於情感連結、神祕的、界線模糊的、執著的

	巨蟹座	天蠍座	雙魚座
四正屬性	啟動	固定	雙元
場所	大海、河流、沼澤、洗衣間、洗手盆、海岸或河岸	爬行性動物的居處、果園或葡萄園、沼澤、發臭的水池或死水	泉水或水源之地、魚池、供水廠、靠近水或井的建築物
動物	蟹類、烏龜	爬蟲類的、有毒的昆蟲或動物	魚
物品	中等高度的樹、珍珠、潮溼的物品	中等高度的樹、有光澤的石頭	中等高度的樹、看起來像水的或色彩斑斕的寶石
身體特徵	矮但上半身較壯、身材圓潤、膚色蒼白	身材壯碩、膚色偏深、毛髮濃密	矮且駝背、身材豐腴、膚色蒼白、臉看起來較大
身體部位	上胸部、肋骨架	生殖器官	腹部
個性	擅於照顧別人、希望被需要、能在情緒上支持他人	敏感、自我保護、報復心強	富同理心、人道主義、戲劇化、幻想破滅
大天使	莫瑞爾	巴克希爾	阿姆尼索
誕生石	祖母綠	綠玉石	紫水晶
顏色	橙黃色	藍綠色	紫紅色

附錄二：行星的徵象與主管事項

以下行星的徵象與主管事項大部份引用自一、波斯與阿拉伯時期的占星史籍[註41]以及二、威廉·里利的《基督徒占星學》(*Christian Astrology*)。除此之外我們也加入黃金黎明及其它來源的魔法相關資訊。但這些只能作為指引，不是全然詳盡的內容。

土星的徵象

- 特質：凶星、日間行星、陽性、冷且乾
- 主管的星座：魔羯座和水瓶座（廟）、天秤座（旺）、巨蟹和獅子（陷）、牡羊座(弱)
- 主管的白天與晚上：星期六的白天、星期三的晚上
- 人與職業：父親（特別是夜間盤）、祖父、宦官、兄長、國王（特別是指年紀或權力、而非魅力)、奴隸、房地產、水邊的貿易、農夫、演員、染工、味道重或低階的、或環境髒亂的職業與從事人員、澡堂的按摩師、水手、皮革工匠、生與死或遺產相關職業、巨大的財富或貧窮、魔術師、孤兒
- 活動、事件或經驗：勞力、痛苦
- 個性或價值觀：沉默保守、有耐性、單獨或孤獨的、悲傷的、深切的建議、貪吃的、固執的、多疑的、愛搬弄是非、不易生氣，但一旦生氣便是暴怒、詭詐的、祕密的或神祕的知識
- 靈性的途徑：猶太教、一神論、懷疑主義者、苦行主義者：以勞力為主的修行途徑、自我否定、罪惡感
- 身體特徵：膚色黝黑、一字眉、神情萎靡、毛髮濃密、行動緩慢、彎腰駝背、瘦弱、頭髮茂盛、眼睛小、皮膚乾

---

[41] 見參考書目Dykes（2010）以及Dykes（2011）(*The Search of the Heart*)。

・場所或地形：監獄、沙漠或荒地、洞穴或黑暗的地方、臭又泥濘的地方、下水道、山

・動物：毒蛇、爬行的動物（兔子、貓）、骯髒猥瑣的動物（蟾蜍、豬）、鰻魚、烏龜、甲殼類動物、夜行性動物例如：蝙蝠或貓頭鷹

・物品：古董或年代久遠的、便宜或天然未加工的物品（石灰、鉛或蠟）、從生物取下的死物（毛髮、皮革、羊毛）、沉重且味道重的東西

・天使：卡塞爾

・塔羅牌：宇宙／世界牌

・顏色：黑色或鉛灰色的（傳統上），紫藍色（黃金黎明）

・石頭或金屬：黑曜石、縞瑪瑙、平凡或沒有價值的石頭、鉛

・氣味和藥草：紫羅蘭或沒藥的薰香、有毒的藥草、罌粟、苔蘚、柳樹、柏樹、大麻、松樹

・味道、食物、飲料：無調味或平淡的味道（但也有部份是說嗆鼻或辛辣的味道，總之是難聞的味道）、橡子、葫蘆和南瓜的果肉

木星的徵象

・特質：吉星、日間行星、陽性、熱且溼

・主管的星座：射手座和雙魚座（廟）、巨蟹座（旺）、雙子座和處女座（陷）、魔羯座（弱）

・主管的白天和晚上：星期四的白天、星期一的晚上

・人與職業：法官、宗教修行者、珠寶商、財務或資產的從業者、法律、協調者、公眾人物或公眾形象從業者

・活動、事件和經驗：無

・個性和價值觀：耐心、信任、快樂與真實、高尚的理想、智慧與哲學、神職、慷慨與謙遜、歡樂與樂趣、較多性行為、夥伴關係、慈善行為、矯情偽善（指公眾形象與實際的價值或行動相違背）、愛錢、粗心傲慢

- 靈性的途徑：多神論、基督教
- 身體特徵：高大挺拔、大肚子、紅潤的健康膚色、寬闊的前額和大眼睛、強壯的雙腿
- 場所和地形：廣濶美麗的地方、宗教建築、乾淨整齊的地方、演講或法律相關的公共場所
- 動物：為吃或工作而飼養的動物、貓或狗、鹿、牛和象、老虎、老鷹
- 物品：男用或女用的飾品、乾淨但潮溼的東西
- 天使：薩基爾
- 塔羅牌：命運之輪牌
- 顏色：白色或灰色或綠色（傳統上）、紫羅蘭色（黃金黎明）
- 石頭和礦物：藍寶石、紫水晶、青金石、祖母綠（傳統上）、大理石、錫
- 氣味和藥草：味道清新的藥草、雪松、丁香、肉豆蔻、番紅花、櫻桃、桑椹和橄欖樹
- 味道、食物、飲料：甜的、無花果、桃或莓果、蘋果、甜黃瓜、小麥、大麥或其它麩質穀物

火星的徵象

- 特質：凶星、夜間行星、陽性、熱且乾
- 主管的星座：牡羊座和天蠍座（廟）、魔羯座（旺）、天秤座和金牛座（陷）、巨蟹座（弱）
- 主管的白天或晚上：星期二的白天、星期六的晚上
- 人和職業：兄弟、將軍、士兵、搶匪、工匠、弓箭手、屠夫、所有與鐵、火、血、危險、高溫或吵雜機器相關的職業、藥物（特別是與外科手術相關的）、獸醫、牧羊人、逃犯
- 活動、事件和經驗：國外旅行、戰爭和衝突、墮胎和流產、突發或引起混亂的事項、酒會、竊盜、離婚

- 個性和價值觀：不公不義、壓迫、氣憤、自私、無恥、強烈的性慾、挑釁、惡作劇、愛喧鬧、有力量具男子氣概、有毅力、好勝心強、反抗權威、驕傲、勇氣和大膽、行動迅速、愛爆粗口及無法自制、欺騙
- 靈性的途徑：好戰主義、無信仰或信仰魔鬼者、經常變換信仰或與宗教敵對者
- 身體特徵：中等身高、肌肉結實、膚色偏紅、看起來自信且自傲、髮色偏紅且／或捲曲
- 場所和地形：監獄、廚房、火爐、熱的地方（煙囪、火山、烤爐）、屠宰場
- 動物：野生動物或海洋動物（熊、蜥蜴、鱷魚、海豚）、有毒的動物、老鷹、禿鷹
- 物品：武器、熱的東西
- 天使：扎米爾
- 塔羅牌：高塔牌
- 顏色：紅色
- 石頭和礦物：紅寶石、石榴石、血石、碧玉、鐵或鋼
- 氣味和藥草：嗆鼻、辛辣的氣味、紅色的藥草、有刺的植物、薑、大蒜
- 味道、食物、飲料：苦味、辣味和嗆鼻味、像辣椒般尖銳的味道、芥茉

太陽的徵象

- 特性：吉星、日間行星、陽性、熱且乾
- 主管的星座：獅子座（廟）、牡羊座（旺）、水瓶座（陷）、天秤座（弱）
- 主管的白天或晚上：星期天白天、星期四晚上
- 人和職業：父親（尤其是日間盤）、國王（以其魅力而言）、富豪權貴、領導或主管、皇室相關的職業例如打獵、大眾認為顯赫的職位
- 活動、事件和經驗：領導或管理性質的活動（或與這類人物有連結）、勝利、名望、在眾人面前受罰或做錯事

- 個性和價值觀：高人一等、謹慎、令人尊敬、光榮、大方、智慧、信仰、有興趣於科學或知識、清廉、對親近的人是嚴師（寧願與其保持遠距的連繫）、讓人感到受壓迫或控制
- 靈性的途徑：相信死而復生的宗教、埃及的太陽教或諾斯底教派
- 身體特徵：高大強壯、膚色和髮色偏紅或黃、突出的額頭和眼睛、禿頭或即將禿頭
- 場所和地形：皇宮和法院、戲院、壯觀的建築物
- 動物：獅子、白色的羊、公羊、公牛、馬、老鷹、孔雀、天鵝
- 物品：鍍金的或高價的物品或容器、尤其是黃金
- 天使：米迦勒
- 塔羅牌：太陽牌
- 顏色：白色（傳統上）、橙色（黃金黎明）
- 石頭和礦物：風信子石、黃玉、鋯石；黃金
- 氣味和藥草：樹脂、琥珀、麝香、金盞花、沉香、牡丹、肉桂、橙子和檸檬
- 味道、食物、飲料：酸味或酸味（混合著甜味）、松子、顏色豐富的食物或偏紅的表皮，像是桃子、杏子、棗子

金星的徵象

- 特性：吉星、夜間行星、陰性、冷與溼（中世紀）或熱與溼（托勒密）
- 主管的星座：金牛座和天秤座（廟）、雙魚座（旺）、天蠍座和牡羊座（陷）、處女座（弱）
- 主管的白天和晚上：星期五的白天、星期二的晚上
- 人和職業：女人、妻子、母親、藝術和音樂、和裝飾有關的職業、婚宴工作、皮條客、通姦者
- 活動、事件和經驗：遊戲、跳舞、娛樂、性交

- 個性和價值觀：美麗、乾淨、愛笑、歡樂、自愛、愛、信任、公平、靈性的修持、甜美、友情、愛好美食、玩樂、迷人、調情、喜歡購物、有時並不誠實
- 靈性的途徑：偶像崇拜或藝術相關、和飲食相關的途徑、伊斯蘭教（或許是因為和淨身有關）
- 身體的特徵：美麗、豐腴、圓潤、乾淨整齊、有酒窩
- 場所和地形：祈禱室、花園、噴泉、臥室、娛樂的地方、乾淨整齊的地方
- 動物：小型豐滿的鳥，例如鵪鴣、鷓鴣、母雞；或像山羊、雄鹿、小牛之類的小型動物
- 物品：裝飾品、形狀美麗的東西、衣服、藥膏或柔軟的東西
- 天使：安尼爾
- 塔羅牌：皇后牌
- 顏色：白色（傳統上）、綠色（黃金黎明）
- 石頭和礦物：祖母綠、綠松石、孔雀石、銅或黃銅
- 氣味、藥草和植物：玫瑰、檀香、有著迷人的香味或葉子觸感滑順的植物、藤蔓和葡萄、樹的油、百合、水仙花
- 味道、食物、飲料：香滑油膩的、滑潤可口且味道香甜的、酒精飲料、橙子、香菜、桃子、李子、杏子、葡萄乾

水星的徵象

- 特性：半吉半凶、比太陽早東出時為日間行星，比太陽晚西入時為夜間行星、陽性的、偏乾性
- 主管的星座：雙子座和處女座（廟）、處女座（旺）、射手座和雙魚座（陷）、雙魚座（弱）
- 主管的白天和晚上：星期三的白天、星期天的晚上
- 人和職業：弟弟、奴僕、傳教、修辭學、數學和數字、商業交易與測量、

組織和管理、哲學、詩（創作）、文學、抄寫員、理髮師、工匠、煉金術士和實驗家

- 活動、事件和經驗：神諭和預言、演說、教學、信仰、閱讀和寫作
- 個性和價值觀：理性的、分析的、好奇和好問的、有組織的、重視學習、聰明點子多、不真誠、擅於誘惑的、好辯的、狡詐欺騙、膽小的、實際的
- 靈性的途徑：赫密斯教派、印度教、理性和分析的途徑、哲學
- 身體的特徵：較高且瘦、骨架長且窄、膚色偏黑
- 場所和地形：商店、市場、學校、公眾的大廳
- 動物：猿、狐、松鼠、狡猾的動物、鸚鵡、蜜蜂
- 物品：手拿的物品和工具、精緻的東西、雕刻品、絲和刺繡
- 天使：拉斐爾
- 塔羅牌：魔法師牌
- 顏色：多種顏色的混合或藍色（傳統上）、黃色（黃金黎明）
- 石頭或礦物：蛋白石、黃玉（傳統上）、多種顏色混合的寶石如瑪瑙、水銀
- 氣味和藥草：薰衣草、乳香、複雜的味道、種子包在殼或莢內的植物、大茴香
- 味道、食物和飲料：酸或醋味、蔥或綠洋蔥、豆類蔬菜

月亮的徵象

- 特性：吉星、夜間行星、陰性、冷且溼（但帶有一點熱度）
- 主管的星座：巨蟹座（廟）、金牛座（旺）、魔羯座（陷）、天蠍座（弱）
- 主管的白天和晚上：星期一的白天、星期五的晚上
- 人和職業：皇后、母親和其他年長的女性親屬、大眾或民眾、狩獵者或漁夫、水的管理或相關的職業或工程師、旅人、洗衣業、會計或測量員、傳訊者、郵政服務、運輸、助產士、逃犯
- 活動、事件和經驗：祕密或隱藏的事物（太陽光束下）、若增光，創造、成長和累積；若減光，損失、毀滅或分散

- 個性和價值：喜歡娛樂和美麗的事物、快樂、開放不神祕、善變、對高等的科學不感興趣、喜歡模仿週遭的人、重視身體、不太性感
- 靈性的途徑：對奇蹟有興趣、巫術、印度教
- 身體的特徵：圓潤豐腴、易水腫、眼睛旁邊的疤痕、矮但結實
- 場所和地形：無
- 動物：水生動物、家禽或用來工作的動物（包括飼養的牛）、豹或較大隻的貓、蝸牛、貝類動物
- 物品：無
- 天使：加百列
- 塔羅牌：女祭司
- 顏色：灰色或黃色（傳統上）、藍色（黃金黎明）
- 石頭或礦物：珍珠、月光石、石英、銀
- 氣味和藥草：茉莉、藥草成熟前新鮮的味道、厚實多汁的植物或生長在水中的植物
- 味道、食物、飲料：鹹味，土裡長的食物例如松露、香菇、麻藥、草、蔥、豆類、生菜、葫蘆或瓜類

附錄三：薰香的資訊

儀式裡的顏色與氣味常用來表現特定的力量，協助魔法師與該力量相呼應。氣味（與顏色）同時對魔法師的心智與身體造成許多影響。在執行的層面上，氣味與顏色能改變魔法師心理與生理的構造，其影響會提昇儀式運作的效能。舉例來說，辛辣刺激的味道能激勵人心，而香甜柔軟的氣味則能安撫心智。

氣味不僅代表正在運作的力量，也是那股力量的展現。縱觀古今，薰香被用來安撫靈魂、治療身體、愉悅感官、召喚靈體以及祭祀神明。從好幾個世紀前，人們便在儀式時使用薰香舒緩精神壓力或情緒創傷、增強能量、激勵人心或刺激荷爾蒙。雖然薰香的起源仍不明確，但它出現在最古老的靈修儀式中，同時也被證實在久遠的古代便已存在。

值得一提的是，氣味可刺激荷爾蒙的釋放，而荷爾蒙會影響戰鬥或逃跑反應，以及消化的速度與心跳。可以說，氣味可以同時影響人體的好幾個層面。我們對於氣味的感受比其它的感官敏感一萬倍，當觸覺或味覺必須透過神經元和脊髓才能傳達到大腦，嗅覺則更為直接，從鼻子裡的纖毛和粘液傳導到神經元接受器，然後再到達大腦中的嗅球體。有趣的是，這也代表嗅球體幾乎是最直接曝露在環境的中央神經系統[註42]。

從生理上來說，嗅聞香氛刺激腦部神經的同時，大腦會分析氣味，情緒記憶也會被貯存，這樣的機制也連結腦部其它部位，例如心跳、血壓、壓力指數以及荷爾蒙的平衡。五感中只有嗅覺是直接與腦部的情緒中樞相連結，即恐懼、焦慮、憂鬱、生氣和愉悅在生理上的居所。

特定的香氣能在我們渾然不知的情況下，喚起情緒與記憶，這是為什麼我們總是先行動再思考。氣味對情緒控管、減低壓力、提昇睡眠品質、增加自信、提高身體機能與認知能力有所幫助。因此，氣味及其連帶反應在未來

[42] 範例請見參考書目Ciccarelli與White（2008）。

可應用在更大的範圍上，以增加生產力、調解心理或提昇生活品質。這正是在儀式中使用薰香的原因。

這裡關於薰香的資訊都只是建議。顏色與行星的對應關係有其特定的規則，但氣味與占星的歸屬關係並不明確。人們對不同的氣味有其主觀感受，因此儘管我們在底下建議使用一些香水或薰香，你也可以使用其它未列舉的，只要其特色符合所要運作的元素、行星或星座的基本概念（然而，有些氣味的確是不建議更換，任何火星或土星的相關儀式，玫瑰都是不適合的）。我們在網路上或店家購買薰香時，難免會遇到混合的產品，這些都能在儀式中使用。但請先確定混合的薰香帶給你的感受再做決定。

元素

- 土元素：廣藿香、絲柏、香根草（或任何大地氣味的薰香）
- 水元素：依蘭、樟木、百合（或任何香甜氣味的薰香）
- 風元素：乳香、薰衣草、安息香、薄荷（或任何有刺激氣味的薰香）
- 火元素：薑、肉桂、丁香、羅勒、肉荳蔻（或任何有辛辣氣味的薰香）

行星

- 土星：沒藥、廣藿香（大地氣味或帶點刺激的氣味或苦味）
- 木星：沉香、雪松（沉穩、陽剛、成熟的氣味）
- 火星：肉桂、薑、龍血（樹脂）、煙草（辛辣、味道強烈或陽剛的氣味）
- 太陽：乳香、香草、甜橙、肉桂、番紅花（辣或溫暖的氣味）
- 金星：檀香和玫瑰（美麗或女性的氣味）
- 水星：柯巴脂、薰衣草（刺激地或能激勵心智的氣味）
- 月亮：茉莉、蓮花（溫柔的、夢般的氣味）

星座

- 牡羊座：火元素和火星薰香的混合
- 金牛座：土元素和金星薰香的混合
- 雙子座：風元素和水星薰香的混合
- 巨蟹座：月亮的薰香
- 獅子座：太陽的薰香
- 處女座：土元素和水星薰香的混合
- 天秤座：風元素和金星薰香的混合
- 天蠍座：水元素和火星薰香的混合
- 射手座：火元素和木星薰香的混合
- 魔羯座：土元素和土星薰香的混合
- 水瓶座：風元素和土星薰香的混合
- 雙魚座：水元素和木星薰香的混合

附錄四：顏色的資訊

前面多次提到，顏色是魔法師用來製造儀式氛圍的工具之一。就像氣味一樣，顏色也能刺激人體多種層面的反應。顏色在儀式中的使用非常重要，不應被簡單帶過，更不能被忽略。

顏色就是光，光就是能量。顏色不僅代表所運作的能量，也是能量的具體呈現。單就精神層面而言，在儀式中我們觀想顏色，因為這樣能協助我們與想要顯化的能量產生共振，而共振之所以產生，是因為顏色影響人類的心智。因此，以特定的顏色觀想氣場、五芒星或六芒星等符號，在儀式中非常重要。彩色的蠟燭和符號，能協助魔法師具體地看到顏色，進而更容易觀想顏色。彩色的燈泡、或外罩顏色的間接燈光，更能強調空間中能量的顏色，有助於強化儀式中的體驗。

雖然有些顏色因為文化差異而有不同意義，但大部份人對於顏色和氣味的直覺及理解大同小異。舉例來說，當你看著一幅以紅色為基調的圖畫，你會感受到一股行動的能量。如果你看到的影像大部份是由藍色構成，你的感受會較寧靜詳和。

顏色的效用

科學家發現，當人類置身在不同的顏色氛圍中，生理與心理會產生不同的變化。這是所謂的色彩動力學。顏色有刺激、引動、壓抑、冷靜的作用，也能增加食慾，使人產生熱或冷的感受。有些顏色能緩和心情，有些能振奮人心，有些能提高注意力，有些則使人分心。我們對顏色的反應是直接且強烈的，因此在儀式中顏色的使用特別重要。

暖色系：紅色、橙色與黃色

概要：暖色系能刺激神經系統，進而提高心跳速度、呼吸頻率以及血壓。紅色的波長讓它成為最溫暖的顏色，對人類的心智也有最強烈的影響。紅色能提高熱忱、鼓勵行動，通常與慾望相連結。橙色有類似的特徵，但強度沒那麼強。橙色也能刺激活動力、胃口、增加社交活動。黃色則能強化溝通能力、增強記憶力、讓人變得樂觀有創意。

紅色是心臟、堅強的意志與強烈情緒的象徵。它是非常有存在感的顏色，所有的顏色中以紅色與人類的連結最為緊密。作為波長最長的顏色，紅色的確是非常有力量的顏色。它被認為動力的顏色，或者是鼓舞人心的興奮劑，它的特色就是讓人感到興奮。紅色總是能吸引目光、提高熱忱、提昇能量、激勵行動與自信。它能刺激腎上腺素，啟動身體與五感，讓脈搏的跳動更加快速。人類若置身在紅色的環境中會感到心跳微微加速，甚至會感到喘不過氣。也有人說置身在紅色中會讓時間過得比平常更快。紅色與陽性能量有關，能啟動「戰鬥或逃跑」的本能。紅色是刺激活躍的，但也可被視為咄咄逼人的和有侵略性的。在黃金黎明的系統中，紅色與火星有關。

橙色作為紅色的近親，能激發趣味的火花，散發出溫暖的能量。就人類心理機制而言，它能刺激身體的動力和食慾，增加社交活動。餐廳常使用橙色來增進客戶的食慾。它散發著溫暖、熱情和興奮的光芒。這個顏色帶著某種輕鬆感，常用來代表青春、趣味以及快樂。它被認為是友善的、容易親近的，和紅色相比較不具侵略性。橙色代表志向和新氣象，也與太陽相關連。

黃色是信心與樂觀的顏色。這顏色被證實可提昇靈性、強化自尊。它是愉快的，代表歡笑與快樂。置身在黃色能讓人感到樂觀，因為大腦會釋放更多的血清素（一種能讓人保持心情愉悅的化學元素）。黃色有加強新陳代謝、提昇創意的能力，同時能刺激心智和神經系統的運轉。黃色還能強化記憶力與溝通力。黃色與水星有關。

冷色系：綠色、藍色與紫色

概要：冷色調的作用與暖色系相反，會降低心跳速度、呼吸頻率以及血壓。綠色常與大自然連結，對人類的心智有舒緩、平和還有寧靜的作用。綠色能減輕緊張與焦慮，帶來重生與自制的感受。藍色與靛藍色同樣有舒緩心情的功能，能降低體溫與食慾。紫色則是介於暖色調紅色與冷色調藍色之間的平衡顏色。它能讓心情感到寧靜，卻又能在激發創意的同時，獲得心智的啟發與提昇。

綠色無論在心智上或身體上都有舒緩與放鬆的功能。這個冷色調的顏色象徵大自然，能減輕憂鬱、緊張與焦慮。它能帶給人們重生、自制、和諧與平衡的感受。綠色進入視覺時不需要經過轉換，所以有休息的功效。它位於色譜中間的位置，也是平衡的顏色。綠色被認為能減輕壓力並協助治療，在傳統上代表著和平、和諧、舒適、滋養、支持以及適中的能量。當世界被綠色所包圍，也暗示著豐沛的水資源，人類得以免於飢荒，因而從原始的層面來說，綠色保障生命的安寧。綠色一直以來是肥沃的象徵，十五世紀時一度成為最受歡迎的結婚禮服顏色。綠色與金星有關。

看見藍色會讓身體產生鎮定的化學元素。它在本質上有舒緩心智的功能，但不像紅色那樣直接影響身體反應。深藍色讓人思慮清晰，淺藍色則讓人感到平靜，集中注意力。人們置身在藍色的房間中會格外平靜並專注眼前的事，因此能提高生產力，藍色與月亮有關。

紫藍色（或靛藍色）是一種更深的藍色，象徵著智慧的神祕領域，也代表了自我約束與靈性啟發。紫藍色能讓心智轉入探討內在的思考、深刻的洞見與深入的理解。紫藍色與土星相關。

紫色的波長最短，包含並平衡紅色的激動與藍色的寧靜。 紫色有提昇心智的功效，同時也有平撫心情與安定神經的作用。這個顏色能激發大腦中解決問題的部位，產生靈性的感受並啟發創造力。它代表靈性的覺知、奢華、真誠、真相和品質。紫色可協助深沉的思考與冥想，因而能將覺知帶入更高層次的思考中，甚至進入的靈性的領域，理解更崇高的價值。紫色也是最後一個肉眼可見的波長，與時間、空間以及宇宙有關，能讓空間充滿神祕、智慧與崇敬的氛圍。紫色與木星相關。

附錄五：替代的神祇名稱

本附錄列舉一些其它文化的神祇名稱，讓魔法師除了卡巴拉密教裡的希伯來神祇外，還能有其它選擇。我們從元素的神祇開始列舉，再來是行星的神祇。在塞爾特克的神祇部份，我們以斜體字標示大概的發音方式。

元素的神祇

土元素	
希臘神祇（女性）	**希臘神祇（男性）**
蓋亞（Gaia）：大地之神	黑帝斯（Hades）：冥府之神
得墨特爾（Demeter）：豐饒、穀物、農業之神	
貝瑟芬妮（Persephone）：春天之神、冥府之后（黑帝斯之妻）	
喜瑞斯（Ceres）：農業、穀物、母親之愛	
歐萊女神（The Horae）：季節之神	
塞爾特克神祇（女性）	**塞爾特克神祇（男性）**
薄德愛薇斯（Blodeuwedd, *Blod-EYE-weeth*）：百花盛開的大地、生與死之白色女神	柯爾努諾斯（Cernunnos, *KER-nu-noss*）：自然、豐饒
庫斯艾蕾得（Creiddylad, Cruyth-IL-ad）：五月、夏日之花	達格達（The Dagda, *DAHG-tha*）：大地、法律
阿奴：豐饒	阿隆（Arawn, AH-raon）：冥府
塔爾奇屋（Tailtiu, *TAL-chih-uh*）：收穫	
費莉多斯（Flidais, *FLEE-daws*）森林	

風元素	
希臘神祇（女性）	**希臘神祇（男性）**
赫拉（Hera）：天堂之后	以太（Aether）：天空
愛瑞斯（Iris）：彩虹、神聖信差	烏拉諾斯（Uranus）：天空
泰雅（Theia）： 視覺、從清澈的藍天灑下的陽光	宙斯（Zeus）：眾神之王、奧林帕斯山、天空
塞爾特克神祇（女性）	**塞爾特克神祇（男性）**
阿麗安蘿德（Arianrhod, *Ah-ree-AN-rod*）： 天空	吉偉迪翁（Gwydion, *GWID-ee-yon*）： 擁有天空力量的王子
	拉托比厄斯（Latobius, *LAH-toh-bee-us*）： 天空、群山
	尼斯塔拉尼斯（Taranis, *TAH-rahn-eez*）： 天空、雷神

水元素	
希臘神祇（女性）	**希臘神祇（男性）**
安菲特里特（Amphirite）： 大海、波塞頓之妻	波塞頓（Poseidon）： 大海、河流、暴風雨、水災、乾旱
切托（Ceto）：海洋	歐欣納斯（Oceanus）（泰坦族）：蜿蜒的河流 俄克阿諾斯（Okeanos ）：所有流動的水
克林姆波莉亞（Cymopoleia）： 巨大的風暴與海浪、波塞頓之女	亞基勒斯（Achelous）：江河
蘿珂詩雅（Leucothea）：大海	
特提斯（Tethys）： 河流、泉水、蒸汽、噴泉、雲	
塞爾特克神祇（女性）	**塞爾特克神祇（男性）**
唐恩（Don）：深海	雷爾（Lir, *Ler*）：大海
阿瓊娜（Acionna）：水	克力爾（Llyr, *Khleer*）：大海、水
	馬納南馬克力爾（Manannan mac Lir, *MAH-nah-nahn mak leer*）：大海

火元素	
希臘神祇(女性)	**希臘神祇(男性)**
赫斯提雅(Hestia):掌管健康的女神	赫菲斯托斯(Hephaestus):火、燽造
塞爾特克神祇(女性)	**塞爾特克神祇(男性)**
貝麗薩瑪(Belisama, *Bel-i-SAH-mah*):光、火	哥別努(Goibniu, *GO-beh-new*):工匠
貝麗特(Breet):火	貝爾(Bel):火、太陽

行星的神祇

月亮	
希臘神祇(女性)	**塞爾特克神祇(女性)**
塞琳涅(Selene):月亮	克爾愛德溫(Cerridwen, *CARE-id-wen*):月亮、年老形象的月之女神
雅堤米斯(Artemis):月亮	摩根(Morgan, *MOR-gan*):月亮、仙女
赫卡特(Hecate):魔法、十字路口、三面形象的月之女神	阿麗安蘿德(Arianrhod, *Ah-ree-AHN-rod*):銀盤、滿月

水星	
希臘神祇（男性）	塞爾特克神祇（男性）
赫密斯（Hermes）：信差之神	格威迪恩（Gwydion, *GWID-eeyon*）：魔法、詩歌
	迪安克恰特（Diancecht, *DEE-an-kech't*）：魔法
	馬詩・馬沙奴尼（Math Mathonwy, *Math Math-ahn-oo-nee*）：魔法、幻術
	塔利森（Taliesin, *TAHL-ee-ess-in*）：詩人與魔法之王

金星	
希臘神祇（女性）	塞爾特克神祇（女性）
阿芙洛狄特（Aphrodite）：美麗	布蘭溫（Branwen, *BRAN-wen*）：北海之金星
	梅芙（Maeve, *Mave*）：仙后、五朔節女神
	安格斯・麥・奧格（Angus mac Og, *Ayngus-mac-Ug*）：青春、愛與美之神

太陽	
希臘神祇（男性）	塞爾特克神祇（男性）
赫利俄斯（Helios）：太陽、光之賦予者	貝爾（Bel）：太陽、燦爛之神
阿波羅（Apollo）：太陽、光之神	布蘭（Bran）：太陽、受祝福者
戴歐尼修斯（Dionysos）：太陽、極致之喜悅	格蘭尼斯（Grannus, *GRAH-nus*）：太陽、療癒者
	路易（Lugh, *Lew*）：太陽、閃亮之神
	梅本（Mabon, *MAY-bon*）：太陽、神聖之子

火星	
希臘神祇(男性)	**塞爾特克神祇**
阿瑞斯(Ares):戰爭、力量之聲	拜薄(Badb, *Bibe*)女神: 戰爭、以烏鴉形象示人的戰爭之神
赫菲斯托斯(Hephaistos): 工匠、鐵匠、明火	摩瑞根(Morrigu, *MOR-re-gan*): 終極戰爭女神
	瑪卡(Macha, *MOH-ka*)女神: 戰爭、幻影女皇
	斯卡哈(Scathach, *SKAH-ha*)女神: 戰爭、引起恐懼者
	阿隆(Arawn, *AH-raon*):復仇、戰爭
	格威瑟(Gwythyr, *GWEE-theer*):勝利
	哥別努(Goibniu, *GO-beh-new*):偉大的工匠
	哥凡南(Govannon, *Go-VAN-non*): 工匠、鐵匠

木星	
希臘神祇	**塞爾特克神祇(男性)**
雅典娜(Athene):智慧女神	達格達(The Dagda, *DAHG-tha*): 完美的智慧之主、全能的父親、偉大之神
宙斯(Zeus):天堂之王	尼斯塔拉尼斯(Taranis, *TAH-rahn-eez*): 雷神

土星	
希臘神祇	**塞爾特克神祇**
赫拉(Hera):隱藏者、天堂之后	白夫人(The White Lady):死亡、三面相 女神之年老女神
克羅諾斯(Kronos):古老之神	皮威爾斯(Pwyll, *Pwilth*):地府、死亡
黑帝斯(Hades):冥府之王、死神	

參考書目

- Ciccarelli, Saundra and Noland White, *Psychology* (Upper Saddle River, NJ: Prentice Hall Publishing, 2008)
- Cicero, Chic and Sandra Tabatha, *The New Golden Dawn Ritual Tarot* (St. Paul, MN: Llewellyn Publications, 1991)
- Cicero, Chic and Sandra Tabatha, *Self-Initiation into the Golden Dawn Tradition* (St. Paul, MN: Llewellyn Publications, 1995)
- Cicero, Chic and Sandra Tabatha, *The Essential Golden Dawn: An Introduction to High Magic* (St. Paul, MN: Llewellyn Publications, 2003)
- Copenhaver, Brian. And ed., *Hermetica* (Cambridge: Cambridge University Press, 1992)
- Curry, Patrick, *A Confusion of Prophets: Victorian and Edwardian Astrology* (London: Collins & Brown, 1992)
- Dennings, Melita and Osborne Phillips, *Planetary Magick* (St. Paul, MN: Llewellyn Publications, 1992)
- Dykes, Benjamin, trans. and ed., *Persian Nativities I*: Māshā' allāh & Abū 'Ali (Minneapolis, MN: The Cazimi Press, 2009)
- Dykes, Benjamin, trans. and ed., *Introductions to Traditional Astrology: Abū Ma'shar & al-Qabīsī* (Minneapolis, MN: The Cazimi Press, 2010)
- Dykes, Benjamin, *Traditional Astrology for Today: An Introduction* (Minneapolis, MN: The Cazimi Press, 2011)
- Dykes, Benjamin, *The Search of the Heart* (Minneapolis, MN: The Cazimi Press, 2011)
- Dykes, Benjamin, *Choices & Inceptions: Traditional Electional Astrology* (Minneapolis, MN: The Cazimi Press, 2012)
- Eiseman, Leatrice, *Color: Messages and Meanings* (Cincinnati, OH: Hand Books Press, 2006)
- Greenbaum, Dorian Gieseler, *Temperament: Astrology's Forgotten Key* (Bournemouth, England: The Wessex Astrologer, 2005)
- Greer, John Michael, *Paths of Wisdom* (St. Paul, MN: Llewellyn Publications, 1996)
- Hawkins, Jeff, Sandra Blakeslee, On Intelligence (NY: Owl Books, 2004)
- Janata, Petr, *Electrophysiological studies of auditory contexts* (Dissertation Abstracts International: Section B: The Sciences of Engineering: University of Oregon, 1997)

- Janata, Petr, "The neural architecture of music-evoked autobiographical memories," *Cerebral Cortex* Vol. 19 (2009) , pp. 2579-2594.
- Lilly, William, *Christian Astrology* vols. 1-2 (Abingdon, MD: Astrology Classics, 2004)
- McTaggart, Lynne, *The Intention Experiment: Using your Thoughts to Change your Life and the World* (Free Press, 2008)
- Naydler, Jeremy, *Temple of the Cosmos: The Ancient Egyptian Experience of the Sacred* (Rochester, VT: Inner Traditions International, 1996)
- Plato, ed. John M. Cooper, *Plato: Complete Works* (Indianapolis: Hackett Publishing Company, 1997)
- von Worms, Abraham, Georg Dehn ed., Steven Guth trans., *The Book of Abramelin* (Lake Worth, FL: Ibis Press, 2006)

其它可在www.bendykes.com訂購的書

《選擇與開端：古典擇時占星》*Choices & Inceptions: Traditional Electional Astrology* 翻譯了數本知名的拉丁典籍：薩爾（Sahl）、阿爾瑞加（al-Rijāl）、阿爾伊朗尼（al-'Imrānī）等其它典籍。本書對擇時占星的理論有著廣泛的介紹與評論，包括使用擇時占星時的道德問題。

《當代古典占星研究》*Traditional Astrology for Today* 是為了好奇的現代占星學生們所設計，簡單介紹古典占星的歷史、哲學觀、諮商技巧、必然尊貴、星盤解析與預測技法。沒有太多的技術性名詞，非常適合現代占星初學者閱讀。

《古典占星介紹》*Introductions to Traditional Astrology* 翻譯了阿布馬沙（Abū Ma'shar）以及阿爾卡畢希（al-Qabīsī）兩位名家的典籍，並加入譯者的評論。是古典占星學生必備的參考書籍。

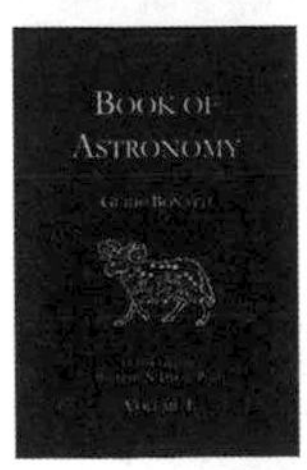

《天文書》*Book of Astronomy* 是中古世紀著名的典籍，作者為古德・波那提（Guido Bonatti），現在已有平裝書版本。這本著名的經典對占星基礎原則、卜卦占星、擇時占星、時事占星以及本命占星學等都有完整的介紹。

《九大判斷法則》***The Book of the Nine Judges*** 為中古世紀集結當時卜卦占星技法的著名經典。現在第一本翻譯書籍已上市。本書堪稱目前古典卜卦占星最大的編輯，同時也是卜卦系列的第三本書。

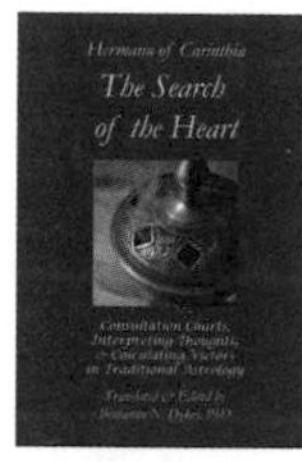

《心之所向》***The Search of the Heart***是卜卦系列的第一本書，主要探討如何使用勝利星（特殊徵象星或最強主星），以及如何解讀思想：神聖意志的思想，以及如何在客戶開口前就預知結果。

《四十章》***The Forty Chapters*** 是阿爾欽迪（al-Kindī）最著名也最具影響力的卜卦占星典籍，也是卜卦系列的第二本書。一開始阿爾欽迪先介紹占星學總論，接下來的內容則包含了戰爭、財富、旅行、懷孕、婚姻等等的主題。

《波斯本命占星》***Persian Nativities*** 是《波斯本命占星》系列中的第一本書，內容主要探討本命占星，包括《亞里斯多德之書》***The Book of Aristotle*** ，馬沙拉罕（Māshā'allāh ）針對本命占星與預測的進階著作，以及他的學生阿卜阿里・阿爾加牙（Abū 'Ali al-Khayyāt）所著作的初階作品《論本命占星之判斷》***On the Judgments of Nativities***。

《波斯本命占星》系列的第二本書，內容包括烏瑪・阿爾塔巴里（Umar al-Tabarī）針對本命占星與預測較簡短的初階作品，以及他的學生阿布貝可（Abū Bakr）對本命占星較詳盡的著作。

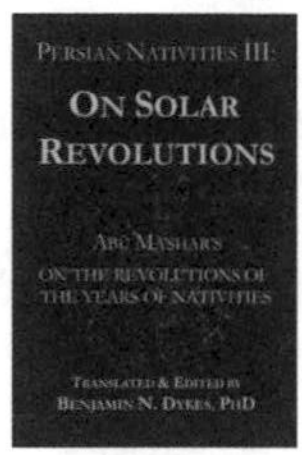

《波斯本命占星》系列的第三本書，翻譯自阿布瑪沙針對太陽迴歸法的著作，還有波斯人流年的預測方法，包括小限法、界主星配置法、過運，以及其它！

《符號與光》*Logos & Light* 有聲書系列可幫助讀者增進古典占星的知識、哲學和深奧的思考。除了可供下載，也可用CD播放，學院制的演講內容，但花費只需大學學費的小部份。

《世界占星學I：托勒密的傳承》*Astrology of the World I: The Ptolemaic Inheritance*。中世紀時事系列的第一本書，中世紀許多阿拉伯和拉丁作者繼承托勒密四書中關於時事占星學，包含氣象預測，商品與價格，蝕點和彗星以及地方誌的眾多技術的作品集結，許多原始文獻係由戴克博士直接從阿拉伯文翻譯，本書是較少見有關價格與氣候的著作（2012年）。

《世界占星學II：回歸與歷史》*Astrology of the World II: Revolutions & History*。中世紀時事系列占星的第二本書，其重點是歷史上的時事占星理論，包含時事的時間主星和預測技巧，土星-木星的交會和年度始入盤。

《赫菲斯提安的神話第三冊：開端》Hephaistion of *Thebes's Apotelesmatic Book III: On Inceptions*。原著於西元五世紀，本書為首次英譯本，涵蓋許多豐富的資料，包含都勒斯（Dorotheus）原始詩集和眾多擇時的文獻，包括意念推測的判斷方法。

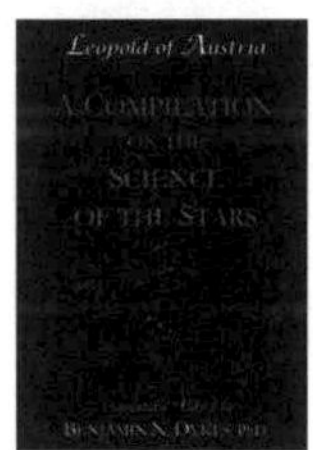

《總論：行星的科學》*A Compilation*：*On the Science of the Stars*。利奧波德（Leopold of Austria）的總論是十三世紀涵蓋所有占星學分支的指南手冊。有時被稱為"短篇波那提（Bonatti）"，本書討論了古典天文學，基本解釋原則，特殊點或稱"阿拉伯點"，本命，卜卦，時事占星如：天氣和戰爭，擇時，甚至占星護身符。

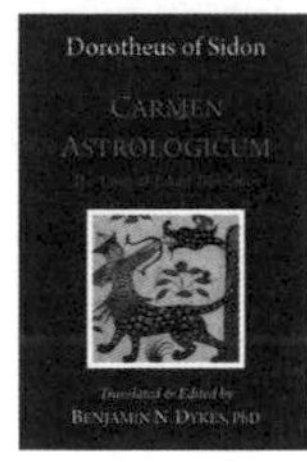

《占星詩集：烏瑪·塔巴里譯本》*Carmen Astrologicum: The 'Umar al-Tabari Translation*。西元一世紀都勒斯（Dorotheus of Sidon）的占星詩集對於後來的波斯、阿拉伯和拉丁時期的占星學，扮演關鍵作用，為許多本命、擇時、卜卦作品的基礎，例如亞里士多德之書（the Book of Aristotle），al-Rijal的"熟練之書（the Skilled）"，以及Sahl b. Bishr的著作。本書在三世紀被翻譯成波斯文，後來又被烏瑪·塔巴里（Umar al-Tabari）翻譯為阿拉伯文版。

國家圖書館出版品預行編目（CIP）資料

占星魔法學：基礎魔法儀式與冥想 / 班傑明．戴克（Benjamin N.Dykes），珍．吉布森（Jayne B.Gibson）著；陳紅穎，孟昕譯．-- 初版．-- 臺南市：星空凝視古典占星學院文化事業，2017.08
面；　公分
譯自：Astrological magic : basic rituals & meditations
ISBN 978-986-94923-0-0（平裝）

1. 占星術

292.22　　106008459

占星魔法學：基礎魔法儀式與冥想
Astrological Magic: Basic Rituals & Meditations

作　　者｜班傑明．戴克 (Benjamin N. Dykes)、
珍．吉布森 (Jayne B. Gibson)

翻　　譯｜陳紅穎、孟昕
責任編輯｜曾嘉卿

總 編 輯｜韓琦瑩
發 行 人｜韓琦瑩
出　　版｜星空凝視文化事業股份有限公司
發　　行｜星空凝視文化事業股份有限公司
銀行帳號｜【台灣】玉山銀行 (808) 成功分行
收款帳號：0510-940-159890
收款戶名：星空凝視文化事業股份有限公司
【大陸】招商銀行上海常德支行
收款帳號：6232620213633227
收款戶名：魚上文化傳播（上海）有限公司
訂購服務｜skygaze.sata@gmail.com
地　　址｜11049 台北市信義區莊敬路 186 號
服務信箱｜skygaze.sata@gmail.com

美術設計｜敘事 narrative.tw
印　　刷｜佳信印刷有限公司
總 經 銷｜星空凝視文化事業股份有限公司

初　　版｜2017 年 8 月
初版三刷｜2018 年 8 月
二版三刷｜2023 年 8 月
定　　價｜560 元

ISBN 978-986-94923-0-0

SATA
INSTAGRAM

SATA 小紅書

SATA 微信
公眾號

SATA 臉書
粉絲專頁

SATA 微博
生命探索團隊